上海文化产业 高质量发展研究

A Study on the High-Quality Development of Shanghai Cultural Industry

臧文佼　章玉贵　著

格致出版社　上海人民出版社

本书为上海市教委科研创新计划人文社科重大项目"文化产业的经济支持政策研究：国际经验与启示"的成果，项目编号：2017-01-07-00-06-E00031

前　言

　　2022年8月，中共中央办公厅、国务院办公厅印发《"十四五"文化发展规划》，文化产业进入新发展阶段。2021年是"十四五"规划的开局之年，全国文化产业发展欣欣向荣，公共文化产品百花齐放，对外文化贸易增长显著，为在新的历史起点上进一步提升社会文明程度、推动社会主义文化繁荣兴盛、建设社会主义文化强国奠定了有力的基础。2021年，全国文化及相关产业增加值为52 385亿元，比上年增长16.6%，占GDP的比重为4.56%[1]；文化及相关产业企业实现营业收入119 064亿元，同比大幅增长20.9%，创下过往五年来的最高涨幅[2]；文化及相关产业投融资市场情绪高昂，全国文化产业市场融资达1 058次，同比增长21.2%，其中数字文化经济类投融资占比超过70%。[3]2021年正逢中国共产党建党100周年之际，全国文化艺术领域献礼党的百岁华诞，涌现出了各系列的丰富文化产品，包括主旋律影视作品《长津湖》《山海情》、出版成果《文献中的百年党史》、文旅产品"建党百年红色旅游百条精品线路"、节目《典籍里的中国》、舞蹈诗剧《只此青绿》等。中共十八大以来，以习近平同志为核心的

---

[1]　资料来源：国家统计局官网，https://www.stats.gov.cn/sj/zxfb/202302/t20230203_1901697.html。
[2]　资料来源：国家统计局官网，https://www.gov.cn/xinwen/2022-01/30/content_5671313.htm。
[3]　资料来源：《中国文化产业投融资市场报告（2021）》。

党中央高度重视中华文化对外传播工作,中华文化积极"走出去",国际话语权和影响力显著提升。2021年,全国文化产品和服务进出口总额升至2 000.3亿美元,保持了高速增长的势头。①

上海的文化产业发展势头和规模一直位居中国城市的前列。上海文化产业欣欣向荣的景象离不开国家政策的积极引导和上海市委、市政府的政策支持。特别是进入"十二五"时期之后,2011年上海市制定了一系列文化产业高质量发展政策,并提出把上海建设成为国际文化大都市和"设计之都"的战略目标。自2011年以来,文化创意产业发展势头良好,对上海的经济增长以及产业结构调整转型的贡献作用越来越显著。2020年,上海文化及相关产业的增加值达2 389.64亿元,占全国文化及相关产业总增加值的比重为5.32%。②上海的文化产品和服务日益丰富,涌现了一批高质量的成果:上海影视产业服务升级,精品迭出,产业链锻造更加完善;上海对艺术市场发展两手抓,在升级公共服务的同时,持续加强文物艺术品领域价值创造,提升全球艺术品资源配置能力;上海演艺市场构建以国内原创为主的多元演出新生态,突出"上海原创""上海制作"和"上海出品"的品牌打造;上海电子竞技与网络游戏行业蒸蒸日上,全球电竞之都轮廓初显;上海创意与设计行业发展迅速,与装备制造业、消费品工业、建筑业、信息业、旅游业深度融合,"设计之都"建设欣欣向荣;上海动漫产业发展始终处于全国领先水平,形成了完整的动漫产业链;上海融合了自身在互联网领域和文化领域的优势资源,在网络文化产业取得了较强的竞争优势,各类媒介百花齐放。上海文化领域投融资整体表现良好,社会资本进入步伐加快,文化产业多元化投资格局开始形成。上海文化进出口需求拉动效果显著,文化贸易实现连续增长。

自2021年以来,上海市委、市政府先后出台了《上海市社会主义国际文化

---

① 资料来源:商务部官网,http://www.mofcom.gov.cn/article/zwgk/gkzcfb/202207/20220703335081.shtml。

② 资料来源:《2021年上海文化产业发展报告》。

大都市建设"十四五"规划》《中共上海市委关于厚植城市精神彰显城市品格全面提升上海城市软实力的意见》《全力打响"上海文化"品牌,深化建设社会主义国际文化大都市三年行动计划(2021—2023年)》等相关政策,为"十四五"时期上海文化产业高质量发展提供了政策指引。"十四五"期间,上海将继续加强文化政策体系建设,重点支持文化产业的数字化布局,进一步彰显上海文化的独特魅力,显著增强文化软实力和国际影响力,加快建设成为更加开放包容、更富创新活力、更显人文关怀、更具时代魅力、更有世界影响力的社会主义国际文化大都市。

本书全面分析了2011—2020年间上海文化产业发展取得的显著成绩与实施的高质量发展战略,以数据分析、政策梳理、国内对比、国际比较、各区实践作为切入角度,探索了文化产业的市场化运作规律。全书共9章,主要内容包括文化产业高质量发展宏观背景、上海文化产业高质量发展战略、上海文化产业发展现状与问题分析、上海文化产业高质量发展综合指数、北京文化产业高质量发展与比较分析、广东文化产业高质量发展与比较分析、浙江文化产业高质量发展与比较分析、文化产业高质量发展的国际经验及上海各区文化产业高质量发展。

本书由臧文佼和章玉贵共同商定总体框架,臧文佼、乐嘉旸、张济君、陈雨柔、张宸旸、夏淑芳、彭小倍、罗嘉翔、张汉民、潘童瑶、施炜钰、刘丛林共同完成撰写工作,最后由臧文佼和章玉贵进行总校订,完成书稿终稿。

目　录

第 1 章　文化产业高质量发展的宏观背景

1.1　中国文化产业发展战略

自改革开放以来,中国的文化产业发展大致经历了起步萌芽阶段、改革阶段、规划引导阶段以及国家战略阶段的发展过程。中国出台了一系列文化产业支持政策,以综合性配套政策为核心,以专项性配套政策为辅助,有力地保障和促进了文化体制改革,促进了文化产业大发展、大繁荣。

20 世纪 70 年代末至 90 年代初,中国政府开始意识到文化事业的重要性,提出了一些促进社会主义文化事业发展的指导方针及政策,并开始酝酿文化体制的改革。1978—2001 年为中国文化产业政策的起步阶段,这个阶段正式提出了"文化产业"这一概念。从政策层面上看,这一阶段文化管理政策逐步放宽,文化产业迅速发展并呈现多样化形态。2002 年,中共十六大首次从概念上将文化工作分为文化产业和文化事业,标志着中国文化发展进入改革阶段。在这个阶段,试点改革经验成功向面上推进。2006—2010 年是政策规划引导期,一系列政策明确了文化产业的战略方向,统筹规划、指引中央和地方的文化产业发展。从 2011 年开始,中国文化产业发展进入国家战略期,文化产业被定位为国民经济支柱性产业之一,以五年为一个发展阶段的文化产业发展规划正式成为文化产业高质量发展的政策引领。

1.1.1 起步萌芽阶段(1978—2001 年)

从 1978 年中共十一届三中全会确立以经济建设为中心,到 1991 年国务院首次使用"文化经济"的表述,经过十余年的酝酿,中国的"文化产业"概念逐渐萌芽。在这一阶段的初期,中国的文化产业大部分被当作文化事业对待,市场意义的文化产业基本不存在。1979 年 10 月,中共中央在中国文学艺术工作者第四次代表大会上提出了新时期中国文化艺术事业发展的一系列指导方针,标志着中国文化体制改革的开端。

随着改革开放不断深化以及"双轨制"的推行,文化事业单位可以拥有企业执照。为了解决经费不足、运营困难等实际问题,部分事业单位开启了市场化的尝试,文化事业开始分化。1985 年,国家统计局发布的《关于建立第三产业统计的报告》中,将文化产业纳入第三产业范畴;1988 年,文化部、国家工商行政管理局联合发布的《关于加强文化市场管理工作的通知》中,第一次明确使用了"文化市场"的概念,规定了文化市场的管理范围、任务、原则和方针;1991 年,国务院批转的文化部《关于文化事业若干经济政策意见的报告》中,正式提出"文化经济政策"的概念。这一系列政策文件的相继出台,推动了国内文化市场的逐渐放开,"文化产业"这一概念逐渐酝酿成型。

在这一时期,中国文化产业政策围绕的问题是"要不要放开文化市场"。一方观点以意识形态控制论为主导——文化产业在很大程度上服从和服务于意识形态领域里的阶级斗争,因此,认为有必要担心放开文化市场可能带来不稳定因素,从而不利于维护国家统治;另一方观点认为,在改革开放的大背景下,市场力量逐渐觉醒,并渗透到各行各业,迫使文化市场也不得不开放。经过复杂而激烈的论证后,政府同意在加强管制的前提下逐步放开文化市场。在当时的历史条件下,新政策的推出标志着文化产业向前迈进了一大步。但囿于相对滞后的发展条件和主观认识,尽管文化产业的重要性得到了认识,对于如何推进从文化事业到文化产业的改革、怎么放开文化市场,还没有明晰的尺度和思路。

1992 年,邓小平同志的南方谈话及中共十四大的召开,标志着中国的改革开放和现代化建设进入了一个新的阶段。1992 年,国务院办公厅综合司编著的《重大战略决策——加快发展第三产业》首次使用了"文化产业"的概念①;1998 年,文化部成立司局级单位"文化产业司";2000 年 10 月,中共十五届五中全会通过《中共中央关于制定国民经济和社会发展第十个五年计划的建议》,第一次在中央正式文件中使用了"文化产业"的概念,真正标志着中国文化产业的合法性地位从最开始的模糊、不确定走向明晰、确定。文化产业终于被提升到与文化事业发展同等重要的地位,其经济性和产业性得以释放。

在此阶段,随着改革进一步深化,中国逐步探索"怎么放开文化市场",文化管理政策开始放宽,文化产业得到快速发展。但在文化市场放开的进程中,文化的经济属性不出意外地印证了在最初论证"要不要放开文化市场"时担忧的诸多问题,如个人主义、拜金主义等西方文化开始入侵,社会上出现了"唯利是图""一切向钱看"等道德失衡的情况。因此,1996 年,中共十四届六中全会通过《中共中央关于加强社会主义精神文明建设若干重要问题的决议》,提出了文化体制改革的任务和一系列指导方针,初步阐述了如何在加强管制下逐步放开文化市场,要遵循文化发展的内在规律,发挥市场机制的积极作用,理顺国家、单位、个人之间的关系,逐步形成国家保证重点文化事业、鼓励社会兴办文化事业的发展格局。在这一时期,政府开始有意识地运用文化产业政策推动和引导文

① 资料来源:白藕,《新时代文创产品设计》,清华大学出版社 2023 年版。

4

表 1.1 国家层面文化产业起步萌芽阶段主要相关政策(1978—2001 年)

发布时间	政 策 名 称	发布单位
1992 年	《重大战略决策——加快发展第三产业》	国务院办公厅综合司
1996 年	《中共中央关于加强社会主义精神文明建设若干重要问题的决议》	中共中央
2000 年	《中共中央关于制定国民经济和社会发展第十个五年计划的建议》	中共中央

化产业发展,但此时"文化产业"和"文化事业"尚未完全分离,相关政策的制定与执行还处于起步探索阶段。

1.1.2 改革阶段(2002—2005 年)

进入 21 世纪,中国步入全面建设小康社会、加快推进社会主义现代化的新发展阶段,加上中国于 2001 年加入世界贸易组织,社会经济基础、历史任务、科技发展及国际条件的深刻变化,为文化产业发展带来了重大的机遇与挑战。人民群众快速增长的精神文化需求已经远远超过当时文化产品和服务的供应,而文化管理体制还保留着许多计划经济体制的特征,体制和机制的不完善导致"文化产业"和"文化事业"界定模糊,无法充分发挥市场化带来的优势,无法形成新的文化创造力,以缓解文化产品和服务的供需失衡。

2002 年,中共十六大指出文化生产力是综合国力的重要标志,要积极发展文化事业和文化产业,发展文化产业是市场经济条件下繁荣社会主义文化、满足人民群众精神文化需求的重要途径。会议对深化文化体制改革、加快发展文化事业和文化产业作出重大部署。这是首次将文化工作明确分为"文化产业"和"文化事业",两轮驱动、并轨发展的思路开始主导中国的文化体制改革。会议明确了文化体制改革的方向和目标,标志着中国的文化体制改革站在了新的起点上。

2003年6月，全国文化体制改革试点工作会议在北京召开。此次改革采用由试点向面上推进的方式开展。2003年7月发布的《关于文化体制改革试点工作的意见》提出选择北京、上海、浙江、广东、深圳、丽江、重庆、西安、沈阳9个省市和35家单位进行文化体制改革试点，并对试点工作的开展做出了具体安排，旨在探索宏观管理、微观运行、文化经济政策、文化市场体系、资源优化配置、对外交流等六条重要体制改革路径。为配合试点工作的开展，国务院办公厅于2003年12月印发《文化体制改革试点中支持文化产业发展的规定（试行）》和《文化体制改革试点中经营性文化事业单位转制为企业的规定（试行）》，确定了财政税收、投资融资、资产处置、工商管理、社会保障等十个方面的配套政策，为文化市场改革提供配套支持。经过两年多的探索和实践，试点任务基本完成，为改革向面上推进提供了较为全面的示范和经验。2005年12月，中共中央、国务院下发的《关于深化文化体制改革的若干意见》认真总结了试点经验，从总体上明确了深化文化体制改革的指导思想、原则要求和目标任务。2006年，国务院办公厅转发财政部等部门《关于鼓励和支持文化产品和服务出口的若干政策》，鼓励和支持文化企业参与国际竞争，推动中国文化产品和服务更多地进入国际市场。

实现社会主义文化大发展大繁荣，需要建立与社会主义市场经济体制相适应的文化体制。自2005年12月下发《关于深化文化体制改革的若干意见》起，出版发行、电影电视剧制作、广播电视传输等国有经营性单位启动了转企改制工作，到2012年改制工作全面完成，国有文艺院团体制改革也于同期基本完成，这意味着文化体制改革中的重塑市场主体、培育市场体系、改善宏观管理、转变政府职能等关键环节均已基本落实。

这一时期，在文化产业政策的指引下，文化体制试点改革稳步推进，取得了巨大成就，为全国范围内的文化体制改革全面展开提供了良好基础和丰富经验，也为国家制定中长期文化发展规划明确了方向和目标。

表 1.2　国家层面文化产业改革阶段主要相关政策(2002—2005 年)

发布时间	政策名称	发布单位
2003 年 7 月	《关于文化体制改革试点工作的意见》	中宣部、文化部、国家广电总局、新闻出版总署
2003 年 12 月	《文化体制改革试点中支持文化产业发展的规定(试行)》	国务院办公厅
2003 年 12 月	《文化体制改革试点中经营性文化事业单位转制为企业的规定(试行)》	国务院办公厅
2005 年 12 月	《关于深化文化体制改革的若干意见》	中共中央、国务院
2005 年 8 月	《关于加强文化产品进口的管理办法》	中宣部、文化部等六部门
2006 年	《国务院办公厅转发财政部等部门关于鼓励和支持文化产品和服务出口的若干政策》	国务院办公厅

1.1.3　规划引导阶段（2006—2010 年）

"十一五"时期是全面建设小康社会、加快推进社会主义现代化建设的关键时期,也是文化产业发展的重要阶段。2006 年 9 月,《国家"十一五"时期文化发展规划纲要》(以下简称《纲要》)公布,这是中国第一个专门部署文化建设的五年发展规划,标志着中国文化体制改革总体设计与战略目标的基本成型。《纲要》具有全局性、方向性和预见性,为中国在"十一五"期间的文化发展指明了方向。《纲要》确定了"十一五"时期中国文化产业发展的六大重点,包括抓好基层文化建设,抓好塑造国家文化形象的重大项目和工程建设,抓好文化产业体系建设,抓好文化创新能力建设,抓好"走出去"重大工程项目实施,以及抓好人才培养。在此基调上,《纲要》明确了具体的工作重点和保障措施,其中包括明确未来五年着力发展的九类重点文化产业,这体现了《纲要》不仅发挥了总体规划的作用,也具备引导特征。《纲要》还提出要立足国情,加快文化立法步伐,并规范执法行为,开展法治宣传,体现了国家通过法律形式引导文化产业健康发展的部署和安排。

在《纲要》对总体思路和目标的指导下,各省、市、自治区和相关行业部门制定了契合本地区、本部门发展特征的文化发展纲要和行业规范发展政策。在该阶段,国家和地方的文化体制改革与发展呈现出有据可依、有序实施的局面。

在这个时期,中国经济蓬勃发展,成为世界第二大经济体。政府财政收入快速增长,加大了在教育、医疗、社保等民生领域的投入。人民物质生活水平显著提高,对精神文化生活的需求日益增强,且呈现多样化。社会对图书、广播、电视、音像等传统文化产业的需求继续增长,动漫、游戏、会展类等新兴文化产业也开始发展,与此同时,引导文化产业健康发展的细分行业规范政策也随之逐渐完善。

随着国内外文化交流的开放程度加深,在国外文化不断输入中国的同时,越来越多的中国文化产品和服务走向国际市场,对外文化贸易呈快速增长态势。这对中国的文化产品进出口管理工作提出了更高要求,一系列明确文化产品进出口管理的政策法规相继出台。继 2005 年 8 月中宣部、文化部等六部门下发《关于加强文化产品进口管理的办法》后,2006—2010 年间,国务院、文化部等行政机关相继颁发了《关于鼓励和支持文化产品和服务出口的若干政策》《文化产品和服务出口指导目录》《关于奖励优秀出口文化企业、优秀出口文化产品和服务项目的通知》等一系列鼓励和规范对外文化贸易的文件。

2009 年 1 月,文化部发布《关于奖励优秀出口文化企业、优秀出口文化产品和服务项目的通知》。2009 年 7 月,中国第一部文化产业专项规划——《文化产业振兴规划》由国务院常务会议审议通过,标志着文化产业已经上升为国家战略性产业。2010 年 3 月,中共中央办公厅、国务院办公厅转发《中央宣传部关于党的十六大以来文化体制改革及文化事业文化产业发展情况和下一步工作意见》,强调加快推进文化产业发展,把文化产业培育成为推动中国经济发展方式转变的战略性新兴产业。

2010 年 4 月,财政部出台《文化产业发展专项资金管理暂行办法》,对专项资金的支持范围与方式、申报流程和管理监督等诸多方面作出了明确规定。2010 年 6 月,2010 年度文化产业发展专项资金开始申报。

总体来看,在这一时期,中国文化产业政策首次以"五年规划"的形式确定了中长期的文化发展方向、重点及目标,为文化产业发展确定了总体基调。同时,完善适用于重点行业尤其是新兴行业的细分规范和鼓励政策,助力释放文化产业的市场活力和经济效益。各地方政府以中央的文化产业政策文件为依据,探索适合本地区文化产业发展的路径。

表 1.3　国家层面文化产业规划引导阶段主要相关政策(2006—2010 年)

发布时间	政 策 名 称	发布单位
2006 年 9 月	《国家"十一五"时期文化发展规划纲要》	文化部
2007 年	《文化产品和服务出口指导目录》	商务部等六部门
2009 年 1 月	《关于奖励优秀出口文化企业、优秀出口文化产品和服务项目的通知》	文化部
2009 年 7 月	《文化产业振兴规划》	国务院
2010 年 3 月	《关于党的十六大以来文化体制改革及文化事业文化产业发展情况和下一步工作意见》	中宣部
2010 年 5 月	《文化产业发展专项资金管理暂行办法》	财政部

1.1.4　国家战略阶段(2011 年至今)

"十二五"时期,2011 年 3 月公布的《国家"十二五"时期文化改革发展规划纲要》提出,要推动文化产业成为国民经济支柱性产业,将文化产业发展提升到了国家战略层面。2011 年 10 月召开的中共十七届六中全会审议通过了《中共中央关于深化文化体制改革,推动社会主义文化大发展大繁荣若干重大问题的决定》,提出了坚持中国特色社会主义文化发展道路、努力建设社会主义文化强国的战略任务。在中央层面的指导和推动下,各地方也相继推出了扶持文化产业发展的政策文件,并将文化及相关产业增加值占 GDP 比重等指标纳入地方政府绩效考核范围,形成了自上而下的良性发展态势。

为配合推动社会主义文化强国建设战略任务的实现,文化部于 2012 年 2 月颁布《文化部"十二五"时期文化产业倍增计划》(以下简称《计划》),明确了"十二五"时期文化产业发展的指导思想、发展目标、主要任务、重点行业和保障措施,并提出了"倍增目标",对"十二五"期间文化产业发展具有重要的指导意义。《计划》围绕实现跨越式发展的主题和国民经济支柱性产业的定位,对未来文化产业发展提出了十大任务,并确定了 11 个重点扶持的行业门类以及配套的操作路径和保障措施。2012 年 2 月,商务部等十部门共同修订了《文化产品和服务出口指导目录》,以鼓励和支持文化企业积极开拓国际文化市场,提高文化企业国际竞争力,推动中国文化产品和服务出口快速发展。2012 年 7 月,国家统计局颁布《文化及相关产业分类(2012)》,对 2004 年版本进行了修订,以适应新阶段对文化产业发展的新要求和新目标。

2013 年 11 月,中共十八届三中全会通过的《中共中央关于全面深化改革若干重大问题的决定》,强调完善文化管理体制、建立健全现代文化市场、构建现代公共文化服务体系、提高文化开放水平等重大命题。2014 年 2 月,中央全面深化改革领导小组第二次会议审议通过《深化文化体制改革实施方案》,新一轮文化体制改革进入全面实施阶段。这一方案突出了方向引领,加强了谋篇布局。2014 年 2 月出台的《国务院关于推进文化创意和设计服务与相关产业融合发展的若干意见》,提出推进文化创意和设计服务等新型、高端服务业发展,促进与实体经济深度融合。

2014 年 7 月,文化部、工业和信息化部及财政部印发《关于大力支持小微文化企业发展的实施意见》(以下简称《意见》)。《意见》高度重视小微文化企业发展、增强创新发展能力、打造良好发展环境、健全金融服务体系、完善财税支持政策、提高公共服务水平六部分内容。2015 年 1 月,中共中央办公厅、国务院办公厅印发《关于加快构建现代公共文化服务体系的意见》,为加快构建现代公共文化服务体系提供了政策支撑。

"十三五"时期是全面建成小康社会的决胜阶段,是促进文化繁荣发展的关键时期,也是建设社会主义文化强国的重要时期。2016年3月,国务院编制了《中华人民共和国国民经济和社会发展第十三个五年规划纲要》(以下简称《纲要》)。根据《纲要》,"十三五"期间要推进文化业态创新,发展创意文化产业,促进文化与科技、信息、旅游、体育、金融等产业融合发展,实现文化产业成为国民经济支柱性产业的目标。为引导社会资金投向、加快壮大战略新兴产业及打造经济社会发展新引擎,2016年11月,国务院印发《"十三五"国家战略性新兴产业发展规划》,2017年1月,国家发改委编制《国家战略性新兴产业重点产品和服务指导目录(2016版)》。

中国特色社会主义进入新时代,社会的主要矛盾从"人民日益增长的物质文化需要同落后的社会生产力之间的矛盾"转化为"人民日益增长的美好生活需要和发展不平衡不充分之间的矛盾"。"美好生活"相较于"物质文化生活",包含了更多人民对高层次精神文化的追求,在这样的社会环境下,中国的文化产业逐步转向为人民提供丰富精神食粮的"幸福产业"发展。中共中央办公厅、国务院办公厅于2017年5月印发《国家"十三五"时期文化发展改革规划纲要》,提出加快文化发展改革,建设社会主义文化强国。"十三五"时期,中国文化产业进入了高质量发展新阶段,以"五年"为一个发展阶段的文化产业发展规划成为文化产业高质量发展的政策指引。在政策引领下,中国文化体制改革继续深化,文化管理体制更趋完善,将积极构建把社会效益放在首位、社会效益和经济效益相统一的体制机制。

2019年1月,文化和旅游部印发《关于实施旅游服务质量提升计划的指导意见》,进一步提高旅游管理服务水平,提升旅游品质,推动旅游业高质量发展。同年8月,国务院办公厅印发《关于进一步激发文化和旅游消费潜力的意见》,以提升文化和旅游消费质量水平,增强居民消费意愿,以高质量文化和旅游供给增强人民群众的获得感和幸福感。同年11月,中共中央办公厅、国务院办公厅印发《关于强化知识产权保护的意见》，旨在加强知识产权保护，完善产权保护制度，提高中国经济竞争力的激励水平。

2014年，中共十八届四中全会审议通过的《中共中央关于全面推进依法治国若干重大问题的决定》明确提出，要制定文化产业促进法。2019年6月，文化和旅游部起草的《中华人民共和国文化产业促进法（草案送审稿）》（以下简称《草案送审稿》）是文化产业迎来的一部重要法律。2019年12月，司法部对《草案送审稿》公开征求意见。《草案送审稿》不仅明确了文化产业的范围、文化产业发展的方针、各部门在推动文化产业发展中的职责、行业组织建设、融合发展等，还从创作生产、文化企业、文化市场、人才保障、科技支撑、金融财税扶持、法律责任等方面进行了规定。未来，文化产业促进法的正式颁布将进一步加大国家对文化产业监督管理力度，不断推进行业商业模式创新，促进文化产业的规范化、健康化、有序化发展。

2020年11月，《中共中央关于制定国民经济和社会发展第十四个五年规划和二〇三五年远景目标的建议》（以下简称《建议》）正式发布。《建议》强调繁荣发展文化事业和文化产业，提高国家文化软实力。2021年3月，十三届全国人大四次会议表决通过了《中华人民共和国国民经济和社会发展第十四个五年规划和2035年远景目标纲要》（以下简称"十四五"规划）。"十四五"规划的第十篇提出发展社会主义先进文化，提升国家文化软实力，包括提高社会文明程度、提升公共文化服务水平及健全现代文化产业体系三方面内容。

"十四五"时期是中国在全面建成小康社会基础上开启全面建设社会主义现代化国家新征程的第一个五年，也是推进社会主义文化强国建设、创造光耀时代光耀世界的中华文化的关键时期。2022年，中共二十大报告指出，全面建设社会主义现代化国家，必须坚持中国特色社会主义文化发展道路，增强文化自信，围绕举旗帜、聚民心、育新人、兴文化、展形象建设社会主义文化强国，发展面向现代化、面向世界、面向未来的、民族的、科学的、大众的社会主义文化。

2022年8月，中共中央办公厅、国务院办公厅印发《"十四五"文化发展规划》，对文化产业发展提出了总体要求。进入新发展阶段，统筹推进"五位一体"总体布局、协调推进"四个全面"战略布局，文化是重要内容，必须把文化建设放在全局工作的突出位置，更加自觉地用文化引领风尚、教育人民、服务社会、推动发展。贯彻新发展理念，构建新发展格局，推动高质量发展，文化是重要支点，必须进一步发展壮大文化产业，强化文化赋能，充分发挥文化在激活发展动能、提升发展品质、促进经济结构优化升级中的作用。

按照《"十四五"文化发展规划》的相关要求，下一步，中国将推动文化产业高质量发展，既要从微观处着手，加快文化产业数字化布局，推动科技赋能文化产业企业，按细分领域健全现代文化产业体系，建立高标准文化市场体系，推动文化产业与体育、旅游等产业融合发展，又要从高处着眼，坚持党的全面领导，坚持人民至上，强化思想理论武装，通过进一步深化文化体制改革，使文化产业的发展成果惠及全体人民，使文化在城乡和东西部地区间协调发展、使中华文化进一步走向世界，在坚定文化自信中实现文化强国目标，为实现中华民族伟大复兴提供重要支撑。

表 1.4　国家层面文化产业国家战略阶段主要相关政策(2011 年至今)

发布时间	政 策 名 称	发布单位
2011 年 3 月	《国家"十二五"时期文化改革发展规划纲要》	中共中央办公厅、国务院办公厅
2011 年 10 月	《中共中央关于深化文化体制改革，推动社会主义文化大发展大繁荣若干重大问题的决定》	中共中央
2012 年 2 月	《文化部"十二五"时期文化产业倍增计划》	文化部
2012 年 2 月	《文化产品和服务出口指导目录》(2012 修订)	商务部等十部门
2012 年 7 月	《文化及相关产业分类(2012)》	国家统计局
2013 年 11 月	《中共中央关于全面深化改革若干重大问题的决定》	中共中央
2014 年 2 月	《深化文化体制改革实施方案》	中央全面深化改革领导小组
2014 年 2 月	《国务院关于推进文化创意和设计服务与相关产业融合发展的若干意见》	国务院

发布时间	政 策 名 称	发布单位
2014 年 7 月	《关于大力支持小微文化企业发展的实施意见》	文化部等三部门
2015 年 1 月	《关于加快构建现代公共文化服务体系的意见》	中共中央办公厅、国务院办公厅
2016 年 3 月	《中华人民共和国国民经济和社会发展第十三个五年规划纲要》	国务院
2016 年 11 月	《"十三五"国家战略性新兴产业发展规划》	国务院
2017 年 1 月	《国家战略性新兴产业重点产品和服务指导目录(2016 版)》	国家发改委
2017 年 5 月	《国家"十三五"时期文化发展改革规划纲要》	中共中央办公厅、国务院办公厅
2019 年 1 月	《关于实施旅游服务质量,提升计划的指导意见》	文化和旅游部
2019 年 8 月	《关于进一步激发文化和旅游消费潜力的意见》	国务院办公厅
2019 年 11 月	《关于强化知识产权保护的意见》	中共中央办公厅、国务院办公厅
2019 年 12 月	《中华人民共和国文化产业促进法(草案送审稿)》	司法部
2020 年 11 月	《中共中央关于制定国民经济和社会发展第十四个五年规划和二〇三五年远景目标的建议》	中共中央
2022 年 8 月	《"十四五"文化发展规划》	中共中央办公厅、国务院办公厅

　　2020 年 9 月 17 日,习近平总书记在湖南省长沙市马栏山视频文创产业园调研时指出,文化和科技融合,既催生了新的文化业态、延伸了文化产业链,又集聚了大量创新人才,是朝阳产业,大有前途。新时代国家推动数字文化产业发展的核心在于文化科技融合。自 2011 年以来,计算机技术飞速发展,全球迎来信息化时代,中国在计算机、互联网、卫星等领域迎头直上,追赶上其他发达国家,并达到世界领先水平。科技的进步催生了一大批文化领域的新产品和新业态,旨在促进文化产业与科技融合发展的政策相继出台。2011 年,《国家"十二五"科学与技术发展规划》提出要加强科技和文化融合,开展文化资源数字化

加工与数据库建设,推动数字内容、数字版权交易、演艺文化传播、艺术品交易数字示范等方面的发展,助推中国文化产业数字化转型升级。2012 年 8 月,科技部等六部门正式颁布《国家文化科技创新工程纲要》,旨在深入实施科技带动战略,推进文化科技创新。这是指导中国文化科技创新工程的一份重要文件。

2017 年 4 月,文化部出台《关于推动数字文化产业创新发展的指导意见》(以下简称《意见》),这是首个国家层面针对数字文化产业发展的宏观性、指导性政策文件,也是首个明确提出数字文化产业概念的政策文件,向全社会发出了鼓励数字文化产业发展的明确信号。《意见》指出提高数字文化产业品质的内涵,并对加强内容原创和技术研发作出具体部署。2019 年 4 月,文化和旅游部印发《公共数字文化工程融合创新发展实施方案》,旨在通过整合数字技术和文化资源,推动公共数字文化的创新发展,提升公众对数字文化的认知和参与度。2019 年 8 月,科技部等六部门印发的《关于促进文化和科技深度融合的指导意见》明确提出,打通文化和科技融合的"最后一公里",激发各类主体创新活力。

2020 年 5 月,中央文改领导小组办公室发布《关于做好国家文化大数据体系建设的通知》。建设国家文化大数据体系是新时代文化建设的重大基础性工程,也是打通文化事业和文化产业、畅通文化生产和文化消费、通融文化和科技、贯通文化门类和业态,推动文化数字化成果走向网络化、智能化的重要举措。

2021 年,《"十四五"文化发展规划》明确提出推动公共文化数字化建设,实施文化数字化战略。2022 年 5 月,中共中央办公厅、国务院办公厅印发的《关于推进实施国家文化数字化战略的意见》(以下简称《意见》)明确了文化数字化战略的总体目标,为新时代文化和科技融合谋划了新蓝图。《意见》提出了发展数字化文化消费新场景,大力发展线上线下一体化、在线在场相结合的数字化文化新体验,统筹推进国家文化大数据体系、全国智慧图书馆体系和公共文化云建设,增强公共文化数字内容的供给能力,提升公共文化服务数字化水平等重点任务。

表 1.5　国家层面文化产业文化科技融合主要相关政策

发布时间	政　策　名　称	发布单位
2012 年 8 月	《国家文化科技创新工程纲要》	科技部等六部门
2017 年 4 月	《关于推动数字文化产业创新发展的指导意见》	文化部
2019 年 4 月	《公共数字文化工程融合创新发展实施方案》	文化和旅游部办公厅
2019 年 8 月	《关于促进文化和科技深度融合的指导意见》	科技部等六部门
2020 年 5 月	《关于做好国家文化大数据体系建设的通知》	中央文改领导小组办公室
2022 年 5 月	《关于推进实施国家文化数字化战略的意见》	中共中央办公厅、国务院办公厅

　　新冠肺炎疫情期间,政府及相关部门都做出了积极的应对。2020 年 1 月,中国人民银行、财政部、银保监会、证监会、国家外汇管理局联合发布了《关于进一步强化金融支持防控新型冠状病毒感染肺炎疫情的通知》;财政部印发《关于支持金融强化服务做好新型冠状病毒感染肺炎疫情防控工作的通知》;文化和旅游部发布了《关于用好货币政策工具做好中小微文化和旅游企业帮扶工作的通知》。2020 年 3 月,国家广电总局发布《关于统筹疫情防控和推动广播电视行业平稳发展有关政策措施的通知》。

表 1.6　国家层面文化产业疫情防控主要相关政策

发布时间	政　策　名　称	发布单位
2020 年 1 月	《关于进一步强化金融支持防控新型冠状病毒感染肺炎疫情的通知》	中国人民银行等五部门
2020 年 2 月	《关于支持金融强化服务做好新型冠状病毒感染肺炎疫情防控工作的通知》	财政部
2020 年 2 月	《关于用好货币政策工具做好中小微文化和旅游企业帮扶工作的通知》	文化和旅游部
2020 年 3 月	《关于统筹疫情防控和推动广播电视行业平稳发展有关政策措施的通知》	国家广电总局

1.2 中国文化产业发展现状

1.2.1 全国文化产业全面复苏

2020 年,全国文化及相关产业实现增加值 44 945 亿元,占 GDP 的比重为 4.43％,同比增长 1.3％,是受新冠肺炎疫情影响最为严重的行业之一,殊为不易 (图 1.1)。同年,全国规模以上文化及相关产业企业营业收入为 98 514 亿元,同 比增长 13.7％。2021 年,随着疫情形势趋缓,文化及相关产业企业实现营业收 入 119 064 亿元,同比大幅增长 20.9％,创下过往五年来的最高涨幅。按地区划 分,2021 年东部地区规模以上文化及相关产业企业营业收入达 90 429 亿元,占 全国比重达 75.9％,较上年上升 0.8％,文化产业相对优势继续扩大,中部和西 部地区企业营业收入占比分别为 14.3％和 8.9％(图 1.2)。全国 31 个省、市、自 治区中营业收入最高的地区分别为广东、北京、浙江、江苏和上海。①

按活动性质划分②,2020 年文化核心领域贡献增加值 31 565 亿元,同比增 长 2.6％,占总增加值的比重为 70.2％。在各核心领域中,新闻信息服务、内容 创作生产、创意设计服务和文化投资运营增加值均实现增长。内容创作生产同 比增长达 11.1％,占总增加值的比重近 1/4。文化传播渠道与文化娱乐休闲服 务领域线下业务受疫情影响,增加值同比分别下滑 5.9％和 19.8％。文化相关 领域贡献增加值 13 380 亿元,同比下降 1.7％。2020 年,规模以上文化及相关

---

① 资料来源:规模以上文化及相关产业企业营业收入数据的来源为国家统计局。
② 资料来源:按活动性质划分的文化及相关产业增加值数据和规模以上文化及相关产业企 业营业收入数据的来源为国家统计局。

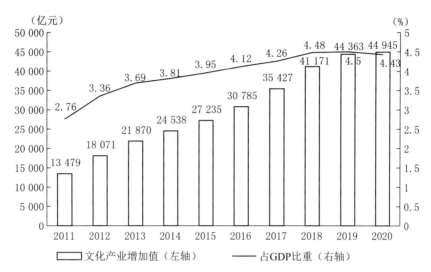

图 1.1　2011—2020 年全国文化及相关产业增加值

资料来源：国家统计局官网统计数据栏目。

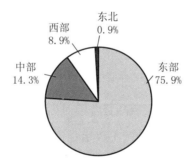

图 1.2　2021 年全国规模以上文化及相关产业企业营业收入的地区分布

资料来源：国家统计局官网统计数据栏目。

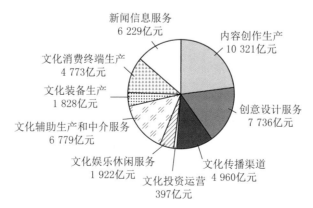

图 1.3　2020 年全国文化及相关产业增加值的细分领域分布

资料来源：国家统计局官网统计数据栏目。

产业企业营业收入按活动性质划分表现与增加值类似,而 2021 年文化及相关产业企业复苏势头明显,所有核心及相关领域营业收入同比增速均超过 10%,显示了文化产业在受到压抑后的 V 形反弹明显,表现出中国文化产业的强劲韧性。

高昂的投融资市场情绪也反映出文化产业的全面复苏。清华大学国家金融研究院文创金融研究中心发布的《中国文化产业投融资市场报告(2021 年)》显示,2021 年全国文化产业市场融资达 1 058 次,同比增长 21.2%,已恢复至 2019 年的水平,其中数字文化经济类投融资占比超过 70%。分市场来看,2021 年文化产业私募股权市场和并购市场融资次数分别较上年增长 44.7% 和 12.9%,股权再融资次数同比增长 63.9%,债券产品发行数量则近乎腰斩,融资金额同比下降达 60.6%。沪深两市上市文化企业数量为 22 家,融资金额达 602.5 亿元,均创下新高;另有 10 家文化企业在港股首发上市,其中有 4 家美股上市公司摘牌回归。在股权再融资中,"文化＋科技"融合的新项目吸引了大部分资金,相较于美股和港股更高的市销率也显示了国内市场对文化产业数字化转型的信心。债券融资的减速可归因于企业超短期融资需求的减少和海外融资的萎缩。从行业来看,各类股权融资普遍对出版、影视、游戏等新兴文化行业更加青睐,这些行业在 2021 年融资次数相对较高,而债权融资则主要落在新闻信息服务、艺术与表演等传统文化行业。

1.2.2　全国公共文化产品百花齐放

为贯彻落实"十四五"规划对于公共文化服务体系和文化产业体系建设的相关要求,从精神和物质两方面不断满足人民日益增长的美好生活需要,使人民群众文化生活更加丰富,推动中华文化影响力进一步提升,中央相关部门下发《"十四五"文化发展规划》和《"十四五"文化和旅游市场发展规划》等文件,为各省、市、自治区在党中央和国务院领导下因地制宜、因势利导,制定符合自身条件的文化产业发展规划和具体实施方案提供了有力的指引。2021年作为"十四五"规划的开局之年,全国文化产业发展欣欣向荣,为在新的历史起点上进一步提升社会文明程度、推动社会主义文化繁荣兴盛、建设社会主义文化强国奠定了有力的基础。

北京大学文化产业研究院发布的《中国文化产业年度报告(2022)》总结了2021年中国文化产业的"关键词"和特征。正逢中国共产党建党100周年之际,全国文化艺术领域献礼党的百岁华诞,涌现了《长津湖》《1921》《革命者》等一批高票房主题作品,《山海情》《觉醒年代》等主旋律电视剧制作精良,收获极高口碑,《文献中国的百年党史》、"人民至上·中国共产党百年奋进研究丛书"等书籍成为出版成果中的佼佼者,文化和旅游部则在全国推出了"建党百年红色旅游百条精品线路",成为中国文化旅游极具潜力的新业态。受疫情影响,传统文化产业单一线下运营模式显示了其脆弱性,文化产业企业纷纷拥抱变革与创新,向线上不断发力,增强用户触达性,数字化转型趋势逐渐明显,老牌展会等一批会展"上云",降低了疫情带来的影响,而数据传输效率的提高则为各类线上云演艺活动创造了良好的条件。在各类文化产品中,一系列国风影视剧目广受观众好评,《典籍里的中国》等节目成为寓教于乐的典范,中国东方演艺集团、故宫博物院等单位以《千里江山图》为蓝本联合打造的舞蹈诗剧《只此青绿》成为许多国人心目中的"审美巅峰"之作,彰显了华夏风采魅力,进一步提高了民族文化自信。或承载着中华文化内核,或以国风形式呈现,游戏、动漫和网文等数字文化产品也通过互联网向全世界传播着中国故事。随着"清朗"系列专项行动的展开和文化产权保护力度的加强,中国的文化市场越发受到重视,越来越风清气正,公共文化空间越发和谐。

1.2.3 全国对外文化贸易增长显著

中共十八大以来,以习近平同志为核心的党中央高度重视中华文化对外传播工作,中华文化积极"走出去",国际话语权和影响力显著提升。自国务院印发《关于加快发展对外文化贸易的意见》以来,中国对外文化贸易发展成效显著。据统计,2016—2021年间,全国文化产品和服务进出口总额从1 142.1亿美元升至2 000.3亿美元,年均增速为11.86%,保持了高速增长的势头。其中,全国文化产品进出口总额从884.4亿美元升至1 558.1亿美元,年均增速为11.99%(图1.4);全国文化服务进出口总额从257.7亿美元升至442.2亿美元,年均增速为11.40%(图1.5)。受新冠肺炎疫情影响,2021年世界经济增长和全球贸易遭受严重冲击,但数据显示,中国文化贸易在总体上体现了韧性,呈现大幅上涨。2021年,全国文化产品和服务进出口总额同比增长38.66%,其中,文化产品进出口总额同比增长43.35%,文化服务进出口总额同比增长24.32%。①近年来,中国数字技术对文化传播的推动力量持续增强。在数字技术加持下,中国文化产业快速发展,数字文化领域已具备一定的全球竞争力,极大地推动了文化贸易的高质量发展。

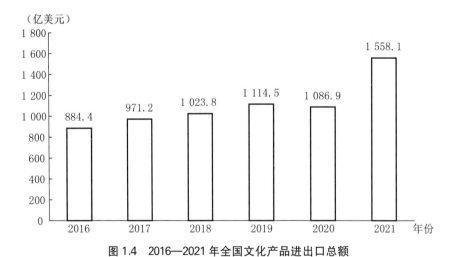

图1.4 2016—2021年全国文化产品进出口总额

资料来源:商务部官网、商务部文化贸易公共信息服务平台、《中国文化及相关产业统计年鉴》(2016—2021)。

---

① 资料来源:全国对外文化贸易资料来源于商务部官网、商务部文化贸易公共信息服务平台,以及《中国文化及相关产业统计年鉴》(2016—2021)。

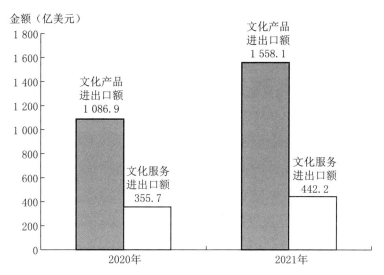

图 1.5 全国对外文化贸易额构成情况

资料来源:商务部官网、商务部文化贸易公共信息服务平台、《中国文化及相关产业统计年鉴》(2020—2021)。

此外,中国对外文化贸易进出口继续实现顺差,且贸易顺差主要集中在文化服务领域。2014—2020 年文化服务贸易顺差规模保持在年均 69 亿美元左右,2021 年顺差进一步扩大,较 2020 年增长 1.1 倍,为 139 亿美元。[①]广告服务、市场调查服务、计算机技术服务和计算机软件销售是文化服务贸易顺差的主要来源。

---

① 资料来源:全国对外文化贸易资料来源于商务部官网、商务部文化贸易公共信息服务平台,以及《中国文化及相关产业统计年鉴》(2016—2021)。

第2章 上海文化产业高质量发展战略

2.1 上海文化产业高质量发展政策

上海文化产业的发展势头和规模一直位居全国城市前列。上海文化产业欣欣向荣的景象离不开国家政策的积极引导和上海市委、市政府的政策支持。

2.1.1 起步萌芽阶段（1978—2001 年）

在起步与萌芽阶段,上海出台了一系列文化产业相关政策,包括行业整体和细分领域的具体管理办法,为上海文化产业的健康、有序、良好发展打下了坚实的基础。

1995 年 2 月,上海市政府印发《上海市文化市场管理办法》(以下简称《办法》),这是首次针对上海的文物市场管理和经营活动制定的管理办法。《办法》对上海的文物市场中的经营方和监管方都作出了具体的要求,为后续对上海的整体文化市场监管提供了实践依据。

这一阶段,上海还出台了一系列细分领域政策,主要针对的是文化产业中细分行业经营活动的管理。这些政策对公共图书馆、电影、有线电视和文化艺术社团等子行业的日常运营、从业规范、主管部门等方面作出了细致的规定。1996年11月,上海市政府颁布的《上海市公共图书馆管理办法》是上海市就公共图书馆管理颁布的第一部地方性政府规章,文件规定了公共图书馆的主管部门和协管部门,并明确了公共图书馆的阅览座位数量、布局要求、收藏量、目录管理、书刊资料清理、工作人员配备、培训与考核以及专用设备的配置标准。1997年8月,上海市政府制定《上海市电影发行放映管理办法》,首次对电影制作的著作权保护作出了规范,同时禁止电影行业的不正当竞争,并明确了禁止发行和放映的电影类型范围。1997年9月,上海市政府颁布《上海市公共文化馆管理办法》,这是上海首次对公共文化馆的建筑设计规范、竣工验收、馆舍面积、使用登记、人员配备、设备器材的配置和更新作出相关规定。1997年12月,上海市政府修正发布《上海市有线电视管理办法》,这是上海首次对有线电视的安装过程、施工方条件认定、有线电视联网等内容作出的相关规定。

表 2.1　上海文化产业起步萌芽阶段主要相关政策(1995—2001 年)

发布时间	政　策　名　称	发布单位
1995 年 2 月	《上海市文化市场管理办法》	上海市政府
1996 年 11 月	《上海市公共图书馆管理办法》	上海市政府
1997 年 8 月	《上海市电影发行放映管理办法》	上海市政府
1997 年 9 月	《上海市公共文化馆管理办法》	上海市政府
1997 年 12 月	《上海市有线电视管理办法》	上海市政府

2.1.2　改革阶段(2002—2005 年)

2001 年加入世界贸易组织之后,中国步入全面建设小康社会、加快推进社会主义现代化的新发展阶段,中国的文化产业和文化事业在此期间也迎来了新的发展机遇。中共中央和国务院为化解文化产业的发展约束,在此阶段出台了许多文化产业试点改革方案,上海则紧跟国家步伐,相继制定了多项引导文化产业中非公有制经济发展的政策。2005 年 5 月,上海发布《上海市贯彻〈国务院关于鼓励支持和引导个体私营等非公有制经济发展的若干意见〉的实施意见》,首次在非公有制经济发展战略方面明确提出,要鼓励非公有制资本投资文化产业等现代服务业领域,通过吸引非公有制经济进入文化产业,扶持建立一批名声卓越、实力强大的文化集团,并对投资现代服务业的非公有制企业给予相关政策优惠待遇。该文件还提出,要支持非公有制企业参与文化产业领域国有企业和事业单位的产权制度改革,鼓励非公有资本参与国有经济的战略性调整。

2005 年 9 月,上海相继配套出台了《关于文化体制改革试点中经营性文化事业单位转制为企业若干财税政策实施意见》和《关于文化体制改革中支持文化产业发展若干财税政策实施意见》,从财政政策上积极探索文化事业单位转企改制的道路。这两份文件主要对上海市经营性文化事业单位转制为企业后的税收政策作出了详细的规定,明确了相关转制企业的税收优惠享受年限和享受条件,并对新办文化企业、试点文化集团和涉及广播媒体的企业给予了一定的税收优惠年限和特定情况下免税的优惠政策。以上针对非公有制经济发展出台的相关政策为上海文化产业注入了新的发展活力,极大地促进了上海文化产业的新发展。

表 2.2　上海文化产业改革阶段主要相关政策(2002—2005 年)

发布时间	政　策　名　称	发布单位
2005 年 5 月	《上海市贯彻〈国务院关于鼓励支持和引导个体私营等非公有制经济发展的若干意见〉的实施意见》	上海市政府
2005 年 9 月	《关于文化体制改革试点中经营性文化事业单位转制为企业若干财税政策实施意见》	上海市财政局等部门
2005 年 9 月	《关丁文化体制改革试点中支持文化产业发展若干财税政策实施意见》	上海市财政局等部门

2.1.3　规划引导阶段（2006—2010 年）

　　浦东新区是规划引导上海文化产业发展的先行地区，于 2001 年 12 月印发《浦东新区文化发展"十五"计划及 2010 年远景目标》。2006 年，上海发布《上海市国民经济和社会发展第十一个五年规划纲要》（以下简称《纲要》），对上海文化产业发展作出了重要指示。《纲要》提出，未来五年要重点发展文化及相关产业，扶持网络动漫、影视传媒、会展旅游、专业服务、社区服务等产业发展，同时要扩大公共文化产品和服务的有效供给，深化文化体制改革，转换运行机制。《纲要》是上海文化产业发展新阶段的重要文件，为上海的文化产业发展提供了明确的政策方向和指引，上海文化产业由此进入规划引导的新阶段。

　　为了贯彻落实党的十七大关于推动社会主义文化大发展大繁荣的战略部署，促进上海文化产业又好又快发展，上海市委、市政府于 2009 年出台了《关于加快本市文化产业发展的若干意见》。此外，上海还发布了《2009—2012 年上海服务业发展规划》《上海市金融支持文化产业发展繁荣的实施意见》《关于加强金融服务促进本市经济转型和结构调整若干意见》等引导产融结合的相关政策，有效地促进了上海各产业与文化产业之间的有效联结和相互扶持，为文化产业发展注入了新活力。《2009—2012 年上海服务业发展规划》首次提出推动数字产业和文化产业相互融合，引导数字产业和工业设计、建筑设计、时尚设计、影视产业、会展旅游、产业园区建设等传统文化产业融合发展。《上海市金融支持文化产业发展繁荣的实施意见》和《关于加强金融服务促进本市经济转型和结构调整若干意见》则着力引导金融与文化产业联合，通过政策加大金融行业对文化产业的投入，针对文化产业开发新金融产品、改进原有金融业务、拓宽文化产业融资渠道，引导金融业发挥优势力量，扶持上海文化产业快速发展。

表2.3　上海文化产业规划引导阶段主要相关政策(2006—2010年)

发布时间	政　策　名　称	发布单位
2001年12月	《关于印发〈浦东新区文化发展"十五"计划及2010年远景目标〉的通知》	上海市浦东新区政府
2006年3月	《上海市国民经济和社会发展第十一个五年规划纲要》	上海市政府
2006年6月	《上海市乡村旅游发展三年行动计划(2006年—2008年)》	上海市政府办公厅
2009年	《关于加快本市文化产业发展的若干意见》	上海市委、上海市政府
2009年9月	《2009—2012年上海服务业发展规划》	上海市政府
2010年7月	《上海市金融支持文化产业发展繁荣的实施意见》	上海市委宣传部等11部门
2010年8月	《关于加强金融服务促进本市经济转型和结构调整若干意见》	上海市政府办公厅

得益于该阶段相关政策的引导,上海的文化产业不断获得其他产业助力,各个产业在相互扶持下不断迸发出新的生机与活力。

2.1.4　国家战略阶段（2011年至今）

进入"十二五"时期后,上海制定了一系列文化产业发展战略,文化创意产业发展势头良好,对上海经济增长以及产业结构调整转型的贡献作用越来越显著。

"十二五"期间,上海对文化产业发展的基本要求是实现"一轴两河多圈"的文化创意产业空间布局。"十二五"期间,上海发布了一系列着力推动产业融合、聚焦突破和开放合作的文化创意产业政策,其中既有综合政策,也有聚焦重点领域和融合发展的产业政策,覆盖面广,顶层设计日益完善,文化产业对经济增长的贡献有较明显的提高。2011年1月,上海发布《上海市国民经济和社会发展第十二个五年规划纲要》,提出要全面增强城市文化软实力和国际影响力,加快建设更具活力、富有效率、更加开放、充满魅力的国际文化大都市。2011年6月发布的《上海市文化创意产业发展"十二五"规划》，围绕把上海建设成为国际文化大都市和"设计之都"的战略目标，为上海的文化创意产业发展指明了方向。在筹备和举办世博会的过程中，上海积累了现代建筑、影视广播、创意产业和会展服务等八大类文化资源，这些资源的后续利用前景十分广阔。上海充分利用世博会经验和资源，加大对文化创意产业的投入和扶持，为把上海建成"国际文化大都市"助力。

2011年11月，上海印发《中共上海市委关于贯彻〈中共中央关于深化文化体制改革　推动社会主义文化大发展大繁荣若干重大问题的决定〉的实施意见》，进一步推进上海文化体制改革，为建设国际文化大都市提供良好的制度环境。上海首先完成了市属宣传文化系统的体制改革，电影、出版、发行、印刷、广播电视节目制作等领域完成全行业改制，多元体制发展演艺文化、多样手段扶持院团和创作的新格局逐渐形成，为上海进一步发展文化演艺事业和产业打好了体制框架。在此基础上，上海又进一步加快了文化国资的改革重组，推动上海文广集团市场化改革，加快互联网化转型。文化体制改革的深入和成功，为上海文化产业的快速发展奠定了稳健的基础。

为贯彻落实《国务院关于推进文化创意和设计服务与相关产业融合发展的若干意见》的精神，上海于2015年1月印发《上海市人民政府关于贯彻〈国务院关于推进文化创意和设计服务与相关产业融合发展的若干意见〉的实施意见》，推动创新型经济和品牌经济的发展，促进文化创意和设计服务与实体经济深度融合，加快新技术、新产品、新业态、新商业模式的经济发展，强有力地推动了上海文化产业与金融行业的深入融合。

针对《上海市文化创意产业发展"十二五"规划》中重点聚焦的十个产业重点领域，上海在"十二五"期间出台了一系列与各领域相关的产业政策，包括《关于促进本市数字出版产业发展的若干意见》《关于促进上海市创意设计业发展的若干意见》《上海市工艺美术产业发展三年行动计划（2014—2016年）》《上海动漫游戏产业发展扶持奖励办法》《关于促进上海电影发展的若干政策》等。

"十三五"期间,上海对文化产业发展的基本要求是实现"一轴双心、沿江沿河、一环多圈"城市文化空间发展新格局。在"十三五"开年之际,上海发布了多个有关文化产业的规划性文件,全面部署了未来3—5年的上海文化产业发展战略,其中包括《上海市文化创意产业发展三年行动计划(2016—2018年)》《上海创意与设计产业发展"十三五"规划》和《上海市"十三五"时期文化改革发展规划》等,这些规划性文件将"十三五"期间上海文化产业的发展目标定调为建成"国际文化大都市"。在此背景下,上海文化产业建设进入提质增效阶段。

2016年10月,上海发布《上海市"十三五"时期文化改革发展规划》,提出未来五年,上海将努力建设全国文化中心,到2020年基本建成文化要素集聚、文化生态良好、文化事业繁荣、文化产业发达、文化创新活跃、文化英才荟萃、文化交流频繁、文化生活多彩的国际文化大都市。"十三五"时期,上海文化改革发展要着力提升社会主义核心价值观感召力、理论成果说服力、宣传舆论影响力和文化产业竞争力。

2016年11月,上海印发了《上海创意与设计产业发展"十三五"规划》。文件指出要将上海建成现代文化产业重镇,促进文化创意与相关产业融合发展,巩固上海文化创意产业在国民经济中的支柱性产业地位。2017年12月,上海印发《关于加快本市文化创意产业创新发展的若干意见》(以下简称"文创50条"),指出文化创意产业是国民经济和社会发展的重要支柱产业。根据近年来的产业发展情况,"文创50条"在"十二五"时期文化创意十大产业门类的基础上进一步聚焦到八大重点领域,并进一步确立了"到2035年,全面建成具有国际影响力的文化创意产业中心"这一高瞻远瞩的战略目标,为上海文化产业的中长期发展确定基调。

2018年,上海贯彻中共十九大文件精神,确立建成具有国际影响力的文化创意产业中心的战略目标,以满足广大人民群众日益增长的美好生活需要为出发点,制定一系列重要政策,鼓励创新创造,引导上海文化产业注重"创新驱动发展、经济转型升级"。2018 年 1 月,《上海市城市总体规划(2017—2035 年)》再次明确了将上海建设成为"卓越的全球城市,令人向往的创新之城、人文之城、生态之城,具有世界影响力的社会主义现代化国际大都市"的目标。2018 年4 月,上海印发《关于全力打响"上海文化"品牌加快建成国际文化大都市三年行动计划(2018—2020 年)》(以下简称《三年计划》),提出在三年内全面打响上海红色文化品牌、海派文化品牌、江南文化品牌,重点推出"上海原创"的文化精品,进一步增强上海城市文化软实力。2018 年 5 月,上海发布《促进上海创意与设计产业发展的实施办法》,旨在围绕上海城市功能定位和产业融合发展战略目标,进一步发挥创意与设计业在产业转型升级中的先导和引领作用,加快推进上海国际设计之都、时尚之都和品牌之都建设。

2020 年 4 月,《中国(上海)自由贸易试验区临港新片区促进文化产业发展若干政策》正式对外发布,政策支持临港新片区范围内影视、演艺、数字文化、艺术品、创意设计、出版、文化装备制造等文化产业发展,推动文化产业成为临港新片区城市功能发展的重要支撑。

"十四五"期间,上海对文化产业发展的基本要求是完善"一轴一带",实现"东西延伸,南北推进"的发展格局。2021 年以来,上海市委、市政府先后出台了《上海市社会主义国际文化大都市建设"十四五"规划》、《中共上海市委关于厚植城市精神彰显城市品格全面提升上海城市软实力的意见》、《全力打响"上海文化"品牌深化建设社会主义国际文化大都市三年行动计划(2021—2023 年)》(以下简称《新三年计划》)等相关意见规划,为未来三年与"十四五"时期上海文化产业的发展提供了指引。

2021 年 7 月,在《三年计划》的基础上,上海发布《新三年计划》,以用好用活红色文化、海派文化、江南文化资源为主线,全面助力上海城市软实力提升。在"文创 50 条"、《三年计划》及《新三年计划》等规划性政策的引导下,上海文化产业朝着"建设更加开放包容、更富创新活力、更显人文关怀、更具时代魅力、更有世界影响力的社会主义国际文化大都市"的方向有序前行。

表 2.4　上海文化产业国家战略阶段主要相关政策(2011 年至今)

发布时间	政　策　名　称	发布单位
2011 年 1 月	《上海市国民经济和社会发展第十二个五年规划纲要》	上海市政府
2011 年 6 月	《上海市文化创意产业发展"十二五"规划》	上海市经信委
2011 年 11 月	《中共上海市委关于贯彻〈中共中央关于深化文化体制改革推动社会主义文化大发展大繁荣若干重大问题的决定〉的实施意见》	上海市委
2015 年 1 月	《上海市人民政府关于贯彻〈国务院关于推进文化创意和设计服务与相关产业融合发展的若干意见〉的实施意见》	上海市政府
2016 年 5 月	《上海市文化创意产业发展三年行动计划(2016—2018 年)》	上海市文化创意产业推进领导小组办公室
2016 年 10 月	《上海创意与设计产业发展"十三五"规划》	上海市经信委
2016 年 11 月	《上海市"十三五"时期文化改革发展规划》	上海市委、上海市政府
2017 年 12 月	《关于加快本市文化创意产业创新发展的若干意见》	上海市委、上海市政府
2018 年 1 月	《上海市城市总体规划(2017—2035 年)》	上海市政府
2018 年 4 月	《关于全力打响"上海文化"品牌、加快建成国际文化大都市三年行动计划(2018—2020 年)》	上海市委办公厅、上海市政府办公厅
2018 年 5 月	《促进上海创意与设计产业发展的实施办法》	上海市经信委等 15 部门
2020 年 4 月	《中国(上海)自由贸易试验区临港新片区促进文化产业发展若干政策》	中国(上海)自由贸易试验区临港新片区管理委员会
2021 年 6 月	《中共上海市委关于厚植城市精神彰显城市品格全面提升上海城市软实力的意见》	上海市委
2021 年 7 月	《全力打响"上海文化"品牌、深化建设社会主义国际文化大都市三年行动计划(2021—2023 年)》	上海市委办公厅、上海市政府办公厅
2021 年 9 月	《上海市社会主义国际文化大都市建设"十四五"规划》	上海市政府

　　为建成社会主义国际文化大都市,上海制定了一系列文化产业发展配套支持政策。《上海市文化创意产业发展"十二五"规划》提出了"一轴两河多圈"的文化创意产业空间新布局,以期实现产城融合。为形成该布局,上海市

在 2014 年和 2015 年分别出台《上海市文化创意产业园区管理办法（试行）》和《上海市文化创意产业示范园区认定和管理实施细则》，直接推动了文化产业空间和创意产业空间的融合。2016 年，上海出台了《上海市文化创意产业发展三年行动计划（2016—2018 年）》，在该计划的指导下，上海打造了一批具有鲜明主题和特色的文化创意产业品牌园区，张江高科技产业园即是产城融合发展的出色代表。

除了对重点领域的发展给予政策支持，上海在这一阶段尤其重视科技、金融、贸易与文化产业的融合发展，并提供相应政策供给。上海作为国际金融中心，对于文化产业与金融业的融合发展尤其重视，并走在全国前列。2012 年 8 月，上海印发《上海推进文化和科技融合发展行动计划（2012—2015）》，这是全国首份文化科技融合专项规划，随后深圳、江苏、南京、武汉等地相继出台文化和科技融合发展的政策文件，为实现文化科技融合提供了政策支撑。2020 年的国际游戏商务大会上，国家对外文化贸易基地（上海）发布"千帆计划"，该计划是全国范围内首发的数字文化创意内容出海专项扶持计划。

2014 年 11 月，上海出台《上海市关于深入推进文化与金融合作的实施意见》，围绕建立完善文化金融合作机制、渠道及环境推出 16 项政策。2018 年，上海银监局为推进文创金融深度融合，决定建设一批上海市银行业文化创意特色支行，进一步提高上海文创金融专业服务水平搭建平台。上海银监局联合上海市委宣传部、上海市经信委及上海市金融办制定专项工作方案，共同推进设立上海银行业文化创意特色支行。上海银行广中路支行、淮海路支行被授牌成为首批"上海市银行业文化创意特色支行"。2018 年 8 月，对接文创企业与金融服务机构的信息平台"上海文创金融服务平台"上线，分设"金融服务""申报指南"和"政策导航"三个栏目，满足不同文创企业金融需求。为贯彻落实"文创 50 条"，发挥财政资金的杠杆作用和放大效应，上海于 2018 年 12 月设立"上海文化产业发展投资基金"，旨在吸引更多的社会资本聚焦重点产业领域，持续提升上海文化产业竞争力。

要建成社会主义国际文化大都市,必须进一步优化文化产业结构,发展创新先导型、内容主导型、智力密集型、资本密集型的产业类型。"文创50条"和《新三年计划》发布以来,上海研究制定了新一轮扶持各重点产业的政策,包括《上海市文化创意产业园区管理办法(2018年)》《关于加快特色产业园区建设促进产业投资的若干政策措施》等。

2018年7月,《上海市文化创意产业园区管理办法》提出21条具体管理措施,内容涉及文化创意产业园区的适用范围、工作机制、园区分类、园区认定条件、园区申报条件、申报材料、园区推荐、园区评审、园区认定、日常管理、动态评估、奖惩措施、信息公开等方面。

2020年5月,《关于加快特色产业园区建设促进产业投资的若干政策措施》提出16点推进上海市文化产业园区建设的具体措施,主要包括:以产业地图为引领,优化产业空间布局;集聚行业领军企业,打造特色产业园区;加快发展在线新经济,打造一批重点产业生态园;加强新型基础设施建设,带动新兴产业投资;加大招商引资激励力度,集聚各方招商力量;加大科技创新支持力度,加速科技成果转化与产业化;聚焦优质项目,优化产业用地供给;提高土地利用强度,提升产业用地配套功能;推进"腾笼换鸟",为重大产业项目落地腾出空间;加大技术改造支持力度,聚集资金支持重大产业项目;加强产融对接,强化金融服务实体经济;加强招才引智,形成有利于重点项目发展的产业人才政策;多措并举,以各类人才安居保障创业兴业乐业;建立市领导联系重大产业项目制度,为重大产业项目委派专员;围绕重大产业项目推进,强化资源要素保障;放大"特斯拉综合效应",加快重大产业项目建设审批。

2020年3月,上海颁布《2020年度上海市促进文化创意产业发展财政扶持资金项目申报指南》,启动项目申报。2020年4月,上海首次召开上海市知识产权保护大会,并正式发布《关于强化知识产权保护的实施方案》。2020年6月,首届上海市文化创意产业促进会会员大会在世博会博物馆召开。

表 2.5　上海文化产业发展配套支持主要政策

发布时间	政　策　名　称	发布单位
2012 年 8 月	《上海推进文化和科技融合发展行动计划（2012—2015）》	上海市委宣传部等部门
2014 年	《上海市文化创意产业园区管理办法(试行)》	上海市文化创意产业推进小组领导办公室
2014 年 11 月	《上海市关于深入推进文化与金融合作的实施意见》	上海市委宣传部等十部门
2015 年	《上海市文化创意产业示范园区认定和管理实施细则》	上海市文化创意产业推进小组领导办公室
2018 年 7 月	《上海市文化创意产业园区管理办法》	上海市文化创意产业推进小组领导办公室
2020 年 4 月	《关于强化知识产权保护的实施方案》	上海市政府办公厅
2020 年 5 月	《关于加快特色产业园区建设促进产业投资的若干政策措施》	上海市政府办公厅

　　面对新冠肺炎疫情对文化产业的巨大冲击,上海市政府迅速反应,应对挑战,抓住时机,从政策方面为文化企业减轻负担,增加文化领域资金供给,借力"互联网＋"新动能,拓展"文化＋"新思维。2020 年 2 月,上海迅速出台《全力支持服务本市文化企业疫情防控平稳健康发展的若干政策措施》,依托上海市促进文化创意产业发展财政扶持资金,采取 20 条具体措施帮助文化企业应对疫情冲击。例如,上海市文化和旅游局推出中小微文化和旅游企业金融服务举措,会同中国人民银行上海分行和上海市地方金融监督管理局搭建金融服务平台。2020 年 3 月,上海电影集团正式宣布推出全国首只"影院抗疫纾困基金",总额达 10 亿元。①

　　2022 年 4 月,上海出台《全力支持本市文化企业抗击疫情健康发展的若干政策措施》,从全面减轻文化企业负担、调整优化文化领域扶持资金、创新文化金融服务供给、持续优化营商服务环境四个方面提出了 16 条具体的政策措施。

---

　　①　资料来源:《文汇报》,《10 亿元! 首发"影院抗疫纾困基金"在上海成立》,https://wenhui.whb.cn/third/baidu/202003/09/331741.html。

这些政策为上海文化企业平稳渡过疫情提供了坚实保障。其中,在减轻文化企业负担方面,措施提出减征文化事业建设费,对归属于上海市地方收入的文化事业建设费,继续按照缴纳义务应交费额的50%减征;在优化文化领域扶持资金方面,措施提出适当延长上海文化发展基金会2022年上半年在线申报截止日期,对于2021年立项签约的上海文创扶持资金在建项目,项目结束时间延长2个月;在创新文化金融服务供给方面,文件提出支持国有文化小贷公司提供同期小额贷款市场平均利率下浮30%的优惠贷款利率,发挥"文创接力贷""文创保""文创园区贷""申影贷""惠影保"等专项产品作用;在持续优化营商服务环境方面,文件提出有序推动文化企业恢复生产经营,提供面向中小微文化企业和个人的免费线上存证以及每半年一次的全网监测服务。

2020年4月,上海发布《上海市促进在线新经济发展行动方案(2020—2022年)》,着力拉动消费新需求,着力培育经济新增长点,着力营造产业发展新生态。

表2.6 上海文化产业抗击新冠肺炎疫情、健康发展主要政策

发布时间	政 策 名 称	发布单位
2020年2月	《全力支持服务本市文化企业疫情防控平稳健康发展的若干政策措施》	上海市委宣传部等部门
2022年4月	《全力支持本市文化企业抗击疫情健康发展的若干政策措施》	上海市委宣传部等部门
2022年4月	《上海市促进在线新经济发展行动方案(2020—2022年)》	上海市政府办公厅

上海针对文化产业不同领域分别制定了细化的扶持政策,主要包括旅游产业、游戏动漫、影视广播、设计产业和艺术品产业等。

(1)旅游产业。

旅游产业是一种经济性很强的文化产业,又是文化性很强的经济产业。文化作为旅游的内涵和灵魂,旅游作为义化表现的载体,两个产业之间的发展有很大的交汇空间。上海旅游产业与文化产业的融合发展主要表现在以下六个

方面:文化观光与旅游产业的融合、文化创意与旅游产业的融合、网络服务与旅游产业的融合、影视传媒与旅游产业的融合、节事会展与旅游产业的融合、娱乐演艺与旅游产业的融合。针对旅游产业的发展,上海出台了一系列政策文件,大力支持上海旅游高品质发展。

2012 年 3 月,上海市政府发布《上海市旅游业发展"十二五"规划》(以下简称《规划》)。《规划》提出,上海市在"十二五"期间的总体目标是:将上海基本建成魅力独具、环境一流、集散便捷、服务完善、旅游产业体系健全、旅游产品丰富多样、旅游企业充满活力的世界著名旅游城市,打造国际都市观光旅游目的地、国际都市时尚购物目的地、国际都市商务会展目的地、国际都市文化旅游目的地、国际都市休闲度假目的地以及国际旅游集散地。《规划》对上海城市文化建设提出了三大空间布局要求,主要包括构筑都市旅游新空间、优化旅游新兴业态空间布局及聚焦重点旅游项目的空间布局。《规划》还提出了"十二五"期间上海旅游业发展的具体目标,如上海市"十二五"期间旅游业总收入争取达到 5 100 亿元,国内旅游人数达到 2.4 亿人次,旅游外汇收入达到 85 亿元美元,新增 A 级景区 20 个,新增重点公共服务类项目 6 个等。

2018 年 8 月,《关于促进上海旅游高品质发展加快建成世界著名旅游城市的若干意见》(以下简称《意见》)提出了上海旅游产业未来发展的长远目标:到 2020 年,国内旅游人数达 3.6 亿人次,入境旅游人数达 1 000 万人次,旅游总收入超 6 000 亿元,旅游产业增加值占全市 GDP 的比重为 7% 左右;提升上海作为世界著名旅游目的地的影响力、吸引力,城景一体、产业融合、主客共享的旅游发展环境更好,政府引导、市场主导、多元参与的旅游服务和管理能力更优、旅游休闲度假生活体验的满意度、美誉度更高;到 2035 年,入境旅游人数达 1 400 万人次,形成旅游产品的全球吸引力、旅游产业的全球竞争力、旅游市场的全球影响力,将上海建成高品质的世界著名旅游城市。《意见》还提出四点具体政策措施,包括:树立全域旅游发展理念,加快建成更具吸引力的旅游目的地;打响"四大品牌",加快推动上海旅游转型升级;坚持需求导向,着力营造良好的旅游环境;坚持服务全国面向世界,着力提高上海旅游的辐射力和影响力。

2020 年 8 月,《上海在线新文旅发展行动方案(2020—2022 年)》提出上海在线文旅发展的总体目标:研究制定在线文旅产业发展和管理服务的规范标准,不断提升上海文旅产业全球市场竞争力和区域资源配置力,增强广大人民群众的参与感、获得感和幸福感。2020 年 9 月,第 31 届上海旅游节拉开帷幕,包括五大主题九大活动、102 条精品线路和品质产品。

2021 年 6 月,上海印发《上海市"十四五"时期深化世界著名旅游城市建设规划》。"十四五"时期是上海旅游业勇立新起点,奋力推进高品质世界著名旅游城市建设的关键五年。深化世界著名旅游城市建设,对加快构筑新发展阶段上海旅游业新动能、新高峰、新优势和更好赋能上海具有世界影响力的社会主义现代化国际大都市建设具有重要意义。

表 2.7   上海旅游产业主要政策

发布时间	政 策 名 称	发布单位
2012 年 3 月	《上海市旅游业发展"十二五"规划》	上海市政府办公厅
2018 年 8 月	《关于促进上海旅游高品质发展加快建成世界著名旅游城市的若干意见》	上海市政府
2018 年 9 月	《上海市工业旅游创新发展三年行动方案(2018—2020)》	上海市文化和旅游局等三部门
2020 年 8 月	《上海在线新文旅发展行动方案(2020—2022 年)》	上海市文化和旅游局
2021 年 6 月	《上海市"十四五"时期深化世界著名旅游城市建设规划》	上海市政府办公厅
2021 年 9 月	《上海市加强旅游服务质量监管 提升旅游服务质量实施方案》	上海市文化和旅游局
2022 年 1 月	《关于支持和推进上海工业旅游发展的实施意见》	上海市文化和旅游局等十部门

(2)游戏动漫产业。

作为国产动漫的发源地,动漫产业在今天的上海已成为文化产业供给侧改革与消费升级的新亮点。2017 年 12 月,上海市委、市政府印发的"文创 50 条"

提出要深挖动漫游戏产业市场发展潜力，强化原创内容创作，加快"走出去"和"引进来"步伐，逐步形成具有全球影响力的动漫游戏原创中心。近年来，上海出台了一系列政策，通过资金扶持等方式扶优扶强，推动游戏行业走上高质量发展道路。上海动漫游戏产业的创作将服务于中国传统文化传承体系建设，以繁荣传统文化为目标，打造一批国际化的动画作品和精品游戏。

2018 年 5 月，上海制定了《关于促进上海动漫游戏产业发展的实施办法》（以下简称《办法》），以培育文化产业发展新动能，推动上海动漫游戏产业快速健康发展，朝全球动漫游戏产业龙头城市的目标迈进。《办法》提出，上海要大力扶持优秀原创精品项目，鼓励产业创新发展，优化产业载体布局，做大做强产业主体，营造产业发展环境等。

2018 年 11 月，《上海市电子竞技运动员注册管理办法（试行）》出台，明确由上海电竞协会负责运动员的注册与管理，使上海成为全国率先实行电竞运动员注册制的城市。2018 年 11 月，《"电竞之都"相关建设工作规划》发布，指出制定三年行动计划，建立三级赛事体系，布局电子竞技场馆，制定电子竞技产业发展标准，推动上海重点区域发展。

"十四五"期间，上海文化产业发展的一大亮点是电竞游戏的规模和影响力逐步扩大，形成对城市更新和文化消费的辐射溢出效应。2019 年 6 月，上海印发《关于促进上海电子竞技产业健康发展的若干意见》，以推动上海电子竞技产业有序健康发展，加快"全球电竞之都"建设。2019 年 8 月，上海发布《电竞场馆建设规范》和《电竞场馆运营服务规范》，为电子竞技产业健康发展提供政策支撑。2020 年 7 月，中国游戏产业研究院在上海浦东张江国家数字出版基地落地。2020 年 8 月，全国性电子竞技俱乐部 Gen.G 中国区总部落户上海市静安区。2020 年 8 月，中国第一部由超级网游 IP 改编的电影《征途》诞生在上海，并率先实现全球同步上线。2020 年 9 月，上海举办首批电竞场馆授证仪式，共 11 家场馆获评不同等级，其中落户于普陀区的主场 ESP 电竞文化体验中心、网鱼网咖万航渡路店成功获评。

表 2.8　上海游戏动漫产业主要政策

发布时间	政　策　名　称	发布单位
2018 年 5 月	《关于促进上海动漫游戏产业发展的实施办法》	上海市委宣传部等 13 部门
2018 年 11 月	《上海市电子竞技运动员注册管理办法（试行）》	上海市体育局、上海市电竞协会
2018 年 11 月	《"电竞之都"相关建设工作规划》	上海市文化和旅游局
2019 年 6 月	《关于促进上海电子竞技产业健康发展的若干意见》	上海市委宣传部等三部门
2019 年 8 月	《电竞场馆建设规范》《电竞场馆运营服务规范》	上海市文化和旅游局

（3）影视广播产业。

影视广播产业在上海拥有长久的历史渊源，也是上海文化发展的重点产业之一。在"上海文化"品牌中，上海影视具有深厚的历史积淀和发展潜力，把推进影视文化产业发展作为突破口，打造"上海影视"品牌，是提升城市软实力、实现打响上海"文化品牌"的重要战略和重要途径之一。

2011 年 4 月，上海出台《关于促进上海电影产业繁荣发展的实施意见》，以数字化技术为支撑，以影院基础设施为依托，着力于电影产业链的发展建设，着力于丰富产品、繁荣市场，使上海成为电影市场繁荣、制作机构集聚的电影产业基地。2014 年 10 月，上海发布《关于促进上海电影发展的若干政策》，内容涵盖财政、税收、金融、用地、人才、区域发展、摄制服务七大领域，包括加大电影发展的财政扶持力度，落实电影企业税收优惠政策，加大电影企业金融支持力度，加强电影人才队伍建设等。2018 年 5 月，上海发布《关于促进上海影视产业发展的若干实施办法》，旨在焕发中国电影发祥地新活力，振兴上海影视产业，构建现代电影工业体系，推进全球影视创制中心建设。2020 年 7 月，上海国际电影电视节正式开启。

表 2.9　上海影视广播产业主要政策

发布时间	政　策　名　称	发布单位
2011 年 4 月	《关于促进上海电影产业繁荣发展的实施意见》	上海市政府
2014 年 10 月	《关于促进上海电影发展的若干政策》	上海市委宣传部等九部门
2018 年 5 月	《关于促进上海网络视听产业发展的实施办法》	上海市委宣传部等 11 部门
2018 年 5 月	《关于促进上海演艺产业发展的若干实施办法》	上海市委宣传部等 11 部门
2018 年 5 月	《关于促进上海影视产业发展的若干实施办法》	上海市委宣传部等 11 部门

（4）设计产业。

在新发展阶段,为全面推动设计赋能经济高质量发展、市民高品质生活和城市高效能治理,增强产业核心竞争力,提升城市软实力,构筑未来创新发展优势,上海于 2022 年 1 月印发《上海建设世界一流"设计之都"的若干意见》(以下简称《意见》)。《意见》指出,到 2025 年,上海基本建成设计产业繁荣、品牌卓越、生态活跃、氛围浓郁的"设计之都",创意和设计产业总产出保持年均两位数增长,到 2025 年超 20 000 亿元;到 2030 年,全面建成世界一流"设计之都"。

表 2.10　上海设计产业主要政策

发布时间	政　策　名　称	发布单位
2022 年 1 月	《上海建设世界一流"设计之都"的若干意见》	上海市经信委等九部门

（5）艺术品产业。

为加快上海文化创意产业创新发展,上海出台了各项政策,发挥艺术品产业在传承中华文化和推动业态创新中的带动作用,形成上海艺术品产业的整体优势,旨在把上海建设成为世界重要艺术品交易中心之一。上海持续扩大文物艺术品领域的高水平开放,加快建设国际文物艺术品交易中心,全面提升全球资源配置能力,进一步打造服务优质、品牌集聚、交易活跃的艺术品市场。2020 年 10 月,第二届上海国际艺术品交易月举办,将助力上海建成千亿级规模的艺术品交易市场。2020 年 11 月,国家文物局和上海市政府签署了共同推进社会

文物管理综合改革试点合作协议,建设国际文化服务艺术品交易中心。2020 年
11 月,第三届中国国际进口博览会圆满举办,交出了靓丽的国际贸易"成绩单"。

2021 年,在社会文物管理综合改革试点带动下,上海文物市场及艺术品交
易逐步回暖。上海全年共举办文物拍卖会 1 004 场,上拍标的 125 218 件,总成
交额突破 60 亿元,同比增长 25%,约占全国市场份额的四分之一。①苏富比、中
国嘉德、厉蔚阁、上海博宬等四家文物艺术品领域知名企业集中落户外高桥保
税区,与自贸文投达成更深一步合作,将在文物艺术品的交易服务、咨询代理、
展会活动、通道服务等领域携手共进。

表 2.11　上海艺术品产业相关政策

发布时间	政　策　名　称	发布单位
2018 年 5 月	《关于促进上海艺术品产业发展的实施办法》	上海市委宣传部等 11 部门
2019 年 9 月	《关于我市加强文物保护利用改革的实施意见》	上海市政府
2019 年 12 月	《上海市民间收藏文物经营管理办法》	上海市政府

2.2　上海"十四五"文化产业发展总体目标

2021 年是"十四五"规划的开局之年。习近平总书记指出,谋划"十四五"时
期的发展,要高度重视发展文化产业。发展文化产业是满足人民多样化、高品
位文化需求的重要基础,也是激发文化创造活力、推进文化强国建设的必然要
求。"十四五"规划明确将"公共文化服务体系和文化产业体系更加健全,人民
精神文化生活日益丰富,中华文化影响力进一步提升"列为"十四五"时期经济

---

① 资料来源:上海市文旅推广网,https://chs.meet-in-shanghai.net/travel-class/news-detail.php?id=58485。

社会发展的主要目标。文化自信是更基本、更深沉、更持久的力量,上海要在新时代继续提升城市能级,增强核心竞争力,就必须在持续增强经济、金融、贸易、航运、科技创新等硬实力的同时,全面提升引领全国、辐射亚太、影响全球的文化软实力。

习近平总书记亲自提炼概括了"海纳百川、追求卓越、开明睿智、大气谦和"的上海城市精神和"开放、创新、包容"的上海城市品格,对提升软实力作出一系列重要论述,为上海加快打造同具有世界影响力的社会主义现代化国际大都市相匹配的城市软实力指明了前进方向。城市精神品格是软实力的内核所在,对软实力具有引领性、决定性、基础性作用。锚定 2035 年远景目标,综合考量全市发展实际情况,"十四五"时期,上海的主要目标是弘扬城市精神和城市品格,提升国际文化大都市软实力,到 2035 年实现文化大都市功能全面升级,基本建成具有世界影响力的社会主义现代化国际大都市。"十四五"时期,上海将坚持中国特色社会主义文化发展道路,围绕举旗帜、聚民心、育新人、兴文化、展形象的使命任务,持续打响"上海文化"品牌,繁荣发展文化事业产业,升级完善公共文化服务体系,深化建设更加开放包容、更富创新活力、更显人文关怀、更具时代魅力、更具世界影响力的社会主义国际文化大都市。

2021 年 9 月,上海印发《上海市社会主义国际文化大都市建设"十四五"规划》(以下简称为《规划》)。《规划》提出,经过多年的努力,上海的文化软实力和国际影响力显著增强,实现了到 2020 年基本建成社会主义国际文化大都市的总体目标。同时,也对未来的发展提出了明确的总体目标:到 2025 年,上海城市文化的创造力、传播力、影响力持续提升;市民的文化参与感、获得感、幸福感不断增强;传承优秀传统文化、吸收世界文化精华、彰显都市文化精彩、发展社会主义先进文化的城市文化特质更加凸显。

《规划》提出了十方面任务:

第一,坚持以习近平新时代中国特色社会主义思想为指导,大力发展社会主义先进文化。将党的创新理论作为城市文化发展的主心骨和定盘星,筑牢弘扬社会主义先进文化的示范高地。建设党的创新理论学习高地,推动上海哲学社会科学大发展大繁荣,提高全媒体时代传播能力,推动优秀文艺作品创作生产,打造国内重点出版领域高峰。重点建设习近平总书记系列重要讲话数据库、习近平新时代中国特色社会主义思想研究成果库、上海社科大师文库、上海新型智库,即哲学社会科学体系"四库"。实施"上海文艺再攀高峰工程",实现年均出品影视精品五部以上、舞台艺术精品剧目两部以上的目标。

第二,以社会主义核心价值观为引领,推动城市文明程度实现新提升。继续践行社会主义核心价值观,并使之继续走在全国前列。全面提高城市文明程度和市民文明素质。实现三级阵地网络覆盖全面、功能定位明确、管理运作规范、区域特色鲜明的新时代文明实践中心建设。深入开展群众性精神文明创建活动。推动志愿服务内涵式发展,使志愿服务成为展示上海城市文明形象的金名片。

第三,传承城市历史文脉,彰显上海文化独特魅力。大力弘扬红色文化,彰显海派文化特质,传承江南文化基因,保护历史文化遗产,发展优秀传统文化,不断增强人民群众对城市文化的认同感、归属感、自豪感。深入实施"党的诞生地"发掘宣传工程、红色文化传承工程、革命文物保护利用工程。诠释和丰富"海纳百川、追求卓越、开明睿智、大气谦和"的城市精神。健全江南文化保护体系,建设全国江南文化研究高地。

第四,推动公共文化服务高质量发展,满足人民多层次文化需求。大力建设公共文化服务高质量发展先行区,深入实施文化惠民工程,优化公共文化服务资源配置。更好保障人民基本文化权益,充分释放公共文化服务发展活力,不断满足人民多样化的文化需求。通过标准化建设进一步提升基本公共文化服务均等化水平。实施"全民美育行动",推进公共文化服务社会化、专业化发展。

第五,优化城市文化设施空间布局,全方位营造城市人文气息。建成一批市、区两级重大文化设施项目,保护一批具有特色的历史文化遗产,增加一批城市文化景观,营造更加浓厚的城市文化氛围。重点完善"一轴(城市文化中轴)、一带(黄浦江文化创新带)"文化设施布局,提升苏州河沿岸地区文化功能。完成上海图书馆东馆、上海博物馆东馆、上海大歌剧院、上海少年儿童图书馆等标志性重大文化设施建设改造工程。强化五大新城文化品牌建设,打造多元城市文化景观,激发城市公共空间文化活力,实施基层公共文化设施"更新与提升计划",支持对公共空间实施文化"微更新"改造。

第六,推动文化创意产业创新发展,提升城市文化核心竞争力。坚持守正创新,把社会效益放在首位。实施"文化+"和"+文化"战略,聚焦重点发展,推动跨界融合,构建多层次产业发展格局,提升版权产业服务能力,着力建设具有核心竞争力、国际影响力的文化创意产业中心。重点聚焦"两中心、两之都、两高地",推进全球影视创制中心、国际重要艺术品交易中心、亚洲演艺之都、全球电竞之都、网络文化产业高地、创意设计产业高地建设。力争形成"头部"企业带动、"腰部"企业支撑、小微企业创新的文化创新环境。探索实施包容审慎监管,净化文化创意领域的发展环境。

第七,深化文化交流合作,提升城市文化国际影响力。加快文化交流中心建设,加速文化"走出去"步伐,提升中华文化国际影响力。提升区域文化资源配置能力,提高文化对外开放合作水平,提升文化节展赛事国际影响力,加强国际传播能力建设。形成多领域、多维度、多层级重要品牌节展赛事活动的"主场外交"矩阵。建好外宣全媒体矩阵,提升上海国际传播能级和国际影响力。

第八,聚焦数字城市建设,推动城市文化数字化转型升级。把握数字化发展先机,形成与城市数字化转型相匹配的文化发展新格局。深化公共文化数字化建设,提高文化创意产业数字创造力,提升数字文化消费水平。加快文化基础设施建设。实施公共文化服务数字赋能专项行动、文化创意产业数字化战略。加快上海文化大数据体系建设,到2025年,各区融媒体中心全媒体传播矩阵基本实现本区域常住人口全覆盖。

第九,深化世界著名旅游城市建设,提升文化大都市吸引力。围绕建设"高品质的世界著名旅游城市"目标,打响上海旅游品牌。提升市民游客获得感,深入实施文旅融合发展战略。打造城市旅游新空间,强化旅游枢纽门户功能。坚持以文塑旅、以旅彰文,打造红色文化旅游集群、海派文化旅游集群、江南文化旅游集群、品牌节展赛会旅游集群。建设富有文化底蕴的世界级旅游目的地、国际旅游重要门户、国内旅游集散枢纽、具有全球竞争力的邮轮母港。

第十,坚持"人民城市人民建,人民城市为人民"的重要理念,提升城市文化治理能力。推动形成新时代符合超大城市特点和规律、多元主体协同参与的文化治理新格局。提升文化行政服务能力,健全网络综合治理体系,提高文化治理法治化水平,推动多元社会主体协同治理。

就《规划》提出的重点来看,上海应继续加强文化政策体系建设,发挥政策导向作用,注重政策内容创新,针对新领域、新业态精准施策、及时施策,为文化产业发展提供有力保障。进一步提升公共服务质量,完善公共文化设施网络。打造"一站式"政策服务平台,简化办事流程,为文化企业减负。积极培育多元化市场主体,健全现代文化产业体系,加大高质量文化产品供给力度。同时注重文化产业人才培养,建设文化产业优秀人才高地。

结合全国和上海的文化产业发展的指导意见,重点支持文化产业的数字化布局。目前,上海在文化产业数字化方面已走在全国前列,应进一步推动文化产业与数字化融合发展,把先进科技作为发展文化产业的战略支撑,建立健全文化与科技融合的创新体系。提升公共文化的数字化水平,刺激文化市场消费。上海作为具有悠久历史文脉的城市,应推动文化和旅游在更广范围、更深层次、更高水平上融合发展。推动文化和旅游产品、市场相融合,进一步彰显上海文化的独特魅力。大力弘扬红色文化,彰显海派文化特质。深入挖掘地域文化特色,弘扬革命文化、中华优秀传统文化。丰富优质旅游资源供给,推动构建类型多样、分布均衡、特色鲜明、品质优良的旅游服务供给体系。在"十四五"期间,张江、金桥、外高桥三大国家级文创集创集聚区,将进一步突出优势,成为产业高地、开放高地、资源福地。

第 **3** 章　上海文化产业发展现状与问题分析

3.1　上海文化产业发展现状

3.1.1　穿越疫情阴霾，上海文化产业实现有序复苏

　　上海文化产业受疫情冲击整体影响较小，在逆境中稳步增长。根据图 3.1 和图 3.2，2020 年，上海文化及相关产业增加值达 2 389.64 亿元，较上年逆势上涨 3.8%，占全国文化及相关产业总增加值的比重为 5.32%，占上海市第三产业增加值的 8.44%。2011—2020 年间文化产业整体与上海经济同步发展，上海文化及相关产业增加值总涨幅超过 100%，年均增长率达 8.41%，占上海 GDP 的比重经历了先上升、后稳定在 6.1% 左右的总体趋势。

46

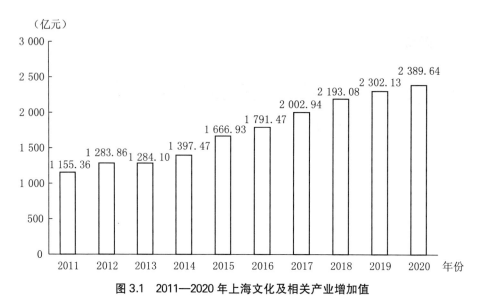

图 3.1　2011—2020 年上海文化及相关产业增加值

资料来源:《2018 年上海文化产业发展报告》、《2019 年上海文化产业发展报告》、《中国文化及相关产业统计年鉴》(2013—2020)。

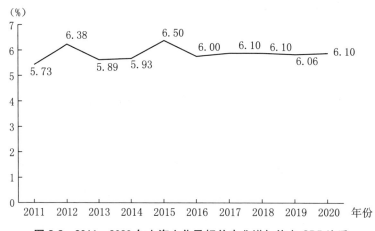

图 3.2　2011—2020 年上海文化及相关产业增加值占 GDP 比重

资料来源:《2018 年上海文化产业发展报告》、《2019 年上海文化产业发展报告》、《中国文化及相关产业统计年鉴》(2013—2020)。

　　按活动性质划分(见表 3.1),2020 年文化核心领域创造增加值 1 953.99 亿元,占当年文化及相关产业增加值的 81.77%,文化相关领域增加值 435.66 亿元,占比 18.23%。在文化核心领域中,以各类媒体出版、节目制作、创作表演、艺术品制造等为主的内容创作生产实现增加值 754.39 亿元,由广告服务和设计服务构成的创意服务设计贡献了 614.26 亿元,二者贡献了当年上海文化及相关产业增加值的 57.28%,其中内容创作生产较上年增长 28.46%,涨幅较大。新闻信息服务快速发展,新闻服务、报纸信息服务、广播电视信息服务和互联网信息服务四小类共创造增加值 255.11 亿元,较上年上涨 42.99%。当年文化核心领域增加值总体同比增长 10.71%,以上三项贡献了涨幅的 140.40%。受疫情影响,核心领域中除以上三项以外,涉及大量线下交互业务的文化传播渠道、文化投资运营和文化娱乐休闲服务增加值出现了不同程度的下滑,分别减少7.84%、26.46% 和 65.92%。相应地,由文化辅助生产和中介服务、文化装备生产和文化消费终端生产构成的文化相关领域增加值下降 18.9%。[1]

表 3.1 2020 年上海文化及相关产业增加值的细分领域情况

文化及相关产业(按活动性质划分)	2020 年增加值(亿元)	占比(%)
合计	2 389.64	100.00
文化核心领域	1 953.99	81.77
新闻信息服务	255.11	10.68
内容创作生产	754.39	31.57
创意服务设计	614.26	25.71
文化传播渠道	268.95	11.25
文化投资运营	41.30	1.73
文化娱乐休闲服务	19.98	0.84
文化相关领域	435.66	18.23
文化辅助生产和中介服务	239.95	10.04
文化装备生产	62.15	2.60
文化消费终端生产	133.56	5.59

资料来源:《2018 年上海文化产业发展报告》《2019 年上海文化产业发展报告》《2021 年上海文化产业发展报告》。

---

①　资料来源:《2018 年上海文化产业发展报告》《2019 年上海文化产业发展报告》《2021 年上海文化产业发展报告》。

2021 年,尽管新冠肺炎疫情的阴霾尚未完全散去,上海文化产业仍不负众望,交出了令人满意的答卷。影视创制、演艺市场、艺术品交易、出版等传统优势产业复苏势头稳健,电竞、动漫、游戏、版权等新兴重点产业发展迅猛。一批高质量文化产品和服务纷纷献礼"建党百年""全面小康",新建成的文化产业基地和设施显著提升城市文化能级,文化功能空间迭代升级,公共文化服务面向更多群众,出海矩阵推动国际文化传播。在上海市委、市政府和社会各界的共同努力下,2021 年文化产业的蓬勃发展为上海贯彻落实"十四五"规划、《"十四五"文化改革发展规划》和《"十四五"文化和旅游发展规划》等规划的相关要求奠定了良好基础。

横向对比来看,2021 年 3 月,上海交通大学与美国南加州大学联合发布了"国际文化大都市"全球评选结果。该评价体系设计了人文生态建设、公共文化设施、公共文化供给、公共文化参与、文化市场、文化经济发展、文化教育、互联网发展、文化旅游和文化全球影响等 10 个一级指标,下辖 52 个二级指标,围绕城市吸引力、创造力、竞争力三大维度,衡量城市文化魅力、实力和潜力。在 51 座候选城市中,上海排名亚洲第三、全球第九,在国内仅次于北京,高于香港、广州、深圳、台北等城市,全球排名前三的城市分别为纽约、伦敦和巴黎。优异的成绩表明,上海的文化建设卓有成效,尤其是在公共文化参与方面,上海排在全球首位。另外,在文化旅游、文化教育、公共文化供给和互联网发展等方面,上海均位列前十。2022 年 2 月,上海社会科学院创意产业研究中心课题组发布的《文化大都市指标体系研究》显示,上海在 24 座参选城市中紧随北京之后排名第七,排名前三位的城市同样是纽约、伦敦和巴黎。该指标涵盖了文化创意生产、文化体验空间和文化标识符号三个方面,共计 18 个二级指标。结果显示,上海在互动游戏、创意设计、时尚时装、文体活动、文商融合、国际节点等方面均表现不俗。

今后,上海将持续建设"上海文化"等"上海品牌",以推动高质量文化发展、引领高品质文化生活、优化高水平文化供给、实现高效能文化治理为导向,以用好红色文化、海派文化、江南文化为关键支撑,积极开展文化文艺创作质量提升、文化节展活动提质升级、"文化＋"深度融合发展、公共文化服务高质量发展先行区建设、文化创意产业创新发展、优秀传统文化保护和活化利用等一批专项行动,既保护与传承"最上海"的城市文脉,又要构筑更具国际影响力的文化高地。

3.1.2 上海文化产品和服务日益丰富

文化产品和服务日益丰富,文化产业成为满足人民群众精神文化需求的重要保障。《上海社会主义国际文化大都市建设"十四五"规划》提出,上海要建设具有核心竞争力、国际影响力的文化大都市,需要聚焦重点领域,打造"两中心、两之都、两高地",推进全球影视创制中心、国际重要艺术品交易中心建设,打造亚洲演艺之都、全球电竞之都,形成网络文化产业高地、创意设计产业高地。围绕这些重点产业,近年来上海涌现了一批高质量文化产品和服务,在满足人民群众精神文化需求的同时,总体实现了良好经济效益,形成了共赢格局。

上海影视产业服务升级,精品迭出,产业链锻造更加完善。2020年,在疫情的严峻挑战下,上海电影市场全年实现票房11.64亿元,领跑全国城市票房。[①] 2021年电影市场回暖脚步加快,上海电影全年票房共计25.44亿元,占全国票房的5.4%,成为全国唯一突破25亿元票房水平的城市,放映场次421.9万场,观影人次4 986万人次,蝉联全国票房冠军,195家新城及乡镇影院贡献了11.48亿元总票房的45.1%,全市电影市场发展更趋平衡健康。截至当年12月31日,上海全市共有影院389家,银幕2 483个,座位33.75万个,均位列全国城市第一。第24届上海国际电影节共收到113个国家和地区的报名影片4 443

---

① 资料来源:《文汇报》,《全球范围率先复苏持续回暖,中国电影市场2020年票房204.17亿元》,https://wenhui.whb.cn/third/baidu/202101/02/386563.html。

部,创历届新高,上海影视行业全球影响力进一步提升。①

上海出品的影视作品同样表现优异。2021 年,45 部上海出品的电影进入院线放映,全年累计票房 70.75 亿元,约占全国国产影片总票房的五分之一,其中 12 部影片票房过亿,三部进入当年国产影片票房前十。《1921》等影片在中国电影金鸡奖评选中获最佳编剧、最佳美术片奖等五座奖杯,五年内已有 14 部上海出品影片在"五个一工程"奖、华表奖和金鸡奖的评选中获得 17 个奖项,10 部上海出品电视剧在"五个一工程"奖、飞天奖和白玉兰奖的评选中上榜 20 次。为庆祝中国共产党成立 100 周年、全面建成小康社会,2021 年上海各影院积极参与主题展映活动,超过 320 家影院放映《1921》等红色电影 3 万余场,发挥了"人民院线"平台作用。上海出品的电视剧《光荣与梦想》《功勋》再现了中国共产党与英雄人民百年奋斗与传承。2018 年以来,《大江大河》《一个都不能少》《黄土高天》《在一起》等剧集以人民为中心,书写了全面建成小康社会中的人民力量,唱响了时代凯歌。②

在要素培养方面,2021 年,首次推出"SIFF YOUNG 上海青年影人扶持计划",2022 年上半年已启动第二期,广聚影视业人才。国家电影事业发展专项资金对上海市的 335 家影院和 3 家电影机构发放专项资助近 7 000 万元,并引导社会资金投资电影产业,受该政策扶持的影院覆盖率近 90%。③上海科技影都集聚影视企业近 7 000 家,占全国影视企业总量的三分之一,覆盖影视创作、影视拍摄、影视培训、影视宣传等各个环节,并在全国范围内广招各类影视行业优秀人才。④同时,长三角国际影视中心等一批百亿级项目即将竣工,一批影视基地、影视版权交易平台纷纷建成落户,全球影视创制中心建设成果显著。⑤

升级公共服务、强化资源配置,上海艺术市场两手抓。截至 2021 年底,上

①②③ 资料来源:《2021 年上海文化产业发展报告》。

④ 资料来源:上观新闻,《上海科技影都向全国优秀编剧广发"英雄贴",已有征集作品被改编影视剧》,https://export.shobserver.com/haijiahao/html/515856.html。

⑤ 资料来源:上观新闻,《总投资近百亿元,上海科技影都标杆项目长三角国际影视中心开工》,https://sghservices.shobserver.com/html/baijiahao/2020/06/10/203683.html。

海市美术馆数量达到 96 家,稳居全国城市首位,藏品总数达 72 000 件,上海作为全国美术馆重镇地位更加凸显。徐汇滨江、外滩沿岸、虹桥地区等美术馆集群已经形成,五大新城的美术馆数量不断上升。各美术馆全年接待观众 621 万人次,同比增长 53%,共举办 950 项展览和 3 953 项公共教育活动,分别增长 58.3% 和 44.5%,其中线上展览 373 项,同比增长 6.3%,公共艺术教育活动直接参与超过 152 万人次。同纽约、伦敦、巴黎、东京等国际知名文化城市相比,上海美术馆设施和观众接待量与这些城市的差距正在快速缩小。2021 年,上海已备案各类博物馆 158 座,接待观众 1 646 万人次,同比增长 67.68%,青少年观众 344 万人次,策划举办各类社会教育活动 36 977 场,1.4 万余名志愿者提供服务总时长达 55.35 万小时。截至 2021 年底,上海平均每 15.7 万人拥有一座博物馆,远超全国每 25 万人拥有一座博物馆的平均水平,单位面积博物馆的数量在长三角地区排名第一。全市博物馆藏品总量 224 万件/套,展出 6.4 万件/套,数字化藏品 82.65 万件/套,数字技术使藏在"深闺"的文物走进更多百姓视野。2021 年,全市博物馆设有基本陈列 245 个,共举办临时展览 282 场,数字展览 90 场,上海博物馆的"宝历风物——黑石号沉船出水珍品展"、中国航海博物馆的"大海就在那:中国古代航海文物大展"、淞沪抗战纪念馆的"艰苦卓绝——上海抗战与世界反法西斯战争主题展"等展览在全国博物馆十大陈列展览精品推介中获奖。①

上海在升级公共服务的同时,持续加强文物艺术品领域价值创造,提升全球艺术品资源配置能力。2021 年,上海共举办文物拍卖会 1 004 场,纯网络文物拍卖会 810 场,上拍标的 125 218 件,总成交额突破 60 亿元,同比增长 25%,约占全国市场份额的四分之一。②为支持上海国际重要艺术品交易中心建设,上

---

① 资料来源:《上海美术馆发展年度报告(2021)》《2021 上海市博物馆年度报告》和"2022 年上海市博物馆社会影响力指数","2022 年上海市博物馆社会影响力指数"是上海产业转型发展研究院与上海云邑大数据科技中心在上海市文旅局指导下合作完成的。

② 资料来源:《2021 年上海文化产业发展报告》。

海先行先试文化贸易制度创新,在上海自贸试验区推出了文物艺术品交易"十大贸易便利化措施",推动上海成为全国文物进出境审核数量最多的口岸之一。2021 年,上海共办理文物进出境 7 309 件,货值达 176 亿元,较 2019 年历史高点的 60 亿元增加近两倍,自贸试验区保税区文化贸易额由 2011 年的 5 亿元增长至 2021 年的 350 亿元。①上海还积极为国际艺术品交易搭建平台。第三届上海国际艺术品交易月取得圆满成功,共举办 302 场艺术活动,包括 6 场艺术博览会、118 场文物艺术品拍卖会、132 场美术展览、46 场展览展销活动,参与交易主体 420 余家,累计交易艺术品货值达 108 亿元。②第四届中国国际进口博览会的召开正值交易月期间,进博会与交易月展开联动,首次设立文物艺术品板块,吸引了 11 个国家和地区的 20 家境外机构参展,9 家境外展商的 41 件文物艺术品达成购买意向,总货值达 7.6 亿元人民币。③

突出"上海原创""上海制作"和"上海出品"品牌打造,上海演艺市场构建以国内原创为主的多元演出新生态。2021 年,上海共举办营业性演出 38 366 场,日均演出 105 场,同比上涨 24.7%,与 2019 年的 38 960 场基本持平,在全球演艺重磅项目因疫情无法来沪的情况下,体现了上海演艺市场"内循环"的韧性与信心。在专业剧场方面,各类院团共献演 8 894 场,同比增加 25.6%,国、民营文艺院团纷纷取得叫好又叫座的成绩。在成功举办的 2021 年度上海舞台艺术优秀剧目展演中,全市各级各类文艺院团共有 20 部剧目入围展演,其中国有院团 16 部,民营院团 2 部,文艺院校 2 部;18 家市级国有院团全年演出 6 865 场,较

---

① 资料来源:上海市人民政府新闻办公室,《经由上海自贸区的文物艺术品进出境货值 176 亿元 中国文物艺术品拍卖回暖》,https://www.shio.gov.cn/TrueCMS/shxwbgs/ywts/content/0a03978c-a4ce-464b-8909-51c3c91b20d2.html;腾讯网,《解码魔都|"大胆闯、大胆试"! 上海成立国际文物艺术品交易中心》,https://new.qq.com/rain/a/20220302A08OQZ00;中国新闻网,《疫情中交易"不打烊"上海自贸区推动艺术品交易"新路径"》,http://www.chinanews.com.cn/cj/2022/06-24/9787598.shtml。

② 资料来源:文化和旅游部,https://www.mct.gov.cn/whzx/qgwhxxlb/sh/202112/t20211208_929702.htm。

③ 资料来源:彭湃新闻,《上海国际艺术品交易月:302 场活动,交易 108 亿元》,https://finance.sina.cn/2021-12-07/detail-ikyakumx2533809.d.html?from = wap。

上年增长 81.4％,演出收入达 3.28 亿元;91 家民营院团演出 9 895 场,收入 2.56 亿元。而在专业剧场之外,授牌的演绎新空间全年演出 15 787 场,同比增加 70％。不同于传统剧场、剧院等演出模式,演绎新空间可以是在酒吧、茶馆、餐厅、景区等各处搭建的平台,结合演出场所、文化场景和市场运作,与市民的城市生活融为一体。脱口秀、音乐剧等小规模、接地气的演出形式灵活度高,受到了更多年轻人的青睐。截至 2021 年底,此类授牌新空间在上海已达到 100 家。①

真正支撑亚洲演艺之都建设的基石是一部部的精品剧目。在国家艺术基金 2020 年度资助项目中,上海立项数 34 项,其中大型舞台剧立项 8 项,位列全国第一。为献礼中国共产党成立 100 周年和全面建成小康社会,舞剧《永不消逝的电波》、交响作品《红旗颂》等六部上海舞台艺术作品入选中宣部、文旅部、中国文联联合举办的"庆祝中国共产党成立 100 周年优秀舞台艺术作品展演活动",入选数量与北京、山东并列第一。上海推出的"头部＋驻演"模式遴选出了一批真正的精品,探索了全国演艺市场业态发展新的可能性。常演常新的《永不消逝的电波》在坚持高标准的基础上推出了"风""雅""颂""韵"四组主演,驻演 400 场几乎场场座无虚席;上海歌舞团另一部获中国版权金奖并巡演全国的作品《朱鹮》同样在百余场驻演中收获好评无数;国风音乐现场《海上生民乐》打出了"艺术展＋光影秀＋剧场演出"的组合拳,3D 墙体秀使演奏着传统民乐的百年上海音乐厅迸发现代艺术之美,巡演欧洲时则掀起了"中国年"的热潮;上海杂技团对《时空之旅》这一盛演 15 年、收入 6.5 亿元的大文旅 IP 进行了全新升级,推出的《时空之旅 2》成为广受追捧的新热点。②

蒸蒸日上,上海全球电竞之都轮廓初显。在电子竞技与网络游戏行业,上海已经成为国内公认的领军城市。2022 年 9 月,伽马数据发布了《2022 上海电

---

① 资料来源:《2021 年上海文化产业发展报告》。
② 资料来源:《2021 年上海文化产业报告》;《奋进亚洲演艺之都,激荡"最上海"神韵魅力》,http://wenhui.whb.cn/zhuzhan/xinwen/20220625/473467.html。

子竞技产业发展评估报告》和《2021—2022上海游戏出版产业报告》。两份报告显示,2021年上海网络游戏企业实现销售收入1 250.3亿元,同比增长3.6％,占全国三分之一,上海自主研发的网络游戏销售收入达827亿元;2021年,上海电子竞技市场规模预计达到228亿元,电竞赛事收入在全国占比超过50％。放眼全球,2021年12月,上海交通大学中国城市治理研究院公布的《全球电竞之都评价报告》显示,上海在15座参选城市中仅次于洛杉矶,排名第二,是当之无愧的亚洲电竞之都。上海成为全国乃至亚洲网络游戏、电子竞技之都绝非一日之功。早在世纪之交,国内网络游戏行业的第一批领军者盛大、九城等企业就崛起于上海,2004年起连续举办了19届的中国国际数码互动娱乐展览会(China-Joy)更是聚集了无数玩家。完整的产业链条早已构成了上海独特的电竞文化氛围。如今的上海传承了这一文脉,2021年,在获得投资的中国游戏企业中,24％的企业位于上海,游戏产业在充足资金的支持下健康发展。而在电竞产业,上海聚集了全国80％以上的电竞企业、俱乐部、战队和直播平台,全国每年500余项具有影响力的电竞赛事中,超过40％的赛事在上海举办。DOTA2 Ti9、CSGO亚洲邀请赛、英雄联盟全球总决赛等顶尖国际性职业电竞赛事在上海举办,使上海作为电竞之都的能级和品牌影响力在全球范围内进一步提升。

这些成绩离不开上海市委、市政府对于相关行业的准确认识与政策支持。2017年发布的《关于加快本市文化创意产业创新发展的若干意见》指出,要将上海建设成为全球电竞之都。此后,上海相继出台了《上海市电子竞技运动员注册管理办法》《电竞场馆建设规范》《电竞赛事通用授权规范》与《电子竞技直转播管理规范》等一系列文件,引导电子竞技产业健康运行,还对建设电竞赛事专业场馆、举办或参加大型电竞赛事的俱乐部和场馆给予相应的补贴或奖励。为吸引全球顶尖的游戏企业、研发技术和行业人才,十余个区将游戏和电竞产业列入区"十四五"规划纲要,大力支持游戏和电竞产业发展,加快构建了上海游戏的完整产业链。

依托举办这些赛事所带来的游戏热情,上海游戏产业涌现了一大批精品游戏。2021 年,上海获批游戏版号数量居全国第一。①米哈游、上海沐瞳科技、游族网络、巨人网络、淘米网络、恺英网络等游戏企业以及《明日方舟》《球球大作战》《原神》等游戏产品成功入选 2021—2022 年度国家文化出口重点企业和重点项目名单。米哈游旗下的《原神》围绕戏曲文化推出的唱段《神女劈观》由上海京剧院演员杨扬配音演唱,该唱段被翻译成 13 种语言在全球 170 余个国家和地区发行,极大地彰显了中华文化出海的传播能力。《万国觉醒》的发行商莉莉丝等数家游戏企业共同获得了上海市"中华文化走出去"专项扶持。随着要素加快聚集,市区各级扶持政策加速落地,上海游戏和电竞产业的前景一片光明。

各类媒介齐开花,上海网络文化产业领跑全国。与全球顶尖文化大都市相比,上海融合了自身在互联网领域和文化领域的优势资源,在网络文化产业取得了较强的竞争优势。借助网络文化产业蓬勃发展的趋势,上海能够更好地把握文化产业整体发展方向,使网络文化反哺核心文化,推动核心文化产业嵌入网络,形成跨地区、跨行业的网络效应,全面提升上海城市文化软实力。

上海动漫产业发展始终处于全国领先水平,2021 年产业规模达到 280 亿元,占全国总产值的 10%,各类动漫公司数量达到 7.85 万家,形成了完整的动漫产业链。②借助哔哩哔哩这一全国最大的二次元群体聚集平台,《凹凸世界》、"伍六七"系列等上海出品的国漫作品广受欢迎,左袋文化的《艾米咕噜》顺利入选国家广电总局 2020 年度优秀海外传播作品,累计发行至 70 余个国家和地区,海外发行收入近百万元人民币。第十九届中国国际数码互动娱乐展览会和第十七届中国国际动漫游戏博览会(CCG EXPO 2021)进一步夯实了上海作为中国动漫游戏行业排头兵的地位。

随着网络文学逐渐被主流文学界接纳,2021 年中国网络文学产业规模达到

---

① 资料来源:彭湃新闻,《20 年浪奔浪流,上海,为何终成全球"游戏圣地"?》,https://www.thepaper.cn/newsDetail_forward_13340549。

② 资料来源:《2021 年上海文化产业发展报告》。

358 亿元,同比增长 24.1％,用户规模达 5.02 亿。①上海过去是国内网络文学起步最早的城市,国内网文通用的 VIP 付费阅读商业模式就起源于扎根上海的起点中文网。如今的上海更是网文发展龙头。2021 年,全国 45 家主要网络文学网站总营收超过 200 亿元,仅上海地区销售收入就达到 133 亿元,同比增长 15.6％。②登陆港交所的阅文集团 2021 年拥有 900 多万作家和 1 390 万部作品,月付费用户达 1 020 万,旗下起点国际上线了 1 700 余部翻译作品,吸引近 19 万名作家创作了 28 万余部海外原创作品,累计访问用户近一亿,已成为全球最大的网络文学平台。③

在其他网络视听文化行业中,上海网络影视内容出品数量仅次于北京,位列全国第二,音频网站占全国市场份额约 70％。2009 年创立于上海的哔哩哔哩(B 站)已成为中国互联网视听行业的龙头之一。2021 年,在内容供给端,哔哩哔哩月活 UP 主达到 380 万,同比增长 75％,月投稿量达 1 260 万,同比增长 63％,万粉以上 UP 主数量同比增长 44％。在需求端,2022 年二季度月活用户 3.06 亿,同比增长 29％,日活用户 8 350 万,同比增长 33％。④“老师好我叫何同学”“无穷小亮的科普日常”“罗翔说刑法”等账号自制高质量视频爆款频出,涨粉迅速。在音频领域,上海文广集团旗下的阿基米德为全国广播电台提供了线上聚合平台;上海本土的喜马拉雅、蜻蜓等行业巨头的市场独占率达到 54.61％,处于行业领先地位。欢唱网络科技(看见音乐)已涵盖全球 7.4 万家机构约 65 万创作者,拥有 1 800 多万首独家全球音乐资产,音乐资产管理规模处于全球前沿地位。⑤

---

①③　资料来源:中国版权协会《2021 年中国网络文学版权保护与发展报告》。
②　资料来源:中国作协《2021 中国网络文学蓝皮书》。
④　资料来源:搜狐网,《B 站 2022 年一季报:月活用户达 2.94 亿 “内生力量”增值服务释放巨大变现潜力》,https://www.sohu.com/a/556010217_115362;央广网,《哔哩哔哩 2022 年 Q2 财报:社区活跃度持续提升,超 110 万 UP 主获得收益》,https://tech.cnr.cn/techph/20220908/t20220908_526003338.shtml。
⑤　资料来源:《2021 年上海文化产业发展报告》。

互联网大大加速了优质网络文化精品的跨国传播,以全新形式承载着中华文化走向世界。阅文集团的《大国重工》获第五届中国出版政府奖网络出版物奖,后与其他 15 部作品共同被收录至世界最大的学术图书馆之一——大英图书馆的中文馆藏书目之中①;改编自网络小说《庆余年》的连续剧在海外视频网站上线英语、法语、西班牙语等多个语种版本,播出点击率破 14 亿②;《百年大党——老外讲故事》《一个都不能少——长卷寻宝》等新型融媒体产品以哔哩哔哩等平台为传播媒介,向世界讲述了新时代的中国故事;"伍六七"系列动画登陆 Netflix,以英语、法语、西班牙语、日语等配音版本和 29 种语言的字幕版本在 190 个国家和地区独家播出,被全球粉丝催更。而随着国家版权保护力度不断增强以及用户版权意识逐渐觉醒,中国网络版权的开发呈现持续活跃的态势,各类 IP 全版权运营融合了网文、游戏、影视、动漫、音频等载体,上海的阅文集团、哔哩哔哩、喜马拉雅等网络企业成为其中的中坚力量。可以料见,在未来,上海网络文化产业将肩负起更大的使命,引领中国文化产业创新发展,向全世界的"Z 世代"传递中国声音。

"上海设计"赋能"城市让生活更美好"。早在 2010 年,上海就被联合国教科文组织"创意城市网络"授予"设计之都"的称号。自 2010 年以来,上海创意与设计行业发展迅速,与装备制造业、消费品工业、建筑业、信息业、旅游业深度融合。2012—2021 年,上海创意设计产业总产值由 4 724.61 亿元上升至 16 211.36 亿元,增长近 3 倍;工业设计、时尚设计、建筑设计、数字设计、服务设计等各子类总产值年均复合增长率均超过 10%,保持全国领先的优势。③创意与设计赋能传统产业创新升级,而产出的产品与服务为打造城市空间、优化公共服务、改

① 资料来源:阅文集团官网,https://www.yuewen.com/about.html;彭湃新闻,《大英图书馆收录〈赘婿〉〈大国重工〉等 16 部中国网络文学》,https://m.thepaper.cn/newsDetail_forward_19878722。
② 资料来源:文汇网,《孕育创新"试验场",数字新赛道跑出"加速度"》,https://wenhui.whb.cn/third/jinri/202206/25/473463.html。
③ 资料来源:第一财经,《上海工业设计总产值近 2 000 亿元,如何赋能上海制造》,https://m.yicai.com/news/101537678.html。

善市民生活、构筑城市品牌做出了贡献，"设计之都"建设欣欣向荣。

黄浦江两岸 45 公里的滨江空间贯通、苏州河畔 42 公里的滨水岸线串成一串，"一江一河"的水岸空间还于人民最为生动地体现了城市设计的人文精神。从 2021 年 7 月向公众开放的"外滩最美玻璃穹顶"、建设中的以"中国折扇"为形象的上海大歌剧院，到新建各处地铁站中城市文化意象与色彩的融入，自主原创的建筑设计以或宏伟或纤细的形象传递着美的享受。中国商飞上海飞机设计研究院设计的 C919 驾驶舱获得"2018 年中国优秀工业设计金奖"，坐落在上海的中船第 704、708 研究所等 12 家海洋装备科研单位与江南造船厂、上海船舶研究设计院覆盖了从研发设计前端到制造服务后端的船舶工业产业链，工业设计已成为"大国重器"，也是推动实现强国目标的重要基石。时尚智能用品不断推陈出新、5G 技术与产业的融合显著改善了人民群众的物质生活水平，彰显了时尚设计和数字设计的价值。上海在医疗卫生、商品零售、银行、电信、餐饮、旅游等服务设计领域的革新则使民众在日常生活中拥有更便捷、舒适的体验。

截至 2021 年底，上海已认定张江文化创意产业园区、上海世博城市最佳实践区等 149 家市级文创园区（含 25 家示范园区），园区总建筑面积达到 836 万平方米，入驻文创企业 2 万余家，带动就业 70 多万人，税收贡献超过 300 亿元，另有 16 幢市级文创示范楼宇、28 个市级文创示范空间，加强了创意设计产业集聚度，形成了溢出效应，为创意设计发展提供了载体，也促使更多海外设计企业来沪，为本地企业带来更多的创新动力。①拥有近 160 年历史的工业设计巨头当纳利将亚太总部和研发中心均设在上海，并为 2022 年在上海举办的首届世界设计之都大会设计了艺术品"冰书"，宣传气候变暖的紧迫性；上海晨光包揽全球四大工业设计奖，产品远销 50 个国家和地区，拥有专利超 900 项，每年投入新品研发和设计创新资金超 1 亿元；拥有国家级工业设计中心的上海家化尝试

① 资料来源：《2021 年上海文化产业发展报告》；上观新闻，《上海设计往事：纯电 SUV 单挑巨头，百年家化从诺奖找灵感，但 8 年后想消失？》，https://export.shobserver.com/baijiahao/html/528143.html。

在商品设计上融入"日晷"等中国传统美学元素,专注于通过产品设计驱动人才培养和科研投入,将产品远销五大洲。

随着《上海市城市总体规划(2017—2035年)》《上海建设世界一流"设计之都"的若干意见》等相关政策文件的颁布和落实,上海明确将设计作为构筑城市未来发展的方向之一,将举全市之力推进上海设计之都建设。

3.1.3 上海文化产业形成多元化投资格局

社会资本进入步伐加快,文化产业多元化投资格局开始形成。文化产品的创作和文化产业的发展离不开资本支持。在同时建设上海国际金融中心和国际文化大都市的过程中,二者的协调发展既有助于提升金融在中国经济转型升级过程中服务实体经济,尤其是服务新兴产业的能力,依靠文化产业优质项目的高附加值实现良好收益,又有助于借助各类市场化和非市场化工具以及上海丰沛的金融服务资源,共同推动文化产业高质量发展,提升城市文化软实力。

2021年,上海文化领域投融资整体表现良好,较2020年略有回暖。股权市场上,2021年上海文化产业企业通过私募股权融资120次,超过疫情前2019年的88次,6家文化及相关产业企业成功上市,共融得资金295.2亿元,12起股权再融资共为企业融得37.7亿元;债券市场上13次融资行为共为企业融得280.7亿元,较2020年略有下降。①企业管理教育与咨询服务公司——上海行动教育科技股份有限公司正式挂牌上交所主板,成为中国管理教育第一股;上海K12在线教育公司掌门教育快速调整组织架构,转型智能科技领域,顺利登陆纽交所;以运营文化创意产业园为主业的上海德必文化创意产业发展(集团)股份有限公司、主营图书策划与发行的读客文化股份有限公司双双登陆深交所创业

---

① 资料来源:清华大学国家金融研究院文创金融研究中心《中国文化产业投融资市场报告》。

板;哔哩哔哩和携程则先后在港交所挂牌二次上市,分别募得资金 201.5 亿港元和 83.3 亿港元,成为当年上海上市企业中 IPO 募资金额最高的两家公司。①而哔哩哔哩和米哈游等科技文化类"独角兽"继续加大对文化产业上下游或其他相关企业的投资力度,分别以 9.6 亿港元和 8 900 万美元投资了游戏公司心动网络和虚拟社交平台 Soul 的运营公司——上海任意门科技有限公司,以此扩大产业链布局。②

当面对宏观环境的扰动,市场难以对标的给予公允的风险定价时,则需要非市场化的融资方式提供补充。近年来,针对文化产业企业,尤其是小微企业在疫情期间遇到的融资难、融资贵等现金流困境,上海各部门相继出台《全力支持服务本市文化企业疫情防控平稳健康发展的若干政策措施》《"抗疫助企"文创金融服务手册》等多项文件,牵头加强金融支持文化产业模式创新,多措并举,抚平宏观环境压力对微观主体造成的不利影响。2020 年 3 月,中共上海市委宣传部通过下属上海精文投资有限公司、上海滨江普惠小额贷款有限公司、上海东方惠金融资担保有限公司组成"文金惠"工作小组,推出"文金惠"专项文创金融服务,特别针对轻资产的文化产业企业,尤其是帮助文化产业小微企业获得融资。"文金惠"服务方案以时效快、优惠大、健康可持续为特点,可以解决文化产业中小微企业资金周转的燃眉之急。在上海市文创办的指导下,"文金惠"每日更新急需资金且符合相关行业用途的企业"白名单",并对符合资质、材料齐全的企业在五个工作日内完成审批,融资利率最低可达到每年 0.5% 的优惠担保费率和 5% 的小额贷款利率,几乎达到普惠金融的"地板"水平。惠金担保和滨江小贷两家公司还为相关企业提供一揽子金融业务咨询方案,堪称"十项全能"顾问。自 2020 年上线以来,"文金惠"服务持续助力,并于 2021 年和

---

① 资料来源:搜狐网,《中概股强势回归,北交所开市——2021 年 IPO 盘点》,https://www.sohu.com/a/522059467_355020。

② 资料来源:雪球网,《B 站 9.6 亿港元战投心动公司背后:游戏增速趋缓爆款产品减少》,https://xueqiu.com/S/BILI/176117889;网易新闻,《8 900 万美元参与 Soul 私募配售,米哈游向 Metaverse 又迈进了一步》,https://www.163.com/dy/article/GD1H9333052685Q5.html。

2022 年根据文化产业和资本市场的实际情况相应地更新了版本。截至 2021 年底,"文金惠"共服务中小企业 650 家,完成放贷和融资担保 3.29 亿元。①以民营影视公司上海鼎立影业有限公司为例,该公司深扎上海,稳健运营近 20 年,而在 2019 年完成两部 4 000 万制作的优质项目后,该司因疫情遭遇资金链断裂。除积极自救外,鼎立影业求助"文金惠",后者为其定制多套融资方案,并主持多场金融对接会,最终为其与北京银行上海分行牵线搭桥,由北京银行承接融资方案,迅速完成了业务受理、调查、审核和放款的全过程,助力鼎立影业以较低的融资成本顺利渡过了难关。

除"文金惠"外,由市文创办、市文促会指导,联合多家银行,专门服务于中小微文创企业的担保贷款产品"文创接力贷"也于 2021 年上线。精文投资还与上海众源资本管理有限公司、上海瑞壹投资管理有限公司、上海双创文化产业投资管理合伙企业、上海文化产业发展投资基金管理有限公司等联合发起设立了上海文化产业投资联盟,全方位发挥资本对文化产业的助推作用。中国银行等金融机构则积极加入《"抗疫助企"文创金融服务手册》框架中,为文化产业企业提供综合授信支持,落实降费让利、无缝续贷等措施,并针对文创企业推出"文创振兴贷"、"文创复业贷"等特色服务。无论是针对疫情阶段的紧急纾困还是企业扩大规模、研发新产品所需的常规融资,上海文化产业企业融资渠道更趋宽阔,多元化投融资格局逐渐形成。

3.1.4 上海文化贸易呈现增长势头

进出口需求拉动效果显著,上海文化贸易实现连续增长。随着新冠疫情和国内外经济形势逐渐好转,2021 年上海市经济快速复苏,全球贸易遭受冲击程

---

① 资料来源:《2021 年上海文化产业发展报告》。

度减弱,对外文化贸易跨过了2020年的短暂低谷,恢复了2014年以来高增长的势头,为全国对外文化贸易发展做出了突出贡献。2021年,上海文化产品和服务进出口总量为162.49亿美元,同比上升54.68％,首度达到千亿元人民币规模(见图3.3、图3.4)。其中,文化产品进出口额109.99亿美元,同比上升75.59％,占全国文化产品进出口总额的7.06％;文化服务进出口额52.5亿美元,同比上升23.79％,占全国文化服务进出口总额的11.87％。近年来,上海着力开拓传播中华文化的新路径,文化产品海外输出力度不断加大,市场竞争能力不断提升,全球受众覆盖面日益扩大。2021年,游戏产业积极"出海",深耕国际市场,上海网络游戏海外销售收入超过29亿美元,增幅超过50％;动漫爆款频现,海外业务持续拓展,上线作品数量、质量得到大幅提升;网络视听把握全球产业数字化机遇,积极引进国际重大体育赛事网络转播权,并与多家东南亚、北美的新媒体平台合作,拓展国际播出平台,扩大国际市场。

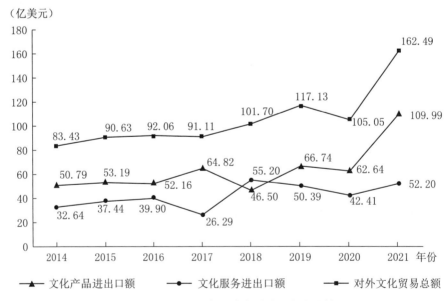

图 3.3　2014—2021 年上海市对外文化贸易情况

资料来源:商务部官网、商务部文化贸易公共信息服务平台、上海商务委员会官网、《中国文化及相关产业统计年鉴》(2014—2021)、《2018 年上海文化产业发展报告》、《2019 年上海文化产业发展报告》、《2021 年上海文化产业发展报告》。

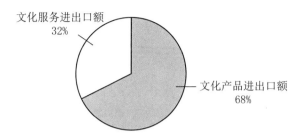

文化服务进出口额
32%

文化产品进出口额
68%

图 3.4　2021 年上海市对外文化贸易额组成情况

资料来源:商务部官网、商务部文化贸易公共信息服务平台、上海商务委员会官网、《中国文化及相关产业统计年鉴》(2021)、《2018 年上海文化产业发展报告》、《2019 年上海文化产业发展报告》、《2021 年上海文化产业发展报告》。

3.2　上海文化产业发展问题分析

3.2.1　产业发展动能不足

　　首先,上海文化产业增长略显乏力,疫情因素难掩产业发展动能不足。近年来,在将上海建设成为国际文化大都市的总体目标指引下和社会各界的共同努力下,上海文化产业发展稳健,结构转型不断加快。旧有的影视、演艺等传统优势产业继续发光发热,动漫、游戏等产业新势能蓬勃彰显。但在稳健发展的背景下,上海文化产业仍有隐忧。横向对比看,尽管 2011—2020 年间,上海文化及相关产业增加值实现了约 8.68% 的年增长,但与北京、广东、浙江、江苏等文化产业大省(市)、强省(市)相比并无优势。同期,上述四省市文化及相关产业增加值年化增长率分别达到 12.01%、11.37%、14.88% 和 11.97%,这使得上海与这些省市的文化及相关产业增加值的差距逐渐拉开,上海在全国文化及相关产业增加值中所占的比重也从 2011 年的 8.57% 降至 2020 年的 5.32%。纵向对比,上海文化产业增加值占上海 GDP 的比重由 2011 年的 5.73% 上升至 2020 年的 6.10%,上涨幅度相对较小。2018 年后这一比重稳定在 6.10%,表明文化产业与上海实体经济发展同步,但尚未出现能从根本上强化文化产业在上海国民经济发展中作用的新动能。①

自 2020 年以来,新冠疫情无疑成为影响上海文化产业发展的最主要因素之一。受到疫情造成的消极影响,市场需求明显疲软。与一般消费品和公用服务、交通、住房等服务消费相比,文化产业生产和消费的弹性更高,因而受到冲击更为强烈,尤其是以影视、演艺、会展等为代表的传统文化产业受到客观条件的限制,出现了供需双降的不利局面。然而,随着疫情逐渐缓减和防疫政策的优化调整,这一部分受到压抑的需求和供给能力有望快速恢复至疫情前的水平,更待解决的则是困扰上海文化产业发展的其他结构性问题。

实际上,上海拥有极为丰富的文化资源,以红色文化、海派文化、江南文化为主的文化场所和文化故事分布在全市各处。电竞、动漫、网文等与互联网相关的新兴产业为经济赋予了新的文化色彩。然而,上海现有的特色文化资源缺乏有效整合,这种缺乏既体现在市内各区"各自为政"、各自发展的空间结构上,也体现在不同类别的文化产业、文化资源缺乏交流上。

3.2.2 文化地标能级仍欠火候

由于同质竞争,上海的文化地标能级仍欠火候,公共文化服务亟待提升。从空间上看,上海各区文旅部门相继出台了针对本区文化产业的发展规划。以目前各区的文化资源发展情况和规划目标来看,均存在着围绕特定产业、特定

---

① 资料来源:《2018 年上海文化产业发展报告》、《2019 年上海文化产业发展报告》、《2021 年上海文化产业发展报告》、《中国文化及相关产业统计年鉴》(2014—2021)、北京市统计局官网、广东省统计局官网、浙江省统计局官网。

主题的同质化存量竞争,未能创造出增量价值,甚至区内各部门、各街镇之间也存在缺乏协同合力、发展不平衡的现象。这样的特征导致各区文化产业虽然在总体上取得了一定发展,但各区的发力方向与形成的优势产业有较高的相似度,区分度不高。

作为国际文化大都市建设的标杆,纽约、伦敦、巴黎、东京等城市依托高度发达的服务业和多年积累的优质文化设施,已经形成了高度开放、专业、密集的文化产业集群,树立了同时具有极强产业属性和消费属性的百老汇、西区、香榭丽舍大街、新宿等文化功能区域。这些文化功能区域既是城市软实力的重要保障,也成为这些城市的认知、识别符号,围绕这一符号开展的经济活动与文化要素相互支撑,形成了经济与文化相互促进的良性格局。与之相比,在国际文化大都市建设进程中,上海各区在同质化竞争中尚未能充分利用优势资源形成真正具有代表性的超级文化地标和具有全球辨识度的文化功能区域。外滩、陆家嘴、衡复街区等主要地标的旅游打卡属性远高于文化参与属性,少有群众可以切身参与这些区域内的文化活动并感受到其中的文化内涵。因此,"上海文化"品牌形象仍略显单薄,缺少核心文化地标引领全市文化发展,在国际上的文化识别符号仍然欠缺。

另一方面,在各区内部,文化产业发展不平衡的问题从基层上影响了公共文化服务可获得性,中心城区和郊区副中心的文化资源和设施相对丰富,而其他区域文化设施和服务供给相对匮乏。集聚在核心区域的文化产品和服务提高了人民群众获得文化产业发展成果的门槛,降低了公众的文化参与度和文化产业发展的普惠性。

3.2.3 各产业间缺乏协同

各产业势单力薄,缺乏协同,要素资源未能有效结合。在上海,不同文化产业子类之间、文化产业与其他产业之间同样缺乏协同联动。近年来,文化及相关产业增加值增速较其他兄弟省份显著放缓充分证明了各细分产业独立发展的局限性,在主客观环境形成的制约条件下,独立发展的各类文化产业效益受到限制,难以觅得重获增长动能的新抓手。在这样的情况下,应当进一步推进文化产业体制机制改革,在政府部门确保公共文化服务和基础设施供给的前提下,引导市场发掘不同文化产业子类之间和多产业之间融合发展所能迸发的新业态、新动能。以北京为例,近年来"文化+"业态深度赋能了首都城市发展,文化产业积极融入乡村振兴、体育强国、科技强国等国家战略。"文化+科技""文化+体育""文化+旅游""文化+乡村""文化+商业"呈现欣欣向荣的局面,显著提升了文化与其他产业的能级,丰富了经济发展的业态,增加了各产业的生产效率,促进了首都软实力发展。与之相比,上海"文化+"战略仍处于初级阶段,对其他产业的引领作用和其他产业的反哺作用均不明显。尤其在文旅融合方面,文化精品供给不足,因而既未能以富有底蕴的"上海故事"吸引更多海内外游客来到上海,又未能以游客为沟通交流的桥梁,将精彩的"上海故事"讲述全国,传播世界。

此外,发展文化产业离不开资金的支持。尽管近年来各类政策对文化产业的资金支持力度显著提升,但作为中国最重要的金融中心,文化产业尚未撬动上海丰富的金融资源以供本产业实现跨越式发展。清华大学国家金融研究院文创金融研究中心发布的《2021 中国文化产业投融资市场报告》显示,2019—2021 年间,上海文化产业企业在私募、并购、IPO、股权再融资和债券融资等渠道共发生融资行为 473 次,融得资金 1 130.0 亿元,居全国第二,低于同期北京同口径 768 次融资行为和 3 577.7 亿元的融得资金,表明上海未能将区域上的要素禀赋集中转化为实质上的融资优势。一方面,是由于市场化的优质文化产品和服务供给仍然较少;另一方面,金融业对文化产业的支撑效果尚不明显。

同时也应当看到,上海文化产业建设还存在一定不足。上海社科院创意产业研究中心课题组发布的《文化大都市指标体系研究》则指出,上海在影视行业、当代艺术、青年友好、城市品牌等方面仍有较大的提升空间。在国内,尽管上海市文化及相关产业增加值保持每年稳健增长,但产业增加值占全国总增加值的比重近十年来总体处于下降态势,这是因为近年来其他省、市、自治区在文化产业多个领域的后发优势明显、增长显著。在新时代,上海要实现文化产业高质量发展的目标仍任重而道远。

《上海市社会主义国际文化大都市建设"十四五"规划》明确提出,"十四五"期间,上海仍需进一步提升文化能级,提高文化影响力、引领力和标识度。文化体制改革难点痛点仍需进一步突破,文化跨部门跨行业协同发展能力有待提升,文化与旅游、体育等融合发展仍需加强统筹部署……优秀文艺作品原创能力仍需进一步提升,文化人才队伍仍需进一步优化,文化综合实力仍需进一步增强,重大文化节展赛事活动影响力有待提升,重大文化设施管理水平和使用效益尚需提高,广大人民群众的文化获得感、幸福感有待持续增强。以此为指引,上海文化产业将进一步查漏补缺,深化上海文化产业体制改革,全力打响"上海文化"品牌,加快建设具有世界影响力的社会主义国际文化大都市。

第 **4** 章 上海文化产业高质量发展综合指数

4.1 文化产业高质量发展综合指数

文化产业以生产和经营文化产品和文化服务为主要业务,利用文化资源满足社会文化需求,创造社会价值、商业利润与经济价值。基于美国哈佛大学波特教授在 1998 年首次提出的国际文化产业竞争力"钻石模型",近年来学界深入研究文化产业的发展过程,总结出包括整体创新能力、市场拓展能力、成本控制能力、可持续发展能力等在内的文化产业高质量发展所需条件。本章将以上述文化产业四大核心能力为基轴,延展出四个维度的竞争力指标,即文化产业高质量发展的四大内容:文化产业规模、文化产业资源、文化产业能力和文化产业需求。

第一,文化产业规模。文化产业规模反映的是文化竞争力,也是一个地区文化产业高质量发展水平的总体体现。文化产业规模越大,成本控制能力越强,文化产品和文化劳务在文化市场上的竞争力就越强。它涉及文化产业的总体增加值、文化产业的总体增加值占 GDP 的比重、文化产业的固定资产投资规模、文化产业就业人员规模、文化产品和服务进出口总量、规模以上文化及相关产业企业的营业收入以及规模以上文化及相关产业企业的利润总额。

第二,文化产业资源。文化产业资源是整体创新能力的基础,包括发展文化产业所需要的人力、资本、信息、装备、技术等方面的条件。它一般涵盖设施资源、人力资源和政策资源三方面内容,可以依据资源的存量和强度指标来反映。文化以各种形式传播,必须要有一定的媒介与硬件来支持。这些资源和配套设施的强弱,直接影响文化产业的发展尺度。在判断一个地区的设施资源时,可以考虑公共图书馆数量、博物馆数量、艺术演出场馆数量等指标。高校在校生大多为受过良好教育并且具有较高艺术水平的人群,在校生数量反映了一个地区文化产业人力资源的潜在后备力量。政策资源是产业是否具备可持续发展能力的重要基础。政府在文化产业高质量发展过程中的作用应主要体现在文化产业政策制定的科学性、合理性、适时性以及对文化产业的扶持力度和文化市场的规范程度等方面。政策资源可以通过地区文化产业财政支出以及其占总财政支出比重来衡量,文化产业财政支出越高,政策对文化产业支持的力度就越大;文化产业财政支出占总财政支出比重越大,文化产业被重视的程度就越高。

第三,文化产业能力。文化产业能力包括创新能力、需求满足能力及相关产业潜力。创新能力是文化产业高质量发展的核心驱动力量。年专利授权量和图书出版种数可以反映一个地区的文化产业创新能力。需求满足能力是文化产业资源满足文化需求的能力。图书馆总流通人次、博物馆参观人次、艺术表演观看人次、艺术表演团体演出场次等指标反映出文化基础设施满足文化需求的水平。文化产业的外围产业集群主要包括了旅游、教育、信息等与文化产业密切相关的行业。这些相关行业或是核心文化产业的延伸,或是为其提供基础,或是为其提供人才保障和智力支持。从国内生产总值角度看,这些行业在整个泛文化产业体系中,甚至在国民经济体系中都占据着举足轻重的地位,正是有了相关行业的持续支撑,才使得文化产业获得了可持续发展的基础。文化产业和旅游产业的发展息息相关,景区接待游客量、旅游产业年收入、4A级以上景区数量都能够衡量旅游产业的发展水平。高校数量则能显示一个地区有多少潜在的教育产业资源可以转化为文化产业资源。

第四,文化产业需求。文化产业需求状况系统反映了公众对文化产品和文化服务的需求,是文化产业高质量发展的源动力。有效需求能够不断刺激文化产品与文化产业竞争力的提升以及文化服务的有效供给,进而促进文化产业集聚和文化产业结构不断优化。文化产业需求可通过居民人均可支配收入、居民人均文化娱乐消费支出、居民人均文化娱乐消费支出占比等指标进行衡量。居民人均文化娱乐消费支出绝对值越高,居民对文化产业的需求就越大;居民人均文化娱乐消费支出占比越大,文化需求在居民日常需求中就越重要。

因此,下文将根据上述分析构建上海文化产业高质量发展综合指数(见表4.1)。该指标由文化产业规模、文化产业资源、文化产业能力和文化产业需求四个一级指标以及27个细分二级指标构成。

表 4.1 文化产业高质量发展综合指数

一级指标	二级指标	单位
综合指数		
文化产业规模	X1:文化产业增加值	亿元
	X2:文化产业增加值占地区GDP的比重	％
	X3:文化、体育和娱乐业城镇单位就业人员	万人
	X4:文化产品和服务进出口总额	亿美元
	X5:规模以上文化及相关产业企业营业收入	亿元
	X6:规模以上文化及相关产业企业利润总额	亿元
	X7:文化、体育和娱乐业全社会固定资产投资额	亿元
文化产业资源	X8:公共图书馆机构数	个
	X9:博物馆机构数	个
	X10:公共广播节目套数	套
	X11:艺术表演场馆机构数	个
	X12:普通高等学校在校学生数	万人
	X13:文化产业财政支出	亿元
	X14:文化产业财政支出占总财政支出比重	％

一级指标	二 级 指 标	单位
综合指数	文化产业能力	X15:专利授权数量	个
		X16:图书出版种数	种
		X17:公共图书馆总流通人次	万人次
		X18:博物馆参观人次	万人次
		X19:艺术表演团体演出场次	万场次
		X20:艺术表演场馆观众人次	千人次
		X21:景区接待游客数量	亿人次
		X22:国际旅游外汇收入	百万美元
		X23:4A 级以上旅游景区(点)数量	个
		X24:普通高等学校数量	所
	文化产业需求	X25:居民人均可支配收入	元
		X26:城镇居民家庭人均教育文化娱乐服务消费支出	元
		X27:城镇居民家庭人均教育文化娱乐服务消费支出占比	%

资料来源:国家统计局、上海市统计局、《上海文化产业发展报告 2021》、《中国文化及相关产业统计年鉴》(2013—2021)、《上海旅游业统计公报》(2011—2021)、智研咨询、前瞻数据库,经笔者手工整理。

参考当前国际主流评价体系,文化产业高质量发展综合指数通常根据不同指标体系框架设定权重,并通过定权累加法进行计算。本章采用的中国省级文化产业高质量发展综合指数模型为指标无量纲化数学模型,具体如下:

$$X_i' = [X_i - \min(X_i)]/[\max(X_i) - \min(X_i)] \times 40 + 60$$

其中,X_i'是单项指标标准值;X_i是单项指标实际值;$\max(X_i)$是单项指标各省最大值;$\min(X_i)$是单项指标各省最小值。

文化产业高质量发展综合指数通过等权计算,指数合成模型为:

$$Y = \sum_{j=0}^{m} X_j/m$$

其中,Y是评价对象的综合指数;X_j是评价指标;权重为等权。

4.2 上海文化产业高质量发展综合指数分析

根据表 4.2 上海市文化产业高质量发展综合指数结果显示,2011—2020年,上海的文化产业发展成果突出、优势显著。2011—2020 年间,上海的文化产业始终保持高质量发展,综合指数实现持续增长,发展态势良好。2019 年,上海市文化产业综合指数为 74.8,创历史新高,较 2011 年的 65.7 有了明显提升。2020 年受新冠疫情影响与 2019 年相比有所下降,综合指数为 69.0。从一级分指标来看,2011—2020 年间上海的文化产业规模稳步扩大,文化产业高质量发展规模效应明显,文化产业规模指数从 2011 年的 62.7 增至 2020 年的 67.6。2011—2019 年,上海文化产业资源指数和文化产业能力指数持续增长,2019 年,上述两指数分别增至 65.3 和 67.3,2020 年则下降至 64.0 和 63.0。而文化产业需求指数较前三者的增幅更为显著,由 2011 年的 70.9 增长至 2019 年的 98.1,表明居民对文化产品和服务的需求日益强烈。综合来看,与 2019 年相比,2020 年的上海文化产业高质量发展综合指数有所下降,综合指数为 69.0。从一级指标来看,上海的文化产业与文化需求深度融合,文化资源与文化能力相互匹配,产业规模得以拓展,产业消费潜力得以释放,上海文化产业全面高质量发展的目标基本实现。

表 4.2 上海文化产业高质量发展综合指数

	2020	2019	2018	2017	2016	2015	2014	2013	2012	2011
综合指数	69.0	74.8	72.8	72.1	69.8	68.1	66.7	67.7	66.2	65.7
文化产业规模	67.6	68.7	67.0	68.6	67.2	66.0	64.5	64.3	64.4	62.7
文化产业资源	64.0	65.3	65.4	66.1	63.3	63.8	65.5	66.0	62.8	64.2
文化产业能力	63.0	67.3	66.3	65.8	66.6	65.6	64.8	64.5	66.0	64.9
文化产业需求	81.2	98.1	92.7	88.0	82.2	76.9	72.2	75.8	71.6	70.9

资料来源:同表 4.1。

2011—2020 年间,上海文化产业规模整体上呈现增长趋势,特别是文化及相关产业增加值、文化体育和娱乐业城镇单位就业人员、文化产品和服务进出口总额、规模以上文化及相关产业企业营业收入和规模以上文化及相关产业企业利润总额均有所增长(见表 4.3)。这一系列数据的增长反映了上海及相关文化产业在2011—2020 年间的快速发展。具体来说,2011—2020 年,上海文化产业增加值呈现持续增长的趋势,2020 年的文化及相关产业增加值为 2 389.6 亿元,相比 2011年的 1 129.6 亿元增长了近一倍。2011—2020 年,文化及相关产业增加值占地区GDP 的比重基本保持稳定,略有波动,2020 年的比重为 6.1%,这一数字在 2019年、2018 年和 2017 年分别为 6.1%、6.1%和 6.8%,这表明文化及相关产业增加值在上海 GDP 中占有重要地位。文化、体育和娱乐业城镇单位就业人员在 2011—2020 年间呈现波动中上升的趋势,从 2011 年的 5.2 万人增至 2020 年的 6 万人。2014—2021 年,上海文化产品和服务进出口总额整体上呈现增长态势,从 2014 年

表 4.3　上海文化产业规模指数

一级指标	文化产业规模					
二级指标	文化及相关产业增加值(亿元)	文化及相关产业增加值占地区 GDP 的比重(%)	文化、体育和娱乐业城镇单位就业人员(万人)	文化产品和服务进出口总额(亿美元)	规模以上文化及相关产业企业营业收入(亿元)	规模以上文化及相关产业企业利润总额(亿元)
2021	—	—	—	162.5	—	—
2020	2 389.6	6.1	6.0	105.1	—	—
2019	2 302.1	6.1	7.5	117.1	9 050.3	857.3
2018	2 193.1	6.1	5.9	101.7	8 536.7	800.8
2017	2 002.9	6.8	6.4	91.1	8 861.9	805.6
2016	1 791.5	6.6	6.0	92.1	9 301.9	740.5
2015	1 571.1	6.5	5.6	90.6	8 771.9	661.4
2014	1 453.4	5.9	5.7	83.4	8 575.1	—
2013	1 335.9	5.9	5.9	—	—	—
2012	1 236.9	6.4	5.1	—	—	—
2011	1 129.6	5.7	5.2	—	—	—

资料来源:同表 4.1。

的 83.4 亿美元增至 2021 年的 162.5 亿美元。近年来,上海规模以上文化及相关产业企业营业收入和利润总额呈现持续增长趋势,营业收入从 2014 年的 8 575.1 亿元增至 2019 年的 9 050.3 亿元,利润总额从 2015 年的 661.4 亿元增至 2019 年的 857.3 亿元。

2011—2020 年间,上海文化产业资源发展较为稳定(见表 4.4)。衡量设施资源的三个指标——公共图书馆机构数、博物馆机构数和公共广播节目套数在 2020 年分别为 23 个、107 个和 23 套。上海的艺术表演场馆数在 2015 年降低至 2011 年数量的一半,由 103 个变为 50 个;此后五年,上海艺术表演场馆数量基本维持在同一水平,2020 年增长至 61 个。2011—2020 年,上海市高校在校学生数量稳定增长,从 2011 年的 51.1 万人增至 2020 年 54.1 万人,为文化产业发展提供了充足的后备人力资源。上海市文化产业财政支出在 2011 年至 2017

表 4.4　上海文化产业资源指数

一级指标	文化产业规模						
二级指标	公共图书馆机构数(个)	博物馆机构数(个)	公共广播节目套数(套)	艺术表演场馆机构数(个)	普通高等学校在校学生数(万人)	文化产业财政支出(亿元)	文化产业财政支出占总财政支出比重(%)
2021	—	—	—	—	—	—	—
2020	23.0	107.0	23.0	61	54.1	161.3	2.0
2019	23.0	98.0	22.0	50	52.7	179.9	2.2
2018	23.0	100.0	22.0	45	51.8	186.5	2.2
2017	24.0	98.0	22.0	49	51.5	191.3	2.5
2016	24.0	99.0	22.0	47	51.5	113.3	1.6
2015	25.0	99.0	21.0	50	51.2	108.2	1.7
2014	25.0	103.0	21.0	93	50.7	86.4	1.8
2013	25.0	100.0	21.0	127	50.5	89.2	2.0
2012	25.0	90.0	21.0	117	50.7	72.5	1.7
2011	25.0	36.0	21.0	103	51.1	68.8	1.8

资料来源:同表 4.1。

年间增长了两倍,由 68.8 亿元上升至 191.3 亿元,2020 年小幅下降至 161.3 亿元。文化产业财政支出占总财政支出比重随着文化产业财政支出的变化而变化,2017 年达到峰值 2.5% 后略有下降,2020 年占比为 2%。

2011—2020 年,上海的文化产业能力呈现平稳上升趋势(见表 4.5)。2020年,上海市专利授权数量为 17.93 万件,较 2011 年的 4.80 万件增长了 2.7 倍。2011—2020 年,上海市图书出版种数呈现增长态势,从 2011 年的 21 744 种增至 2020 年的 28 056 种。公共图书馆流通人次与艺术表演场馆观众人次均在2016 年增长至十年内高点后逐渐下降,2020 年分别为 668.3 万人次和 2 363 万人次,较 2016 年的数据下降 84% 和 58%。这一降幅的原因包括疫情影响、公共图书馆和艺术场馆演出满足居民文化需求的能力逐渐弱化等。博物馆参观人次以及艺术表演团体演出场次指标表现亮眼,2019 年两指标分别达到2 768.1 万人次和 7.3 万场次,2011—2019 年间分别实现了 3.5 倍与 3.3 倍的增幅,2020 年两项指标受外部环境影响出现了一定降幅。预计公共图书馆总流通人次、博物馆参观人数与表演场次将在未来几年恢复到正常水平并再现高增长态势。此外,上海旅游行业能力显著提升,景区游客数量、旅游外汇收入和 4A级以上景区数量实现逐年增长,2019 年分别达到 3.7 亿人次、82.4 亿美元和 65个。2021 年,景区游客数量、旅游外汇收入略有下降,分别为 3 亿人次、35.9 亿美元。上海高校数量在 2011—2020 年间保持稳定,2020 年为 63 所,为文化产业发展提供后续支撑。

上海的文化产业需求在 2011—2020 年间稳定增长。2011—2019 年,文化产业需求快速增长,但此后两年略微放缓。产业需求方面主要考察了全体居民人均可支配收入、城镇居民家庭人均教育文化娱乐服务消费支出和城镇居民家庭人均教育文化娱乐服务消费支出占比等三个指标的发展情况(见表 4.6)。2011—2021 年,上海市全体居民人均可支配收入翻番,由 34 731 元增长至78 027 元。2020 年后该指标增长放缓,但仍呈现长期稳定增长的趋势,年化增长率为 9.41%。2019 年,上海市城镇居民家庭人均教育文化娱乐服务消费支出

表 4.5 上海文化产业能力指数

一级指标	文化产业能力									
二级指标	专利授权数量（万件）	图书出版种数（种）	公共图书馆总流通人次（万人次）	博物馆参观人次（万人次）	艺术表演团体演出场次（万场次）	艺术表演场馆观众人次（千人次）	景区接待游客数量（亿人次）	国际旅游外汇收入（百万美元）	4A级以上旅游景区数量（个）	普通高等学校数（所）
2021	17.93	—	—	—	—	—	3.0	3 585.0	73.0	—
2020	13.98	28 056	668.3	1 235.9	1.8	2 363	2.4	3 774.0	71.0	63.0
2019	10.06	30 876	2 733.6	2 768.1	7.3	5 630	3.7	8 243.5	65.0	64.0
2018	9.25	30 005	3 036.0	2 583.8	3.6	4 900	3.5	7 261.4	62.0	64.0
2017	7.28	27 772	2 992.5	2 270.1	2.6	5 868	3.3	6 698.7	53.0	64.0
2016	6.42	27 481	4 170.4	2 218.4	2.5	8 194	3.1	6 419.2	53.0	64.0
2015	6.06	24 492	3 931.4	1 935.1	2.9	5 277	2.8	5 860.4	54.0	67.0
2014	5.04	24 420	3 961.5	1 967.1	2.8	2 378	2.8	5 601.9	49.0	68.0
2013	4.87	24 694	3 605.4	1 768.0	3.4	2 151	2.7	5 244.7	47.0	68.0
2012	5.15	23 777	2 061.7	1 633.1	4.0	10 835	2.6	5 493.2	44.0	67.0
2011	4.80	21 744	1 925.7	783.3	2.2	10 081	2.4	5 751.2	38.0	66.0

资料来源：同表 4.1。

为 5 966.4 元,为 2011 年的 1.6 倍;该指标在 2020 年为 3 962.6 元。当居民收入受影响时,居民会提高储蓄率并优先降低文化娱乐消费支出以满足生活必要开支。2011—2020 年,上海市城镇居民家庭人均教育文化娱乐服务消费支出占比呈下降趋势,由 2011 年的 10.8% 下降至 2020 年的 5.5%。

表 4.6 上海文化产业需求指数

一级指标	文化产业需求		
二级指标	X25:居民人均可支配收入(元)	X26:城镇居民家庭人均教育文化娱乐服务消费支出(元)	X27:城镇居民家庭人均教育文化娱乐服务消费支出占比(%)
2021	78 027.0	—	—
2020	72 232.0	3 962.6	5.5
2019	69 442.0	5 966.4	8.6
2018	64 183.0	5 490.9	8.6
2017	58 988.0	5 087.2	8.6
2016	54 305.0	4 534.0	8.3
2015	49 867.0	4 046.0	8.1
2014	45 966.0	3 605.0	7.8
2013	42 174.0	4 122.1	9.8
2012	38 550.0	3 723.7	9.7
2011	34 731.0	3 746.4	10.8

资料来源:同表 4.1。

4.3 四省市文化产业高质量发展综合指数分析

本节将基于上文中构建的文化产业高质量发展综合指数,以上海市、北京市、广东省和浙江省为样本,将 2011—2020 年的统计数据代入综合指数,通过定权累加的方法得到上述四个省市文化产业的综合指数,以全面衡量各省市文化产业发展水平。

从综合指标结果来看,2011—2020 年,四省市的文化产业高质量发展成果引人注目(见表 4.7)。2011—2020 年,四省市的综合指数呈现波动增长的趋势。其中,广东的综合指数在大多数年份里是最高的。2020 年,北京、上海、广东、浙江的综合指数分别为 75.3、69、79.7 和 77.3。北京作为首都城市,拥有深厚的历史文化底蕴与资源支撑,文化产业增长稳定。广东与浙江坐拥东南沿海的区位优势,凭借丰富的文化资源、雄厚的文化资本及持续的人才投入,文化产业发展势头强劲。

表 4.7　四省市的文化产业高质量发展综合指数

	2020	2019	2018	2017	2016	2015	2014	2013	2012	2011
上海	69.0	74.8	72.8	72.1	69.8	68.1	66.7	67.7	66.2	65.7
北京	75.3	80.2	78.5	77.4	75.2	74.7	74.3	73.5	72.7	71.2
广东	79.7	84.0	80.9	78.8	76.6	74.7	73.5	74.0	72.9	67.5
浙江	77.3	81.5	78.7	75.9	76.2	72.9	70.2	69.9	69.3	64.3

资料来源:同表 4.1。

根据文化产业高质量发展综合指数构成,本章从文化产业规模指数、文化产业资源指数、文化产业能力指数和文化产业需求指数四方面对综合指数进行拆解。

从文化产业规模指数来看,2011—2020 年,四省市的文化产业规模均呈现增长趋势(见表 4.8)。从 2011 年到 2020 年,上海的文化产业规模指数呈现了小幅波动,但整体上呈上升趋势。从 2011 年的 62.7 增长至 2020 年的 67.6。北京的文化产业规模指数在同期内也呈现出上升的趋势,从 2011 年的 79.1 增长至 2020 年的 92.5。然而,与上海不同的是,北京的文化产业规模指数在各年份都保持了较高的水平,且位于四省市中的首位,文化产业规模指数优势突出。一方面,是因为北京的文化产业规模基础较大,可以提供更多的文化产业就业机会;另一方面,是由于北京的经济发展水平在全国名列前茅,可以为人才提供更好的物质生活条件和职业发展机会,对文化产业人才有较强的吸引力。广东的文化产业规模指数在早期年份较低,但增长迅速,从 2011 年的 50.4 增长至 2020 年的 82.7。浙江的文化产业规模指数也呈现出与广东类似的强势增长趋势,从 2011 年的 47.9 增长至 2020 年的 76.9。

表 4.8 四省市的文化产业规模指数

	2020	2019	2018	2017	2016	2015	2014	2013	2012	2011
上海	67.6	68.7	67.0	68.6	67.2	66.0	64.5	64.3	64.4	62.7
北京	92.5	89.7	89.2	87.8	84.2	83.9	82.9	82.6	80.9	79.1
广东	82.7	84.0	80.1	77.3	75.9	73.5	73.9	71.0	68.7	50.4
浙江	76.9	78.4	77.0	69.1	72.0	68.3	66.8	65.0	62.7	47.9

资料来源:同表 4.1。

2011—2020 年,上海与北京的文化产业资源指数保持相对稳定水平(见表 4.9)。上海的文化产业资源指数在 2011—2020 年间总体上呈平稳趋势,2011 年为 64.2,2020 年为 64.0。北京的文化产业资源指数在 2011—2020 年间稳步上升,从 2011 年的 68.1 增至 2020 年的 71.8。北京在该指数上略高于上海,具体优势反映在艺术表演场馆机构数与文化产业财政支出占总财政支出的比重这两个二级指标上。广东与浙江在文化产业资源方面表现亮眼。无论是指数绝对值还是近十年指数增长相对值,两省都牢牢占据四省市中的前两名,各项二级指数较为均衡,不存在明显短板。广东的文化产业资源指数在 2011—2020 年间呈上升趋势,从 2011 年的 82.9 增至 2020 年的 91.6。浙江的文化产业资源指数在 2011—2020 年间呈增长趋势,从 2011 年的 74.6 增至 2020 年的 82.4。

表 4.9 四省市的文化产业资源指数

	2020	2019	2018	2017	2016	2015	2014	2013	2012	2011
上海	64.0	65.3	65.4	66.1	63.3	63.8	65.5	66.0	62.8	64.2
北京	71.8	74.4	72.8	71.7	71.3	71.6	72.5	72.6	72.5	68.1
广东	91.6	87.3	85.7	84.9	83.4	84.5	83.0	81.3	81.3	82.9
浙江	82.4	80.3	79.2	78.9	78.9	78.9	77.3	77.0	75.9	74.6

资料来源:同表 4.1。

80

在文化产业能力上,2011—2020 年,四省市的指数总体保持稳定增长(见表 4.10)。上海的文化产业能力指数在 2011—2020 年间呈平稳上升趋势,从 2011 年的 64.9 增至 2019 年的 67.3,2020 年略降至 63.0。北京的文化产业能力指数在同期内呈现出平稳趋势,2011 年为 69.6,2019 年为 68.1,2020 年略降至 63.2。广东的文化产业能力指数在 2011—2020 年间总体呈稳步上升趋势,从 2011 年的 74.5 增至 2019 年的 84.2,2020 年降至 74.2。浙江的文化产业能力指数在 2011—2020 年间总体呈稳步增长趋势,从 2011 年的 70.8 增至 2019 年的 82.9,2020 年降至 73.6。四省市的文化产业能力指数略有下降,主要是受新冠疫情影响,居民出行受阻,消费能力降低,公共图书馆流通人次、博物馆参观人次、艺术表演场馆观众人次与国际旅游外汇收入均有所减少。目前,这种影响已经不存在,预计文化产业能力指数将逐渐回到正常水平。

表 4.10　四省市的文化产业能力指数

	2020	2019	2018	2017	2016	2015	2014	2013	2012	2011
上海	63.0	67.3	66.3	65.8	66.6	65.6	64.8	64.5	66.0	64.9
北京	63.2	68.1	67.7	67.6	66.4	65.2	63.3	63.2	65.2	69.6
广东	74.2	84.2	84.5	81.2	77.8	76.6	75.2	74.4	75.7	74.5
浙江	73.6	82.9	81.5	80.7	80.6	76.6	72.8	72.2	72.4	70.8

资料来源:同表 4.1。

在文化产业需求上,2011—2020 年,四省市总体保持稳定增长(见表 4.11)。文化产业需求指数水平与不同地区经济能力有关,经济水平越高的地区,文化产业发展的外部驱动力越强。该指数说明了经济对于文化产业的影响,即经济对文化产业发展的支撑作用。具体而言,上海的文化产业需求指数从 2011 年的 70.9 上升到了 2020 年的 81.2,高于其他三省市,说明上海居民的整体收入水平较高、对于精神文化产品和服务的消费意愿较强。2011—2020 年,北京、广东、浙江三省市的文化产业需求指数增幅相近,人均可支配收入、文化消费支出、文化消费支出占比均保持稳定增长。北京的文化产业需求指数从 2011 年的

67.9 增至 2020 年的 73.5；广东的文化产业需求指数从 2011 年的 62.1 增至 2020
年的 70.4；浙江的文化产业需求指数从 2011 年的 63.7 上升至 2020 年的 76.3。

表 4.11　四省市的文化产业需求指数

	2020	2019	2018	2017	2016	2015	2014	2013	2012	2011
上海	81.2	98.1	92.7	88.0	82.2	76.9	72.2	75.8	71.6	70.9
北京	73.5	88.7	84.4	82.6	79.1	77.9	78.3	75.8	72.3	67.9
广东	70.4	80.5	73.1	71.9	69.4	64.4	61.8	69.1	65.8	62.1
浙江	76.3	84.6	77.2	74.7	73.2	67.7	63.9	65.3	66.1	63.7

资料来源:同表 4.1。

第 5 章 北京文化产业高质量发展与比较分析

5.1 北京文化产业高质量发展战略

北京作为全国文化中心,其文化产业发展势头强劲,资源集聚效应显著,在中国经济发展动能转换的关键时期,文化产业支撑首都经济社会高质量发展的责任更为重大。改革开放以来,北京文化产业为全国各省(区、市)的文化产业发展发挥了示范作用。

5.1.1 起步萌芽阶段(1978—2001年)

在这一阶段,北京提出建设文化创意园,整合了大量文化资源,调整了相关产业结构,进一步实现文化与其他产业的相互渗透,同时对文物开展修缮工作,为后续文化产业高速发展奠定了坚实基础。

1996 年 12 月,北京市委、市政府出台了《关于加快北京市文化发展的若干意见》。这是改革开放以后,北京首次提出将"大力发展北京文化产业"作为重大战略决策加以推进。在此文件的推动下,北京组建了多家大型文化集团,为后续文化产业发展奠定了扎实的基础。

1999 年 6 月,北京市政府和国家科技部印发了《国务院关于建设中关村科技园区有关问题的批复》和《关于实施科教兴国战略加快建设中关村科技园区的请示》。文件提出创建有中国特色的中关村科技园,通过科技成果和创新知识的产业化,把丰富的智力资源转化为强大的生产力,对北京市调整产业结构、进一步实现文化与科技相互渗透、加快经济和社会发展具有重大意义。

2000 年 10 月,中共十五届五中全会通过了《中共中央关于制定国民经济和社会发展第十个五年计划的建议》,第一次明确使用"文化产业"的概念,提出"文化产业是首都经济的重要组成部分,要适度优先发展",同时确立"文化产业园区"的概念,并提出要在北京"推动文化产业园区的规划与建设"。至此,文化产业相关概念明确提出,对北京市文化相关产业和产业融合发展做出了相应的部署,北京市文化产业进入高速发展阶段。

2000 年 10 月,北京市政府发布《关于对市级以上文物保护单位文物建筑抢险修缮工作的意见》,该文件根据《国务院关于加强和改善文物工作的通知》相关要求,提出建设适应社会主义市场经济体制要求、遵循文物工作自身规律、国家保护为主并动员全社会参与的文物保护体制。各地区、各有关部门应把文物保护纳入当地经济和社会发展计划、城乡建设规划、财政预算和体制改革目标、履行各级领导责任制,将文物建筑抢险修缮与形成城市良好景观、发展旅游产业、加强文化建设、加快危旧房改造、搞好环境整治等各项工作结合起来,制定相应的政策,鼓励和动员社会力量积极参与文物建筑抢险修缮工作。

2000 年 10 月,北京印发《中共北京市委关于制定北京市国民经济与社会发展第十个五年计划的建议》。2001 年 3 月,北京发布《北京市人民政府关于印发北京市国民经济和社会发展第十个五年计划纲要》。这两份文件指出要保护世界历史文化名城,巩固和拓展文化中心的功能,大力发展先进文化,促进社会主义精神文明建设,大力发展以丰富文化资源为依托的文化型经济,积极促进和引导文化娱乐等服务业发展,建成以前门大栅栏地区为重点的传统文化特色商业区,规划建设以开发传统文化资源为特色的琉璃厂文化产业园区等。

表 5.1　北京文化产业起步萌芽阶段主要相关政策(1979—2001 年)

发布时间	政　策　名　称	发布单位
1996 年 12 月	《关于加快北京市文化发展的若干意见》	北京市委、北京市政府
1999 年 6 月	《国务院关于建设中关村科技园区有关问题的批复》《关于实施科教兴国战略加快建设中关村科技园区的请示》	北京市政府、科技部
2000 年 10 月	《关于对市级以上文物保护单位文物建筑抢险修缮工作的意见》	北京市政府
2000 年 10 月	《中共北京市委关于制定北京市国民经济与社会发展第十个五年计划的建议》	北京市委
2001 年 3 月	《北京市人民政府关于印发北京市国民经济和社会发展第十个五年计划纲要》	北京市政府

5.1.2　改革阶段（2002—2005 年）

这一阶段,北京对文化产业进行了明确定义与归类,制定了文化产业发展规划,对文化产业发展起到指导作用,营造了文化产业发展的良好氛围。在这段时间,中国成功加入了世界贸易组织,并成功申办 2008 年北京奥运会。围绕发挥首都文化中心功能和建设现代化国际大都市的战略目标,营造良好的文化氛围、向世界讲好中国故事及展现文化强国地位是当时北京最重要的任务之一。

2002 年 2 月,北京市政府办公厅印发了《关于进一步加快发展第三产业指导意见的通知》,文件提出发挥首都资源优势,进一步加大文化产业的发展力度,形成新的经济增长点;同时,加快重点功能区及文化设施建设,完善城市功能,适应建设现代化国际大都市的要求,调整城市市区用地结构,建设一批标志性文化设施,充分展现首都全国文化中心的新形象。

为进一步营造文化体育事业和文化体育产业发展的良好环境,2004 年 2月,北京市政府印发《北京市关于鼓励和吸引优秀文化体育人才来京创业工作若干暂行规定的通知》,文件指出经市级文化体育行业行政主管部门进行资格认定后,相关人才可以享受资金支持和住房支持。2004 年 3 月,北京市委、市政府发布了《关于开展网吧等互联网上网服务营业场所专项整治的实施意见》,该文件要求对全市网吧等互联网上网服务营业场所的管理工作开展一系列专项治理工作,取缔多家黑网吧,对于互联网文化产业作出一定规范,营造了良好氛围。上述举措不仅优化了北京文化环境氛围、净化了文化空气,也进一步巩固了文化中心地位。

2005 年 1 月,《北京城市总体规划(2004 年—2020 年)》(以下简称《总体规划》)发布,提出将文化产业作为第三产业的重要组成部分,提出了"充分发挥首都优势,促进文化产业快速发展,增强文化总体实力,提高国际影响力"的要求。同时《总体规划》第一次明确提出"大力发展文化创意产业",将文艺演出、出版发行、版权贸易、影视节目制作及交易、文化会展、古玩艺术品交易、动漫和网络游戏制作交易作为重点发展方向。

2005 年 2 月,北京市委、市政府发布了《北京文化产业发展规划(2004 年—2008 年)》,这是北京研究制定的第一个系统的文化产业发展规划。该规划指出,发展的关键是把资源优势转化为产业优势,形成全市统筹规划、城乡协调发展的文化产业布局。在此阶段,北京文化经济发展的一个重要观念革新是正式提出发展文化创意产业。北京文化创意产业主要围绕构建六大中心:一是建成人才集中、品种丰富、演出繁荣、交流活跃的全国文艺演出中心;二是建成出版能力强、发行渠道畅通、版权贸易发达的全国出版、发行和版权贸易中心;三是建成经营理念先进、生产制作量和交易量最大的全国影视节目制作和交易中心;四是建成原创能力强、制作手段先进、传播渠道畅通的全国动漫和互联网游戏研发制作中心;五是建成会展经济发达、会展数量最多、具有国际影响力的全国文化会展中心;六是建成交易数量多、交易额大、市场规范的全国古玩艺术品交易中心。该规划还提出,北京文化创意产业要争取实现年增长15%的目标。政府是经济社会发展政策的推动者,财政则要为政府的政策推动提供必要的资金保障。为了实现北京文化创意产业发展的战略目标,提升文化创意产业的经济贡献率,北京市政府在文化创意产业的市场方向、扶持政策等方面,形成了较完整的规划。

表 5.2　北京文化产业改革阶段主要相关政策(2002—2005 年)

发布时间	政　策　名　称	发布单位
2002 年 2 月	《关于进一步加快发展第三产业指导意见的通知》	北京市政府办公厅
2004 年 2 月	《北京市关于鼓励和吸引优秀文化体育人才来京创业工作若干暂行规定的通知》	北京市政府
2004 年 3 月	《关于开展网吧等互联网上网服务营业场所专项整治的实施意见》	北京市政府
2005 年 1 月	《北京城市总体规划(2004 年—2020 年)》	国务院
2005 年 2 月	《北京文化产业发展规划(2004 年—2008 年)》	北京市政府

5.1.3　规划与引导阶段（2006—2010 年）

在这一阶段,中国超过日本成为世界第二大经济体,人民群众的生活质量得到显著提高,同时对精神文化方面的需求也日益增长。北京对文创产业和新兴文化产业发展和规范做出深入研究,市政府设立文创专项资金,加大对专利和版权的管理,促进了文创企业和文化产业健康发展。

2006 年 11 月,北京市委、市政府发布《关于北京市促进文化创意产业发展的若干政策》,该文件对北京文化创意产业发展具有指导意义。该文件设立了

"文化创意产业发展专项资金"和"文化创意产业集聚区基础设施专项资金"。前者对于符合政府重点支持要求的文化创意产品、服务和项目予以扶持,后者安排资金支持文化创意产业集聚区环境整治、基础设施和公共服务平台建设等公共设施工程,两者协调配合,共同发挥作用。同年12月,北京市财政局印发《北京市文化创意产业发展专项资金管理办法》,在准确定位产业内容和重点发展方向的基础上,对文化创意产业发展专项资金的使用和管理进行了规划设计,力求重点突出、流程清晰和监管严格。

加强政府投入项目的专利和版权管理是促进政府投入项目专利、版权数量增长,避免国有资产流失的重要手段,是防止专利和版权侵权,确保政府投入项目安全和平稳的可靠保障,也是实施国家知识产权战略,建设创新型城市的有效途径;对于引导和带动全社会增强专利和版权保护意识,推动知识产权工作健康发展,建设知识产权保护首善之区,实现首都经济可持续发展具有重要意义。2007年11月发布的《北京市人民政府关于加强政府投入项目专利和版权管理工作的意见》提出遵循"鼓励创新、依法保护、完善服务"的原则,充分发挥政府主导、市场引导的作用,把专利和版权管理纳入政府投入项目的申请、立项、验收和监督管理环节,确保政府投入项目专利和版权管理工作有序开展,取得实效。同时,还要根据本部门实际,制定和完善本部门政府投入项目的专利和版权管理制度,明确职责任务,指定专人负责,改善工作条件,加大经费投入,不断提升全市政府投入项目的专利和版权管理水平。

2009年10月,北京发布《北京市关于支持影视动画产业发展的实施办法(试行)》和《北京市关于支持网络游戏产业发展的实施办法(试行)》,鼓励制作精品影视动画和网络游戏、培养影视动画和网络游戏人才,促进影视动画产业和网络游戏产业发展,在北京文化创意产业发展专项资金中优先安排支持影视动画产业和网络游戏产业发展的项目。对在北京立项、具有自主知识产权的优秀作品,择优予以前期资助,资助额为项目实际到位投资额的5%至15%。

表 5.3　北京文化产业规划引导阶段主要相关政策(2006—2010 年)

发布时间	政 策 名 称	发布单位
2006 年 11 月	《关于北京市促进文化创意产业发展的若干政策》	北京市委、北京市政府
2006 年 11 月	《北京市文化创意产业发展专项资金管理办法》	北京市财政局
2007 年 11 月	《北京市保护利用工业资源发展文化创意产业指导意见》	北京市工促局、北京市规划委、北京市文物局
2007 年 11 月	《北京市人民政府关于加强政府投入项目专利和版权管理工作的意见》	北京市政府
2009 年 10 月	《北京市关于支持影视动画产业发展的实施办法（试行）》	北京市文化创意产业领导小组办公室
2009 年 10 月	《北京市关于支持网络游戏产业发展的实施办法（试行）》	北京市文化创意产业领导小组办公室

5.1.4　国家战略阶段（2011 年至今）

为推进全国文化中心建设,推动文化产业高质量发展,在国家顶层设计的指导下,北京市政府陆续印发了一系列政策,把握文化产业健康发展的大方向,为文化产业的发展提供了全面的政策保障。

2011 年 3 月公布的《北京市国民经济和社会发展第十二个五年规划纲要》提出"推动文化产业成为国民经济支柱性产业",将文化产业提升到国民经济支柱性产业的高度上。此后,北京相继出台了大批支持细分行业的政策,出现文化产业政策百花齐放的盛况。在这一阶段,众多规划得到部署,北京市提出了打造文化中心和"一核一城三带两区"的总体框架,并将重点放在发展文创产业和文娱产业,提出全面推动文化科技融合、打造数字创意主阵地的目标。

2011 年 12 月发布的《关于发挥文化中心作用加快建设中国特色社会主义先进文化之都的意见》(以下简称《意见》),阐述了建设中国特色社会主义先进文化之都是首都社会主义文化建设的根本任务,以中国特色社会主义先进文化之都为目标,在中国特色社会主义先进文化发展的方向上发挥示范引领作用,建设和发展中国特色社会主义的先进文化、特色文化。《意见》指出到2020年,要把首都建设成为在国内发挥示范带动作用、在国际上具有重大影响力的著名文化中心城市。2012年7月,北京印发《关于金融促进首都文化创意产业发展的意见》,旨在结合文化创意产业的特点,大力促进首都文化资源与金融资源的全面对接,形成覆盖文化创意企业和文化产品全生命周期、文化创意产业全链条、文化市场全交易环节的金融创新体系。

2014年7月,北京市政府发布了《北京市文化创意产业功能区建设发展规划(2014—2020)》和《北京市文化创意产业提升规划(2014—2020)》,指出要形成"一核、一带、两轴、多中心"的空间发展格局和"两条主线带动,七大板块支撑"的产业体系。

2015年6月,北京市政府印发《北京市推进文化创意和设计服务与相关产业融合发展行动计划(2015—2020年)》(以下简称《行动计划》),提出以中关村国家自主创新示范区为重点,加快推动20个文化创意产业功能区建设,进一步集聚文化人才、技术、资本等创新要素资源,促进产业紧密协作、共同发展。《行动计划》旨在进一步加强全国文化中心、科技创新中心建设,更好适应文化创意和设计服务在经济社会各领域各行业呈现出的多向交互融合发展态势,加快构建"高精尖"经济结构。

为加强顶层设计,加快推进文创产业转型升级,北京于2016年3月发布《北京市"十三五"时期加强全国文化中心建设规划》(以下简称《规划》)。这一文件为未来五年全国文化中心建设描绘了发展蓝图。《规划》指出,坚持文化创新发展,把创新放在文化改革发展的核心位置,生产出更多对世界有吸引力、影响力、引领力的文化创新成果,在"美美与共"中向世界展现文化自信,以此推动文化创新带动社会其他领域的全面创新,实现更高质量、更可持续、更具引领性的城市各领域创新发展。

2017年12月,北京市启动文化创意产业"投贷奖"联动体系,主要通过贷款贴息、融资租赁贴租、发债融资奖励、股权融资奖励等方式,促进资本投资文创产业,帮助文创企业有效突破融资瓶颈。

2018年6月,北京印发《关于推进文化创意产业创新发展的意见》,提出主攻全面推动文化科技融合,打造数字创意主阵地,率先布局内容版权转化,形成文化创新策源地两大方向,聚焦创意设计、媒体融合、广播影视、出版发行、动漫游戏、演艺娱乐、文博非遗、艺术品交易及文创智库九大方向。

2019年4月,北京发布《北京市推进全国文化中心建设中长期规划(2019年—2035年)》,全方位阐述了北京市的定位、发展方向及阶段性目标等。《规划》阐释了"建设一个什么样的全国文化中心"的问题,即以社会主义核心价值观引领首都文化建设,以中轴线申遗推动老城的保护与复兴,依托"三个文化带"打造历史生态空间结构,建成丰富便捷高效的公共文化服务体系,建设具有国际竞争力的创新创意城市,成为世界文明交流互鉴的重要窗口。同时,该文件还提出了北京全国文化中心建设的目标:到2025年全国文化中心地位显著提升,市民文明素质和城市文明程度明显提高,对全国文化建设的示范引领作用更加凸显;到2050年,中国特色社会主义先进文化之都地位更加巩固,文化名家荟萃云集,文艺高峰之作迭出,人民群众文化创造活力充分释放,社会主义物质文明和精神文明全面协调发展,更加彰显文化自觉、文化自信,北京将以更加昂扬的姿态屹立于世界城市之林,成为弘扬中华文明和引领时代潮流的世界文脉标志。

2020年1月发布的《北京市文化产业高质量发展三年行动计划(2020—2022年)》,以问题和目标为导向,着力解决全市文化产业有数量欠质量、有高原缺高峰、有规模少品牌等突出问题和瓶颈环节,回答了未来三年北京文化产业为实现高质量发展应当"干哪些、怎么干、谁来干"的问题。

北京作为首都,是党的重大理论创新的策源地、哲学社会科学前沿思想的发端地、各种观点思潮激荡的交汇地。2020年2月,中共北京市委印发《关于新时代繁荣兴盛首都文化的意见》(以下简称《意见》),提出传承发展源远流长的古都文化、弘扬丰富厚重的红色文化、发掘特色鲜明的京味文化、繁荣蓬勃兴起的创新文化、丰富高品质文化供给及推动中华文化走出去等。《意见》旨在建设社会主义意识形态思想高地,彰显中华优秀传统文化的时代价值,培育全市人民爱党、爱国、爱社会主义的深厚情怀,塑造和谐宜居的城市人文品格,培育首都文化发展的核心动能,增强人民群众文化获得感、幸福感,建设展示大国文化自信的首要窗口。

2020年6月印发的《北京市文创产业提质扩容专项培训工作实施方案》,旨在进一步实现北京文创产业提质扩容,全面提高从业人员技能和素质水平。

2020年9月印发的《关于加快国家文化产业创新实验区核心区高质量发展的若干措施》,从激发文化活力、优化空间承载、构建文化生态、扩大开放融通四个方面,以"政策18条"的形式,明确国家文创实验区下一步发展方向,辐射带动全市文化产业高质量发展,加快全国文化中心建设。

"十四五"时期,北京的文化和旅游发展处于重要战略机遇期,面临着一系列新形势新要求。2021年10月,《北京市"十四五"时期文化和旅游发展规划》发布。"十四五"时期,北京市文化和旅游发展的总体要求是深刻认识首都发展面临的形势、机遇及挑战,完整、准确、全面理解把握首都文化和旅游工作的内涵要义和实践要求,聚焦加强"四个中心"功能建设,着力提升"四个服务"水平,努力擘画文化和旅游发展新蓝图。

在文化体育方面,2019年3月发布的《关于以2022年北京冬奥会为契机大力发展冰雪运动的意见》指出,要大力发展冰雪体育行业,丰富群众冰雪运动形式,力争到2022年,中国冰雪运动总体发展更加均衡,普及程度明显提升;同时,加强青少年冰雪运动相关组织建设,为青少年参与冰雪运动提供更好的培训和指导。2019年11月,《北京市海淀区支持数字文化产业发展(电竞产业篇)》发布,该项政策几乎覆盖了全产业链,重点支持电竞产业,内容涉及推动游戏研发、内容创作、集聚游戏企业及电竞俱乐部、支持电竞场馆建设和赛事举办等六个方面。2022年2月发布的《关于应对新冠肺炎疫情影响促进文化企业健

表 5.4　北京文化产业国家战略阶段主要相关政策(2011 年至今)

发布时间	政　策　名　称	发布单位
2011 年 12 月	《中共北京市委关于发挥文化中心作用加快建设中国特色社会主义先进文化之都的意见》	北京市委
2012 年 7 月	《关于金融促进首都文化创意产业发展的意见》	北京市金融工作局、北京市委宣传部
2014 年 7 月	《北京市文化创意产业功能区建设发展规划(2014—2020)》	北京市政府
2014 年 7 月	《北京市文化创意产业提升规划(2014—2020)》	北京市政府
2015 年 6 月	《北京市推进文化创意和设计服务与相关产业融合发展行动计划(2015—2020 年)》	北京市政府
2016 年 3 月	《北京市"十三五"时期加强全国文化中心建设规划》	北京市政府、科技部
2018 年 6 月	《关于推进文化创意产业创新发展的意见》	北京市委、北京市政府
2019 年 4 月	《北京市推进全国文化中心建设中长期规划(2019 年—2035 年)》	北京市政府
2020 年 1 月	《北京市文化产业高质量发展三年行动计划(2020—2022 年)》	北京市国有文化资产管理中心、北京市政府新闻办公室
2020 年 2 月	《关于新时代繁荣兴盛首都文化的意见》	北京市委
2020 年 6 月	《关于印发〈北京市文创产业提质扩容专项培训工作实施方案〉的通知》	北京市文化和旅游局、北京市人力资源和社会保障局
2020 年 9 月	《关于加快国家文化产业创新实验区核心区高质量发展的若干措施》	北京市政府
2021 年 10 月	《北京市"十四五"时期文化和旅游发展规划》	北京市文化和旅游局

康发展的若干措施》明确提出要打造电子竞技产业品牌,加强电子竞技品牌建设布局规划,集中打造北京电子竞技赛事、群众活动、园区和俱乐部等品牌,这也是新冠疫情发生后国内首个针对电竞产业的指导性政策。

　　在文化影音方面,2019 年 12 月发布的《关于推动北京音乐产业繁荣发展的实施意见》提出了做好产业布局,建立示范产业园,加快制作数字产品,赋予文化产品更多科技感,并加强版权意识的目标。2019 年 12 月发布的《关于推动北京影视业繁荣发展的实施意见》围绕影视业发展痛点、难点问题,精准发力、多措并举以推动影视业和文化产业高质量发展。为了全力支持影视产业复苏,北京启动了宣传文化引导基金(电影类)和 2020 年市级电影专项资金两项政策,增加了疫情特殊补贴。在推动精品内容创作方面,北京市政府加大了对于影视产业的资助力度,同时相关部门还出台专项政策,搭建"走出去"的渠道平台,鼓励优秀影视企业拓展国际市场,向世界讲述中国和北京故事。

在文化旅游方面,政府相关部门多次接力助力文化产业复苏。2020 年 2 月,北京出台的《关于应对新冠肺炎疫情影响促进文化企业健康发展的若干措施》提出针对行业各个方面的 28 条重要举措,以帮助文化企业渡过难关。2021 年 4 月,文化和旅游部发布《国家开发银行关于进一步加大开发性金融支持文化产业和旅游产业高质量发展的意见》,提出支持重点项目建设,支持试点示范工作推进,支持产业创新发展,支持各类市场主体发展壮大,支持产业国际合作,相应地需要做好融资规划,做好资金支持,提供综合性金融服务。2022 年 8 月,北京市文化和旅游局发布的《关于促进文化和旅游业恢复发展的若干措施》提出,要促进文化旅游休闲消费,组织开展京郊休闲游活动,发放旅游住宿消费券,鼓励市民京郊错峰休闲度假,同时加大旅游服务质量保证金政策的扶持力度,扩大适用政策的旅行社范围,延长政策时间至 2023 年 3 月底。2022 年 10 月发布的《北京市扩大文化和旅游新消费奖励办法》提出,设立奖励资金对文化和旅游新消费项目按照销售收入或者营业收入进行奖励。

表 5.5　北京文化产业细分领域主要相关政策

发布时间	政　策　名　称	发布单位
2019 年 3 月	《关于以 2022 年北京冬奥会为契机大力发展冰雪运动的意见》	中共中央办公厅、国务院办公厅
2019 年 11 月	《北京市海淀区支持数字文化产业发展(电竞产业篇)》	北京市海淀区政府
2019 年 12 月	《关于推动北京音乐产业繁荣发展的实施意见》	北京市推进全国文化中心建设领导小组

发布时间	政　策　名　称	发布单位
2019 年 12 月	《关于推动北京影视业繁荣发展的实施意见》	北京市推进全国文化中心建设领导小组
2020 年 2 月	《关于应对新冠肺炎疫情影响促进文化企业健康发展的若干措施》	北京市文化改革和发展领导小组办公室
2021 年 4 月	《国家开发银行关于进一步加大开发性金融支持文化产业和旅游产业高质量发展的意见》	文化和旅游部
2022 年 8 月	《关于促进文化和旅游业恢复发展的若干措施》	文化和旅游部
2022 年 10 月	《北京市扩大文化和旅游新消费奖励办法》	北京市文化和旅游局

5.2　北京文化产业发展现状

近年来,北京的文化产业发展势头迅猛。根据图 5.1,2020 年北京文化及相关产业增加值为 3 770.2 亿元,较上年大幅增长 13.6%,充分展现了发展潜力。自 2011 年以来,北京文化及相关产业增加值年均增长 12.0%,占地区 GDP 的比重逐年上升,2020 年占比达 10.4%,稳居全国第一位,文化产业已成为北京市支柱产业之一,占全国文化及相关产业总增加值的比重为 8.35%,排名全国第四,仅次于广东、江苏和浙江。

北京文化产业企业活动逐年呈现繁荣态势。2021 年,北京共有规模以上文化产业法人单位 5 539 家,较上年增加 368 家,营业收入和利润总额分别达到 17 563.8 亿元和 1 429.4 亿元。其中,2020 年、2021 年两年营业收入平均增长 8.9%,超过了 2019 年 8.2%的增幅,同期利润总额平均增速达 39.1%。从业人员平均人数 64 万人,同比增长 4.8%,文化产业在宏观环境承受一定压力的情况下为稳就业贡献了重要力量。5 539 家法人单位中,规模以上文化企业 5 114

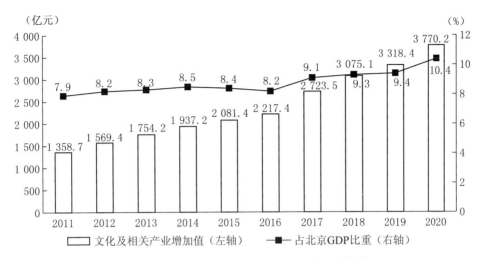

图 5.1　2011—2020 年北京文化及相关产业增加值

资料来源:北京市统计局官网、《北京市统计年鉴》(2011—2020)、《中国文化及相关产业统计年鉴》(2013—2020)。

家,实现营业收入 299 万元/人,较上年增加 32.8 万元/人,涨幅达 12.3%,收入利润率较上年提高 1.7%,资产负债率下降 0.5%,经营效益与企业资产结构更趋健康。按活动性质划分,2021 年,北京市规模以上文化产业企业在文化核心领域收入合计 15 848.3 亿元,占全市规模以上文化产业企业总收入的 90.2%,吸纳就业人数占文化产业就业总人数的 85.6%。其中,新闻信息服务、内容创作生产、创意设计服务和文化传播渠道四大主要领域贡献了总收入的 89.6%,成为文化产业发展的"压舱石"(见图 5.2)。新闻信息服务和内容创作生产收入分别较上年大幅增长 21.5% 和 30.2%,拉动文化核心领域整体收入同比增长 17.8%。同年,规模以上文化产业法人单位在由文化辅助生产和中介服务、文化装备生产、文化消费终端生产构成的文化相关领域实现营业收入 1 721.9 亿元,同比增长 14.4%。[1]

---

　　[1]　资料来源:北京市统计局官网、《北京市统计年鉴 2021》和《中国文化及相关产业统计年鉴 2021》。

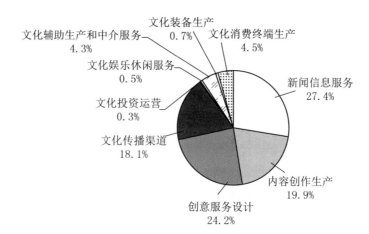

图5.2　2020年北京文化及相关产业规模以上法人单位收入的细分领域分布

资料来源:北京市统计局官网、《北京市统计年鉴2020》、《中国文化及相关产业统计年鉴2020》。

　　面对外部环境的不确定性,北京文化产业各主体顺应文化供需环境、内容和方式的变化,积极拥抱文化产业新模式、新业态,而文化产业的发展又以实际行动支持各项国家战略,推动中国经济高质量发展。

　　2021年,以互联网搜索、信息、游戏、动漫、广告等文化娱乐服务为主的文化产业新业态蓬勃发展,数字产业化特征明显的核心数字文化企业百花齐放,深度贯彻了文化和旅游部在2021年《"十四五"文化和旅游发展规划》中提出的文化产业数字化战略。2021年,北京新业态文化行业企业实现营业收入10 246.5亿元,同比增长22.6%,涨幅较全国水平高出3.7%,占全国新业态企业收入比重的25.9%,较上年提升0.8%,对全市文化企业总体收入增长的贡献率达73.2%,拉动全市文化企业营业收入增长13%,均显著高于全国水平;北京市规模以上核心数字文化企业实现营业收入11 409.8亿元,同比增长23.5%,拉动全市规模以上文化企业营业收入增长14.9%,占其比重高达66.8%。传统业态则在疫情与新业态的双重冲击下自我革新,演出机构、文化文物单位与新媒体平台、数字文化企业合作创新,加速数字化转型。面对新冠疫情的不利因素对文化消费的冲击,2021年,北京以国际消费中心城市建设为契机,推动线上线下文化消费共同发展,线上推出北京惠民文化消费季,贡献2.4万场线上活动,实现文化消费 62.7 亿元,占全市文化总消费额的 77.9%;线下大力发展首店经济,吸引 122 家书店、动漫体验馆、儿童乐园等文化消费相关首店落地北京,而环球主题公园度假区更是成为北京文旅消费新地标。①

借助北京冬奥会与乡村振兴战略的东风,北京文化产业把握机遇,不断争得全新发力点,实现了"破圈"。同时,进一步扩大外延,提高了文化产业能级。为迎接北京 2022 年冬奥会,北京市文旅局推出了 22 条冰雪旅游精品线路,冬奥组委联合多部门启动"北京 2022 冬奥文化全球行"主题活动,在全球 49 个国家分阶段开展;中国体育博物馆与首都博物馆联合主办了"传承·超越——双奥之路中华体育文化展";北京市公园管理中心开展第八届北京市属公园冰雪游园会,围绕北京市"双奥之城"的优势,将文化与体育融合,使文体产业服务公众,丰富人民群众文化生活,提升群众身体素质。与此同时,北京为服务乡村振兴战略,大力推广乡村文旅项目。平谷、密云、房山等郊区通过举办各类活动,打造精品民宿吸引游客,助力实现共同富裕。

文化产业的高质量发展还离不开资本、人才、土地、政策等要素禀赋支持。(1)资本。一方面,北京市对文化产业加强资金扶持和纾困帮扶,通过北京宣传文化引导基金、北京文化艺术基金等专项基金以及各区争相推出的各类扶持奖励项目对影视制作出版、线下书店等项目予以资助,并印发《北京市支持文化金融融合发展资金管理办法》,以"投贷奖""房租通""风险补偿金"等方式为受疫情影响较为严重的企业缓解较为迫切的资金困难和压力。另一方面,则鼓励企业通过市场化投融资募集资金。2021 年,北京在股权和债权市场融资次数均排名全国第一,共新增 14 家上市文化产业企业,通过 IPO 融得资金 742.1 亿元,同比增长 99.1%;全年文化产业企业总共融得资金 999.7 亿元,占全国资金流入文化产业企业总规模的 26.6%,其中通过私募股权融资 121.2 亿元,同比增长 33.0%。②(2)人才。自 2020 年启动"百名文化菁英"计划以来,北京每年引进、

---

① ②　资料来源:《北京文化产业发展白皮书(2022)》。

认定并培育 100 名高素质文化人才,海淀、丰台、石景山等各城区亦纷纷启动人才认定计划。(3)土地运用。北京不断优化文化空间格局,以文化产业园区为主要承载,在提升文化产业集聚水平的同时打通文化与金融、科技产业的地理区隔,加强文旅消费吸引力,从而强化文化产业链整体布局。此外,北京还鼓励挖掘城市工业遗存、老旧厂房的文化价值,推动旧工业生产空间向新型文化消费空间转变,因地制宜构筑城市文化空间。(4)政策。"十四五"期间,北京先后推出《北京市"十四五"时期文化和旅游发展规划》《"十四五"北京电影发展规划》《"十四五"时期北京市国有文化资产管理和国有文化企业改革发展规划》等城市文化产业建设规划指导文件,以及《北京历史文化名城保护条例》《北京市推进文化产业园区高质量发展的若干措施》等文件,与上述各类基金等支持文化产业发展的措施相互配合,并加强在知识产权等领域的市场监管力度,进一步健全文化产业发展的制度环境。

在以上要素的支持下,近年来,北京涌现了一大批优质文化产品和服务,构成了文化产业高质量发展的基石。为庆祝中国共产党成立 100 周年,由北京文化产业主体编排、创作的各载体红色艺术作品层出不穷,话剧《香山之夜》、舞剧《五星出东方》、戏剧《党的女儿》、音乐剧《在远方》、电影《长津湖》、电视剧《觉醒年代》等均成为当年现象级作品,在献礼党的百年华诞同时实现了高口碑、高效益,其中《长津湖》更是以 57.75 亿元票房创下 2021 年中国电影票房新高。在线下,北京推出各类红色旅游主题线路 50 余条,并精心安排《新青年》编辑部旧址等红色文旅场所与《觉醒年代》电视剧联动,吸引更多游客参观。在出版物方面,各家出版社围绕建党百年主题共推出 160 余种出版物,覆盖文学作品、理论读物、连环画、少儿图书等各种门类。除此之外,《你好,李焕英》和《唐人街探案3》也紧随《长津湖》之后,包揽了 2021 年中国电影票房亚军和季军。2021 年,北京地区申请通过游戏版号 104 个,占全国通过数量 15.0%,游戏企业总产值约为 1 022.6 亿元,占全国游戏市场 34.4%,同比增长 11.6%;动漫企业总产值约为 180.5 亿元,同比增长 13.7%,并有《仙剑奇侠传》和《狐妖小红娘》等高人气游戏、动画成为年轻人喜爱的文化娱乐产品,带动文化产业消费。①在公共文化服务方面,自十九大以来,北京市文化场馆、街道(乡镇)综合文化中心建筑面积增长14.25%,达到98.25万平方米,社区(村)综合文化建筑面积更是增长150.94%,达到445.42万平方米;市、区、街乡、社村四级公共文化设施共6 937个,首都已经构建起十五分钟公共文化服务圈。②在各类公共文化服务设施内,市民可以享受到文化讲座、文艺辅导、手工培训等高质量文化服务内容,极大丰富了人民群众的生活,更好地满足了人民群众的精神文化需求。

根据《北京市"十四五"时期文化和旅游发展规划》《北京文化产业发展白皮书(2022)》等规划纲要,北京将继续把文化建设放在未来全局工作的突出位置,强化自身在文化产业固有优势的同时,进一步推动文化产业创新发展,扩大北京文化产业辐射规模和力度。围绕"科技赋能文化,文化赋能城市"的发展理念与战略,北京将积极推动文化产业数字化转型升级,并以"文化＋科技""文化＋金融""文化＋商业""文化＋旅游""文化＋体育"等各领域融合发展为机遇,打造文化产业全领域、全场景覆盖的生态环境,以更高质量的文化供给服务群众。在文化辐射力方面,北京正与天津、河北、香港、澳门等多地形成文旅资源联动,推出特色活动和文旅项目,实现区域文化协同互补发展。面对海外市场,北京在已实现文化产品进出口额均大幅增长的情况下,致力于进一步提升文化产品和服务的国际传播力,以此提升城市形象和国际影响力,并扩大文化对外交流,推动世界各国以文化为桥梁,促进交流互鉴,形成文化开放合作的新格局。

北京作为首都城市,其对外文化贸易发展长期处于稳步增长状态。北京的对外文化贸易总额虽不及上海,但近年增速亮眼。根据图5.3,2016—2021年,北京市文化产品和服务进出口总额从46.9亿美元升至86.3亿美元,五年增长

---

① 资料来源:搜狐网,《2021年北京市游戏企业总产值为1 022.61亿元》,https://www.sohu.com/a/512465817_329717。

② 资料来源:北京市人民政府官网,《服务网络织密、身边设施增多、运营焕发活力、高质量公共文化服务提升市民幸福感》,https://www.beijing.gov.cn/ywdt/gzdt/202207/t20220720_2775038.html。

84.01％,年均增速为 12.97％。其中,北京市文化产品进出口总额从 20 亿美元升至 61.3 亿美元,年均增速为 25.11％,2021 年同比增速达 65.7％,出口额同比增长达 151.9％;文化服务进出口总额从 26.9 亿美元降至 25 亿美元,降幅为 7.06％,但 2021 年同比增长 5.4％,出口额同比增长 26.2％。2021 年北京市对外贸易出口业务情况较 2020 年有所好转,并实现了跨越性增长,文化服务进出口业务同样有望在未来几年逐步恢复稳定增长态势。

北京、上海是中国文化"走出去"的第一梯队,在提升中华文化软实力、扩大中国文化国际影响力、打造文化国际话语权等方面发挥着重要作用。2021 年,北京市文化产品和服务进出口额占全国文化产品和服务进出口总额的比重达 4.31％,其中,文化产品进出口额占全国文化产品进出口总额的比重达 3.93％,文化服务进出口额占全国文化服务进出口总额的比重达 5.65％。从细分领域来看,广告和会展服务、软件和信息技术服务、艺术品生产与销售服务在北京文化产业中占据主体地位。民营企业是数字文化经济出口的主力军,而中央文化企业是传统文化出口的中流砥柱。

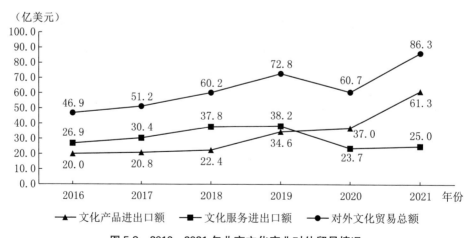

图 5.3　2016—2021 年北京文化产业对外贸易情况

资料来源:商务部官网、商务部文化贸易公共信息服务平台、北京市商务局官网、《中国文化及相关产业统计年鉴》(2016—2021)、《2020 年北京市文化产业发展白皮书》、《2021 年北京市文化产业发展白皮书》。

5.3　上海与北京的文化产业发展比较分析

5.3.1　文化产业细分领域的差异

在文化产业细分领域中,上海以内容创作生产和创意服务设计为主,北京以新闻信息服务、文化传播渠道为主。

北京和上海作为中国 GDP 规模领先的城市,在文化领域也处于全国领先地位。2020 年,北京和上海两市的文化及相关产业增加值分别为 3 770.2 亿元和 2 389.6 亿元,在 19 个直辖市和副省级城市中位列第一和第二。文化产业同为两地支柱产业之一,占地区 GDP 的比重达 6.1% 和 10.4%。在各类文化产业相关指标排名中,根据评价维度不同,上海和北京两市排名各有先后,总体领先于国内其他城市。例如,中国人民大学文化产业研究院发布的《2021 中国省市文化产业发展指数》显示,北京连续六年保持第一;上海交通大学与美国南加州大学 2021 年联合发布的《国际文化大都市评价报告》和上海社科院创意产业研究中心课题组 2022 年发布的《文化大都市指标体系研究》得出近似结论:北京和上海两市跻身全球文化大都市排名前十的同时,北京得分略高于上海;而在中国发展研究基金会与普华永道发布的《机遇之城 2022》中,上海则在文化与生活维度力压北京排名第一。

以分行业增加值和法人单位收入来衡量,核心领域都是北京和上海文化产业发展的主力军,在两市文化及相关产业发展中贡献占比分别超过 90% 和 80%,而细分领域的贡献占比差别则能体现两地文化产业发展特征的差异。在核心领域中,新闻信息服务、内容创作生产、创意设计服务和文化传播渠道等四

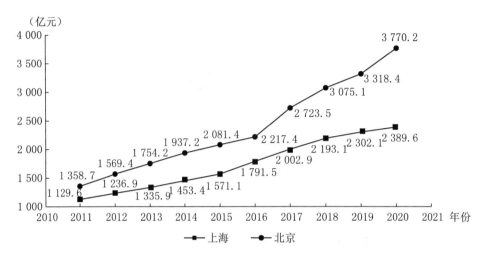

（亿元）

图 5.4　2011—2020 年上海与北京的文化及相关产业增加值趋势图

注：为便于比较，两市文化及相关产业增加值数据精确到小数点后一位。

资料来源：《2018 年上海文化产业发展报告》《2019 年上海文化产业发展报告》《中国文化及相关产业统计年鉴》(2013—2021)、北京市统计局官网、《北京市统计年鉴》(2010—2021)。

大领域贡献了两市绝大多数文化产业企业收入和增加值，但在构成上两地区存在差异。新闻信息服务和文化传播渠道主要包括以报纸、图书、音像、广播、电视、互联网等传统平面媒体和新媒体为渠道的发行、传播等相关服务。根据表3.1 和图 5.2，北京市新闻信息服务占文化产业整体比重达到 27.44%，是文化产业发展中的最主要力量，远高于上海 10.68%的占比。类似地，在文化传播渠道方面，北京 18.14%的贡献比例亦高于上海的 11.25%。内容创作生产和创意服务设计则涵盖各类平面媒体出版、广播影视节目制作、文艺创作表演、各类工艺品制造、动漫游戏和广告设计等新型数字内容服务。在内容创作生产和创意服务设计两方面，上海的表现更为突出。

5.3.2　文化产业发展方向的差异

　　从文化产业发展方向来看，上海的文化产业发展方向主要集中在利润率高、市场化程度高的新兴行业。北京的文化产业发展方向则集中在集聚性强、产业基础较好的行业。

图 5.4 的数据表明,自 2011 年以来,两市文化及相关产业增加值均稳健增长,但增速差距较大。同期,上海年均增长 8.68%,北京的增速达到 12.01%,两市文化产业的增加值差距从 2011 年的 229.1 亿元扩大至 2020 年的 1 380.6 亿元。

从行业分布的角度来看,上海的文化产业集中在利润率较高、市场化程度高的文化创作和文化产业相关服务方面,例如电竞、动漫、游戏等新兴重点行业,这些行业的特点是产值增速快、利润率高。从长期发展角度看,上海发展新兴行业的基础良好,包括新兴行业起步早、优质企业多及行业生态完善,有助于使这些行业成为带动文化产业发展的引擎。

北京的文化产业集中在以传统媒介、新媒体为渠道的发行、传播服务上,这些行业的集聚性较强。北京的文化产业园和文化科技园建设规模居于全国前列,一大批知名文化企业、成长型文化企业入驻园区,很多入驻企业在数字内容领域处于国内领先地位,如在数字视听、阅读等领域,北京拥有一批规模较大的互联网平台企业,如快手、新浪、光线传媒、中文在线等。在影视行业,北京是全国重要的影视中心,截至 2020 年 11 月,北京影视企业达 11.6 万家。①

5.3.3 北京、上海两市文化产业特色鲜明

在投融资领域,北京的文化产业投融资规模领跑全国。《2021 年中国文化产业投融资市场报告》显示,2021 年,北京市文化产业企业在私募、并购、IPO、股权再融资和债券融资等渠道共发生融资行为 255 次,融得金额 1 385.6 亿元;上海文化产业企业同口径发生融资 196 次,融得资金 613.6 亿元,紧随北京排在

---

① 资料来源:北京旅游网,《北京动漫游戏产业总产值破千亿成全国最大出口地》,https://www.visitbeijing.com.cn/article/47QkPkgVS70。

全国各省份第二位。

在文化产业进出口方面,上海有效发挥了中国对外开放桥头堡的作用。根据图 3.3 和图 5.3,2021 年上海市文化产品和服务进出口总量为 162.49 亿美元,同比增长 54.68%,其中文化产品进出口额达 109.99 亿美元,占全国文化产品进出口总额的 7.06%。文化服务进出口额为 52.5 亿元,占全国文化服务进出口总额的 11.87%;同年,北京市文化产业进出口总量为 86.3 亿美元,同比增长54.26%,二者合计贡献当年中国对外文化贸易额的 12.31%。

第 **6** 章 广东文化产业高质量发展与比较分析

6.1 广东文化产业高质量发展战略

作为改革开放的先行地，广东在中国社会主义现代化建设全局中具有重要地位。粤港澳大湾区建设成为带动广东及其他沿海地区加快发展的强劲引擎。近年来，广东积极推动现代文化产业与传统文化产业融合发展，促进文化产业转型升级，省内三大自贸区片区为试行文化产业管理方法、税收政策、市场制度和产业发展提供了良好条件。

6.1.1 起步萌芽阶段（1978—2001年）

由于文化产业尚未正式定义，在这一阶段广东发展文化产业主要是以建设文化设施为主。一大批拔地而起的现代化文化设施和日益繁荣的文化艺术活动构成了省会广州的一道亮丽的风景线。广州相继建立了广州电视台、广州人民广播电台、广州购书中心、广州芭蕾舞团团址、红线女艺术中心、广州美术馆新址、广州雕塑公园,初步建立了以新华书店为主体,多种发行渠道、多种经济成分、多种流通形式的发行体制。这一阶段,广东省新闻出版工作稳步前进,广播电视产业初具规模,文化艺术事业踏上新台阶,文化市场呈现出欣欣向荣的景象,为进一步发展文化产业形成良好的条件。

6.1.2 改革阶段(2002—2005 年)

自中共十六大作出深化文化体制改革、发展文化事业文化产业的战略部署以来,广东省委、省政府及文化行政部门联合出台了一系列战略性文化产业发展规划,提出建立和完善市场运作机制的目标,用于指导广东省文化建设和文化产业发展。

2002 年 12 月,中共广东省委九届二次全会提出加快建设文化大省的战略部署,将发展文化产业恢复为政府工作的重点。2003 年 2 月,广东省文化体制改革和文化大省建设领导小组成立。2003 年 7 月,广东为落实文化体制改革试点工作,成立了文化体制改革试点工作领导小组,既负责改革试点工作,又负责文化大省建设工作。9 月 21 日印发的《广东省文化体制改革试点工作方案》提出了广东文化体制改革试点工作的指导思想、基本要求、工作目标及六项改革试点工作主要任务,并确定广州、深圳、东莞为省文化体制改革试点地区,以及将南方日报报业集团等 12 个单位作为省文化体制改革第一批试点单位。

2003 年 9 月,广东省委、省政府召开广东省文化大省建设工作会议。同年10 月,广东充分认识加快建设文化大省的重要战略意义,下发了《中共广东省委、广东省人民政府关于加快建设文化大省的决定》和《广东省建设文化大省规划纲要(2003—2010 年)》,强调要深化文化体制改革,解放和发展文化生产力。

2004年12月出台的《广东省引导社会资本投资文化产业指导目录》为社会资本投资文化产业提供有效指导。这一系列政策文件为后续文化产业发展作出具体规划,广东的文化体制改革和文化建设进入了高速发展的轨道。

2005年3月,广东省召开全省文化体制改革试点工作会议,制定了《关于进一步扩大文化体制改革试点范围的意见》,文件提出扩大拓展改革试点范围,新增珠海、佛山、惠州、中山、江门、肇庆、汕头、韶关、湛江等9个城市和岭南美术出版社等9个单位为广东省第二批文化体制改革综合性试点市和试点单位。

表6.1　广东文化产业改革阶段主要相关政策(2002—2005年)

发布时间	政 策 名 称	发布单位
2003年9月	《广东省文化体制改革试点工作方案》	广东省委、广东省政府
2003年10月	《中共广东省委、广东省人民政府关于加快建设文化大省的决定》	广东省委、广东省政府
2003年10月	《广东省建设文化大省规划纲要(2003—2010年)》	广东省委、广东省政府
2004年12月	《广东省引导社会资本投资文化产业指导目录》	广东省政府
2005年3月	《关于进一步扩大文化体制改革试点范围的意见》	广东省委、广东省政府

6.1.3　规划与引导阶段(2006—2010年)

继2004年中央明确了文化产业的概念和范围后,广东省制定了一系列文化产业发展的战略规划。为了进一步落实规划,省政府发布了一些重要的政策来鼓励、支持和引导本省文化产业发展和传统文化交流。本阶段发布的政策主要以引导发展文化产业和扩大产业规模为主,提出建设"创意之城",加强对粤剧文化的保护,加强粤港澳文化交流合作,规划建设一批国家级的文化产业项目和产业基地,培育全国领先的文化新业态,并设立资金支持文化产业。

广东省政府较早关注到文化创意产业的重要性,适时推出相关政策鼓励、支持和引导本省文化创意产业的发展。2006 年,广东印发《关于进一步明确我省文化体制改革试点中经营性文化事业单位转制为企业有关问题的通知》,针对开展经营性文化事业单位转制为企业试点工作中遇到的问题进行明确,并提出解决方案。2006 年 8 月,广东发布《中共广东省委、广东省人民政府关于深化文化体制改革加快文化事业和文化产业发展的决定》,指出加快文化事业和文化产业发展的重要性和紧迫性,明确了文化体制改革的指导思想、原则要求和目标任务。

2007 年 4 月,《广东省文化产业发展"十一五"规划》明确提出"十一五"期间全省文化产业的发展目标:深化文化体制改革,加快政府职能转变,推动政企分开、政资分开、政事分开、管办分离;推动经营性文化事业单位转企改制,完善法人治理结构;不断完善文化市场综合执法的体制机制,进一步加强文化市场综合执法。在"十一五"期间,广东文化产业增加值力争实现年均增长 15% 以上,到 2010 年达到 3 000 亿元的总目标。

2009 年 7 月出台的《关于加快提升文化软实力的实施意见》,首次明确了建设文化强省的战略目标,并提出了广东省提升文化软实力的目标、内涵和要求。2010 年 7 月,广东省委、省政府发布《广东省建设文化强省规划纲要(2011—2020 年)》(以下简称《纲要》),部署了文化强省建设工作,从战略高度和全局视角提出建设文化强省的目标,明确了文化强省建设的总体要求和发展目标,制定了广东文化强省十大工程。《纲要》主要内容还包括培育提高全社会文化素养、提升广东文化形象,构建普惠型公共文化服务体系、保障人民基本文化权益,促进文化产业集聚发展、打造战略性新兴文化产业,提高现代文化传播能力、增强广东文化辐射力,调动全社会积极性、形成参与文化建设强大合力,加强文化人才队伍建设、构筑文化人才高地。

自 2008 年底,文化部把广东省设为全国唯一面向港澳文化的交流基地后,粤港澳三地文化合作频繁,特别是在演艺节目、人才、粤剧发展、非物质文化遗产保护和文化创意产业等方面合作密切。2009 年 2 月,广东省文化厅、香港特区政府民政事务局及澳门特区政府文化局共同签署《粤港澳文化交流合作发展规划 (2009—2013)》,为未来五年制定发展规划,促进并深化三地的文化合作。为进一步落实发展规划,三地政府于 2010 年 6 月签署《粤港澳文化交流合作示范点工作协议书》,以进一步促进和落实在文化领域的合作。文件涉及演艺节目、人才交流、文化信息、文博合作、公共图书馆、非物质文化遗产及文化产业发展研究等领域的内容。

表 6.2　广东文化产业规划引导阶段主要相关政策(2006—2010 年)

发布时间	政　策　名　称	发布单位
2006 年 3 月	《广东省人民政府办公厅关于进一步明确我省文化体制改革试点中经营性文化事业单位转制为企业有关问题的通知》	广东省政府
2006 年 8 月	《中共广东省委、广东省人民政府关于深化文化体制改革加快文化事业和文化产业发展的决定》	广东省委、广东省政府
2007 年 4 月	《广东省文化产业发展"十一五"规划》	广东省政府
2009 年 2 月	《粤港澳文化交流合作发展规划(2009—2013)》	广东省政府
2009 年 7 月	《关于加快提升文化软实力的实施意见》	广东省委、广东省政府
2010 年 6 月	《粤港澳文化交流合作示范点工作协议书》	广东省政府
2010 年 7 月	《广东省建设文化强省规划纲要(2011—2020 年)》	广东省委、广东省政府

6.1.4　国家战略阶段（2011 年至今）

由于前期做好了战略规划,广东文化基础设施完备、文化市场活跃、文化消费能力强、文化创新有活力、文化产业发展的前景和优势日益凸显。从 2011 年开始,广东文化产业进入全面高速发展时期,大量政策在这个阶段涌现出来,尤其是在文化产业和其他产业跨界融合方面的政策。

2011 年 6 月发布的《关于加快珠江三角洲地区文化创意产业发展的指导意

见》，提出珠江三角洲地区文化创意产业发展的指导思想、发展目标、发展战略和产业发展的重点领域，以加快发展文化创意产业，推进珠江三角洲地区产业结构升级和经济发展方式转变。

2012 年 4 月发布的《广东省文化事业发展"十二五"规划》，提出了广东文化事业发展的发展现状、发展环境、指导思想、发展目标、主要任务及保障措施。"十二五"期间，广东文化事业发展的主要任务包括构建普惠型的公共文化服务体系、发展和繁荣文艺事业、加强文化市场管理、保护和开发利用文化遗产资源、扩大对外文化交流合作、深化文化体制机制改革及优化文化事业发展区域布局。

为贯彻《国务院关于推进文化创意和设计服务与相关产业融合发展的若干意见》，广东省于 2015 年 11 月发布《广东省推进文化创意和设计服务与相关产业融合发展行动计划（2015—2020 年）》（以下简称《行动计划》），以促进文化创意和设计服务与相关产业融合发展。该《行动计划》提出了促进文化创意和设计服务与相关产业融合发展的总体要求、发展目标、主要任务和政策措施。具体而言，主要任务包括塑造广东制造新优势、加快数字内容产业发展、提升人居环境质量、提升旅游发展文化内涵、挖掘特色农业发展潜力、拓展体育产业发展空间及提升文化产业整体实力。

2017 年 4 月发布的《广东省文化事业发展"十三五"规划（征求公众意见稿）》，提出了"十三五"期间文化事业发展的发展基础、指导思想、发展理念、发展目标、主要任务、区域文化发展布局、文化改革发展重点项目和保障措施。"十三五"期间，广东文化事业发展的主要任务包括创新文化管理体制、构建现代公共文化服务体系、繁荣发展文化艺术、建立健全现代文化市场体系、提高文化开放水平及构建文化遗产保护传承体系。

2021 年 11 月印发的《广东省文化和旅游发展"十四五"规划》（以下简称《规划》），旨在推进广东文化事业、文化产业和旅游业繁荣发展，塑造与经济实力相匹配的文化优势，建设更高水平的文化和旅游强省。此外，《规划》提出了"十四五"期间广东省文化和旅游发展的发展基础、总体要求、主要任务和保障措施。

在"文化＋科技"方面，广东出台了一系列配套和支持政策。2011年6月，《关于加快珠江三角洲地区文化创意产业发展的指导意见》发布，明确提出广东要积极运用"文化＋科技"的发展模式，推动现代科技在文化创意产业中的运用，促进文化创意产业与高新技术产业的融合。2021年3月发布的《广东省促进文化和科技深度融合实施方案》提出实施文化科技关键技术引领工程、文化科技创新载体建设工程，大力发展"文旅＋演艺＋科技"模式，提升文化旅游产品科技含量，打造粤港澳世界级数字文化中心。

在"文化＋商旅"方面，2011年6月发布的《关于加快珠江三角洲地区文化创意产业发展的指导意见》提出加强对珠三角地区的世界文化遗产保护力度，发掘旅游文化内涵，完善旅游设施，大力开发旅游特色商品，将岭南文化与旅游休闲相结合，打造旅游精品线路和国际文化主题公园旅游品牌。2020年3月发布的《支持文化旅游企业复工复产专项金融服务措施》提出开展专项信贷资金保障，专享展期续贷政策，进一步"减费让利"，加快贷款流程，为重点企业通过"一企一策"制定信贷方案，提供专属信贷融资产品。

表 6.3 广东文化产业国家战略阶段主要相关政策（2011 年至今）

发布时间	政 策 名 称	发布单位
2011 年 6 月	《关于加快珠江三角洲地区文化创意产业发展的指导意见》	广东省政府
2012 年 4 月	《广东省文化事业发展"十二五"规划》	广东省政府
2015 年 11 月	《广东省推进文化创意和设计服务与相关产业融合发展行动计划（2015—2020 年）》	广东省政府
2017 年 4 月	《广东省文化事业发展"十三五"规划（征求公众意见稿）》	广东省文化和旅游厅
2020 年 3 月	《支持文化旅游企业复工复产专项金融服务措施》	广东省文化和旅游厅
2021 年 3 月	《广东省促进文化和科技深度融合实施方案》	广东省政府
2021 年 3 月	《文化旅游产业发展专项资金管理办法》	广东省政府
2021 年 11 月	《广东省文化和旅游发展"十四五"规划》	广东省文化和旅游厅

6.2 广东文化产业发展现状

2011—2020 年,广东文化产业始终保持较高质量发展,文化及相关产业增加值实现持续增长,从 2011 年的 2 357 亿元增至 2020 年的 6 210.6 亿元,2020年文化及相关产业增加值占地区 GDP 的比重为 5.6%。①2020 年,广东文化及相关产业增加值高于北京、上海和浙江三省市。2011—2020 年间,广东文化及相关产业增加值情况如图 6.1 所示。

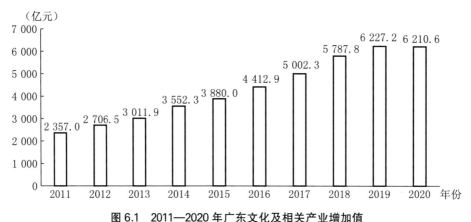

图 6.1 2011—2020 年广东文化及相关产业增加值
资料来源:广东省统计局官网,2011—2020 年广东省国民经济和社会发展统计公报。

分行业看,2020 年广东的文化服务业增加值为 3 439.05 亿元,比上年增长4.3%,占文化及相关产业增加值比重为 55.37%,比上年提高 2.4%;文化批发和零售业增加值 506.48 亿元,比上年下降 0.6%,占文化及相关产业增加值的比重为 8.2%,占比与上年持平;文化制造业增加值 2 265.07 亿元,比上年下降6.4%,占文化及相关产业增加值比重为 36.47%,比上年降低 2.4%。按行业划

---

① 资料来源:广东省统计局官网,《2020 年广东文化及相关产业运行简况》,http://stats.gd.gov.cn/tjkx185/content/post_3818468.html。

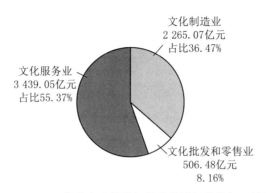

图6.2　2020年广东文化及相关产业增加值的行业结构

资料来源:广东省统计局官网,《2020年广东文化及相关产业运行简况》,http://stats.gd.gov.cn/tjkx185/content/post_3818468.html。

分的2020年广东文化及相关产业增加值情况如图6.2所示。

按活动性质看,广东文化产业中内容创作生产增加值为1 341.66亿元,占文化及相关产业增加值的比重为22%;新闻信息服务增加值为1 185.11亿元,占比为19%;文化辅助生产和中介服务增加值为935.27亿元,占比为15%;文化消费终端生产增加值为922.55亿元,占比为15%;创意设计服务增加值为850.02亿元,占比为14%;文化装备生产增加值为496.93亿元,占比为8%;文化传播渠道增加值为333.03亿元,占比为5%。按活动性质划分的2020年广东文化及相关产业增加值及其占比情况如图6.3和图6.4所示。

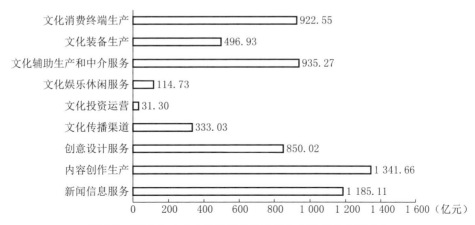

图6.3　2020年广东文化及相关产业增加值的细分领域分布

资料来源:同图6.2。

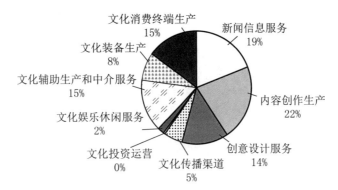

图 6.4 2020 年广东文化及相关产业增加值的细分领域占比

资料来源:同图 6.2。

分领域看,根据图 6.5,2020 年广东文化核心领域增加值为 3 855.85 亿元,比上年增长 3.7%,占文化及相关产业增加值的比重为 62.1%,比上年提高 2.4%;文化相关领域增加值 2 354.75 亿元,比上年下降 6.1%,占文化及相关产业增加值的比重为 37.9%,比上年下降 2.4%。

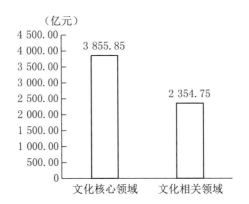

图 6.5 2020 年广东文化及相关产业增加值的结构

资料来源:同图 6.2。

6.3　上海与广东的文化产业发展比较分析

6.3.1　文化产业结构差异

从文化产业结构来看,上海文化产业发展以文化核心领域为主,如内容创作生产、创意设计服务等;广东凭借制造业基础,在文化消费终端生产、文化装备生产等文化相关领域上占比较大。根据图 6.6,2011—2020 年,上海和广东的文化及相关产业增加值整体上均呈增长趋势,但广东的文化及相关产业增加值曲线更为陡峭。2011 年,广东的文化及相关产业增加值为上海的两倍左右,至 2020 年已接近上海的三倍。2020 年,广东的文化及相关产业增加值出现回落,而上海呈现较小幅度的增长。

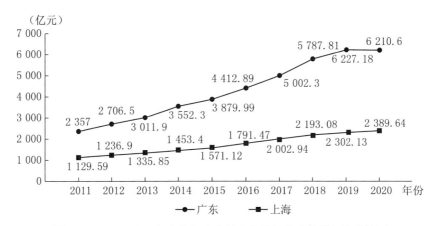

图 6.6　2011—2020 年上海与广东的文化及相关产业增加值趋势图

资料来源:《2018 年上海文化产业发展报告》、《2019 年上海文化产业发展报告》、《中国文化及相关产业统计年鉴》(2013—2020)、广东省统计局官网。

116

　　从细分领域来看,广东与上海文化产业的细分领域规模差异明显,广东的文化核心领域增加值为上海的两倍左右,而文化相关领域增加值为上海的六倍左右。文化相关领域由文化辅助生产、中介服务、文化装备生产和文化消费终端生产构成。广东的文化产业相关高新技术企业有近 800 家,其中 5 家单位获评国家文化和科技融合示范基地,推动了 4K/8K 超高清视频产业迅猛发展,共有 500 多家上下游企业投资落地广东,集聚形成穗、深、惠等 3 个 4K 产业群。①广东通过数字赋能,为文化产业转型升级带来新机遇,在保持文化核心领域增速的基础上,还在文化相关领域拥有绝对领先的增长优势。广东通过发展科技领域带动文化相关领域的增长,是上海文化产业未来发展可以借鉴的经验。

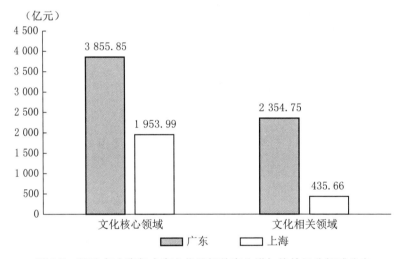

图 6.7　2020 年上海与广东文化及相关产业增加值的细分领域分布

资料来源:《2018 年上海文化产业发展报告》、《2019 年上海文化产业发展报告》、《中国文化及相关产业统计年鉴 2020》、广东省统计局官网。

6.3.2　广东文化产业发展模式创新和深化改革经验

　　从文化体制和发展模式来看,广东文化产业发展的模式创新和改革深化使

---

① 　资料来源:南方网,《广东文化产业增加值连续 18 年全国居首》,https://culture.southcn.com/node_ef1c00ecf3/9a1b96ee65.shtml。

其成为值得借鉴的成功范例。广东是改革开放的先行者,1981 年《广州日报》率先实现了报纸业的市场化改革,在财政上与广州市委、市政府脱钩,走上了市场化的道路。1996 年,广东以组建文化产业集团为突破口继续深化文化体制改革,全国首家报业集团——广州日报报业集团正式成立。广东在探索文化体制改革方面敢于尝试,实行先人一步的文化创新发展战略。在改革文化生产关系方面,广东积极转变政府职能,理顺文化行政管理部门与文化企事业单位的关系,优化国有资本文化企业经营方式,改善民营资本文化企业经营环境。在改革文化生产关系的基础上,广东加大政府在文化产业上的投入,改善文化企业的经营环境,充分利用财政、税收、金融等激励工具,推动人才、资金、技术等创新要素的集聚与集成,为产业融合创新发展创造良好的环境。

第 7 章 浙江文化产业高质量发展与比较分析

7.1 浙江文化产业高质量发展战略

  浙江省有着丰富的文化资源,近年来,在文化产业道路上纵深发展,发展势头强劲,取得众多显著成果。浙江是最早进行文化体制改革的省份之一,自上而下的制度建设和体制改革是浙江文化产业高质量发展的重要促进因素。根据中国人民大学文化产业研究院发布的《2021 中国省市文化产业发展指数报告》,浙江位列全国第三,并已连续四年位列前三位,与北京、上海、广东等地区一并位居全国第一梯队。近年来,浙江在产业链重构、数字化转型、新业态涌现等方面取得显著进步,数字文化产业异军突起,龙头文化科技企业带头构建创新产业链,新型技术促进文化产业新业态不断涌现。

7.1.1 起步萌芽阶段（1978—2001 年）

这一阶段，浙江出台的政策较少，以建设文化设施、建立广电传播网络系统、改革出版业为主，首次提出大力推进文化体制创新，建立科学文化产品生产经营机制，为后续的文化探索和发展奠定良好基础。

1993 年底，浙江建成了浙江卫星地球站。自 1994 年起，省级两套广播、一套电视节目通过卫星传送，信号可覆盖全国及周边 41 个国家和地区近 20 亿人口。2002 年，广播及电视人口覆盖率达到 96.3％和 97.3％，全省 11 个地市先后开办有线电视台，符合条件的县（市、区）亦创办了广播电视台，浙江成为全国第一个省、市（地）、县三级都完整地拥有播出机构的省份。①1993 年，浙江省新闻出版局和省出版总社提出"优质高效促繁荣"的工作思路，促进出版业从总量增长向优质高效转变。1999 年 12 月，浙江省组建成立浙江新华发行集团，对新华书店进行体制改革，理顺了全省新华书店的人、财、物关系，为发展连锁经营提供了组织保证。随着浙江博物馆、余姚河姆渡遗址博物馆、余杭良渚文化博物馆、浙江省图书馆新馆和浙江省音乐厅等文化设施相继建成，浙江省文化建设步入新的历史时期。

2000 年，《浙江省建设文化大省纲要（2001—2020）》印发，提出要大力推进文化体制创新，建立科学合理、灵活高效的管理体制和文化产品生产经营机制。

表 7.1 浙江文化产业起步萌芽阶段主要相关政策(1978—2001 年)

发布时间	政 策 名 称	发布单位
2000 年	《浙江省建设文化大省纲要(2001—2020)》	浙江省政府

① 资料来源:搜狐网,《文化浙江 40 年》,https://www.sohu.com/a/287219955_795469。

7.1.2　改革阶段（2002—2005 年）

在中央明确了"文化产业"的定义以及下属分支之后,浙江省政府开始出台具体的产业政策,探索促进产业发展的道路。在本阶段,浙江推动传统文化体制改革,鼓励引导社会力量进行文化投资,并开始对新兴文化产业开展一系列的资金扶持政策。

2005 年 7 月,浙江省委印发了《关于加快文化大省建设的决定》,将解放和发展文化生产力作为加快建设文化大省的三个着力点之一,明确实施文明素质工程、文化精品工程、文化产业促进工程等八项工程。2005 年 10 月,浙江省印发《关于鼓励和扶持动漫游戏产业发展的若干意见(试行)》。该文件是全国范围内率先印发的动漫游戏产业发展指引,提出的资金扶持政策、税收扶持政策、工商扶持政策及土地扶持政策进一步加快了杭州动漫游戏产业发展,为打造"动漫之都"营造了良好的政策环境。

2002 年 11 月,中共十六大对深化文化体制改革、加快发展文化事业和文化产业作出重大部署。2003 年 6 月,全国文化体制改革试点工作会议在北京召开,确定在浙江省等 9 个地区和 35 个文化单位进行试点。

2005 年 12 月,国务院印发《关于深化文化体制改革加快文化产业发展的若干意见》(以下简称《意见》),浙江省转发并积极落实。《意见》提出要推进文化事业单位改革,深化文化企业改革,加快文化领域结构调整,培育现代文化市场体系,健全宏观管理体制,加强对文化体制改革工作的领导。为推动文化体制改革试点工作,2005 年底,浙江省发布《浙江省文化体制改革综合试点总结方案》,主要针对新闻出版、广播电视、文化演艺进行改革,提出鼓励和引导社会力量兴办公益性文化事业,形成投资主体和所有制结构多样化,以岗位为基础,大力推进公益性文化事业单位分配制度改革。

表 7.2　浙江文化产业改革阶段主要相关政策(2002—2005 年)

发布时间	政　策　名　称	发布单位
2005 年 7 月	《关于加快文化大省建设的决定》	浙江省委
2005 年 10 月	《关于鼓励和扶持动漫游戏产业发展的若干意见(试行)》	浙江省政府
2005 年 12 月	《浙江省文化体制改革综合试点总结方案》	浙江省政府

7.1.3　规划与引导阶段（2006—2010 年）

在这一阶段,浙江文化产业的发展主要以培育技术、摸索传统文化产业发展模式、扩大传统文化产业规模及加大经济政策扶持为主。本阶段政策有着以下特征:第一,明确重点发展产业,政府在文件中明确提出该阶段要重点发展文化创意、动漫、影视等八大产业;第二,开始运用经济政策,利用财政补贴来鼓励企业落户、进行技术创新,并逐步探索适宜文化企业的融资渠道;第三,加强公共服务,通过设立各大产业基地推进重点项目建设、搭建交流服务平台来为企业发展创造良好环境。这个阶段的政策导向逐渐明确,目的是扩大文化产业规模,为文化产业发展打下坚实基础。

在文化体制改革试点工作的基础上,2006 年 2 月,浙江制定了以文化产业发展为主要任务的《浙江省文化建设“四个一批”规划》,这是浙江省“十一五”规划体系中的重点专项规划,首次以规划的形式为浙江省文化建设“四个一批”工程提出发展思路和总体布局,范围包括全省新闻出版、广播影视、文化艺术、文化旅游及体育五大领域。2006 年 6 月,《浙江省人民政府关于进一步加强文化遗产保护的意见》印发,指出文化遗产是人类文明的瑰宝,是不可再生的珍贵资源,应切实解决物质文化遗产保护面临的主要问题,全面夯实非物质文化遗产保护工作的基础,制定和完善保护文化遗产的政策措施。

2007年3月,《浙江省文化事业发展"十一五"规划》发布,旨在总结进入新世纪后浙江开展文化大省建设的做法和经验,围绕不断增强构成浙江综合竞争力的软实力这一目标,结合经济社会发展状况,研究完善推进文化事业繁荣发展的政策措施,建立起与社会主义市场经济体制和浙江省经济社会发展水平相适应的现代化公共文化服务体系,进一步加快文化大省建设。

2007年6月,浙江省第十二次党代会强调全面推进文化体制改革,积极推进文化创新,进一步解放和发展文化生产力,不断激发文化发展活力。2008年7月,浙江省委工作会议通过《浙江省推动文化大发展大繁荣纲要(2008—2012)》,进一步把文化产业发展体系、社会主义核心价值观体系及公共文化服务体系共同纳入浙江省未来三大文化建设体系的范畴之内。

2009年,《浙江省人民政府办公厅关于支持文化体制改革和文化企业发展的意见》印发,对省级国有文化单位土地使用权处置进行规定。政策旨在加大对文化产业重点项目的用地支持力度,规划确定了重点文化产业基地、重大文化产业项目以及优势文化企业的用地空间位置、规模等。

2010年1月,浙江省工商局和发改委联合制定了《关于促进浙江省广告产业提升发展的指导意见》(以下简称《意见》)。《意见》明确指出,广告业是现代服务业的重要组成部分,是创意经济中的重要产业,将广告业首次从传统服务业提升为文化创意产业,并从市场准入、企业改组、融资、人才引进和税收等方面,对各种侵犯创意产品知识产权的行为进行严厉打击。

2010年,浙江成立文化产业发展研究中心,进一步加大资金投入,实行倾斜性、重点扶持型的文化产业人力资源引进和培养政策,还将探索和建立创新型的中心运行和管理机制,建立集约化的中心资源配置体系,通过中心资源激发研究人员的创造性和积极性。2010年,浙江切实加强国有文化资产管理,出台《三大升级文化集团经营管理人员业绩考核暂行办法》《国有文化资产管理办法》等文件,建立了国有文化资产保值增值机制。

表 7.3　浙江文化产业规划引导阶段主要相关政策(2006—2010 年)

发布时间	政　策　名　称	发布单位
2006 年 2 月	《浙江省文化建设"四个一批"规划(2005—2010)》	浙江省政府
2006 年 6 月	《浙江省人民政府关于进一步加强文化遗产保护的意见》	浙江省委宣传部、浙江省文化和旅游厅
2007 年 3 月	《浙江省文化事业发展"十一五"规划》	浙江省文化和旅游厅
2008 年 7 月	《浙江省推动文化大发展大繁荣纲要(2008—2012)》	浙江省委、浙江省政府
2009 年	《浙江省人民政府办公厅关于支持文化体制改革和文化企业发展的意见》	浙江省政府办公厅
2010 年 1 月	《关于促进浙江省广告产业提升发展的指导意见》	浙江省工商局、浙江省发改委
2010 年	《三大升级文化集团经营管理人员业绩考核暂行办法》	浙江省政府
2010 年	《国有文化资产管理办法》	浙江省政府

7.1.4　国家战略阶段（2011 年至今）

在此阶段,中国已成为世界第二大经济体。随着人们生活水平的提高,对精神文化的需求也越来越高,支持文化产业发展的政策纷纷出台。尤其在 2015 年,"互联网＋"被首次提出,这催生了一系列文化产业新业态。各大互联网企业纷纷将目光投向文化产业,多产业跨领域融合成为趋势,3D、AR、人工智能等高新技术的发展推动着文化产业数字化转型。在这个阶段,国家层面出台的数字文化产业政策不断增加,数字创意产业被列入战略性新兴产业规划,文化立法实现重大突破。这一阶段的政策导向从发展单一文化产业转变为促进融合型文化产业发展,推动"文化＋"跨界发展成为政策的重要方向。

作为数字文化产业发展的先行地区,浙江的产业政策数量呈现井喷式增长。该阶段的政策有如下特征:第一,注重产业布局,逐步形成以杭州为中心,宁波、金华、温州等多级联动的数字文化产业发展格局;第二,加强产业监督,以转变监管思路、探索适应产业发展的监管体系为重要任务,解决原有的市场监管体系无法解决产业转型带来的问题;第三,重视人才培养,加大文化产业人才培养和引进力度,并制定优惠政策鼓励浙江的企业、高校、研究院多方合作培养相关人才;第四,强调融合发展,鼓励并引导各领域积极探索"文化 + 互联网""金融 + 科技""文化 + 科技"等模式,实现创新发展;第五,扩大海外交流,面向海外市场推广浙江省数字文化产业,通过加强文化进出口项目建设、设立出口基地、举办海外交流节展等政策在海外打造数字文化品牌,扩大浙江省数字文化产品影响力。

浙江在宏观上制定的一系列产业规划,为文化产业进一步发展提供了方向。2015 年 7 月,浙江省委、省政府印发的《关于加快推进现代公共文化服务体系建设的实施意见》明确提出,到 2020 年,基本建成城乡一体、区域均衡、人群均等的现代公共文化服务体系。

2016 年 1 月,《浙江省基本公共文化服务标准(2015—2020 年)》印发,为公共文化服务的未来发展描绘了宏伟蓝图并划定了相关标准。2016 年 6 月,《浙江省人民政府办公厅关于推进基层综合性文化服务中心建设的实施意见》发布,旨在使基层综合性文化服务中心成为文化建设的重要阵地、提供公共文化服务的综合平台、弘扬社会主义先进文化的精神家园,推动浙江省基层公共文化服务水平继续位居全国前列。

"十三五"期间,浙江文化建设仍处于大有可为的重要战略机遇期,文化在促进经济社会持续健康发展方面的作用更加突出。为推动"十三五"时期文化繁荣发展,努力建成文化强省,浙江于 2016 年 10 月印发《浙江省文化产业发展"十三五"规划》(以下简称《规划》)。《规划》提出,要准确把握"十三五"时期文化建设的发展规律和本质特征,以法治的思维、改革的方法和创新的手段,补齐短板,加快发展,努力推动文化产业升级,加快建成文化强省。

2017 年 10 月发布的《关于进一步提升工业设计发展水平的意见》,提出进一步提升工业设计发展水平,发挥其在提升企业自主创新能力与国际竞争力、改造提升传统产业、培育发展新兴产业等方面的支撑引领作用。

2017 年 11 月,《关于加快把文化产业打造成为万亿级产业的意见》(以下简称《意见》)印发。《意见》指出,浙江省将实施影视演艺产业发展计划、数字内容产业打造计划、文化创意设计产业提升计划、文化新兴业态促进计划、工艺美术产业升级计划、文化制造业转型计划、文化旅游融合发展计划、文化体育产业推进计划等八大重点产业计划。根据《意见》要求,到 2020 年,力争浙江文化及相关特色产业总产出达到 1.6 万亿元,增加值近 5 000 亿元,占 GDP 的比重超过 8%,基本建成全国文化内容生产先导区、文化产业融合发展示范区和文化产业新业态引领区。

2017 年 12 月印发的《浙江省文化产业人才发展规划(2017—2022 年)》,提出通过实施人才培育、人才引进、人才激励和人才服务四大计划,从加强组织领导、资金支持、政策保障、营造良好氛围等方面为推进文化产业人才培养提供有力支撑。

2018 年 4 月,《关于加快推进横店影视文化产业发展的若干意见》出台,要求设立横店影视文化产业集聚区,推动集聚区成为浙江影视文化产业发展的战略性平台,把横店打造成为全省文化产业的龙头基地、全球最强的影视产业基地和全国影视文化产业的集聚中心、孵化中心、交易中心、人才中心与体验中心。

2018 年 6 月印发的《之江文化产业带建设规划》(以下简称《规划》),提出构建"一带一核五极多组团"空间开发格局,"一带"即之江文化产业带,"一核"即之江发展核。《规划》旨在不断提升区域文化产业竞争力、影响力和辐射力,使之江文化产业带成为浙江省文化产业发展的重要增长带和参与省际乃至国际文化产业竞争的重大平台,为打造万亿级产业、实现全省文化产业大发展大繁荣提供战略支撑。

进入"十四五"时期,推动文化大发展大繁荣和打造新时代文化高地,是忠

实践行"八八战略",奋力打造"重要窗口",争创社会主义现代化先行省的重大
任务。2021 年 6 月印发的《浙江省文化改革发展"十四五"规划》,提出以深化文
化建设"八项工程"为总抓手提升浙江文化软实力,到 2025 年,以党的创新理论
为引领的先进文化、以红船精神为代表的红色文化、以浙江历史为依托的优秀
传统文化、以浙江精神为底色的创新文化及以数字经济为支撑的数字文化全面
繁荣发展,文化自信充分彰显,文化形象更加鲜明,文明程度显著提升,人民群
众文化生活丰富充实,基本建成中国气派、古今辉映、诗画交融的文化强省。

表 7.4　浙江文化产业国家战略阶段主要相关政策(2011 年至今)

发布时间	政 策 名 称	发布单位
2015 年 7 月	《关于加快推进现代公共文化服务体系建设的实施意见》	浙江省委、浙江省政府
2016 年 1 月	《浙江省基本公共文化服务标准(2015—2020 年)》	浙江省政府
2016 年 6 月	《浙江省人民政府办公厅关于推进基层综合性文化服务中心建设的实施意见》	浙江省政府办公厅
2016 年 10 月	《浙江省文化产业发展"十三五"规划》	浙江省文化和旅游厅
2017 年 10 月	《关于进一步提升工业设计发展水平的意见》	浙江省政府办公厅
2017 年 11 月	《关于加快把文化产业打造成为万亿级产业的意见》	浙江省委、浙江省政府
2017 年 12 月	《浙江省文化产业人才发展规划(2017—2022 年)》	浙江省委宣传部、浙江省委人才工作领导小组
2018 年 4 月	《关于加快推进横店影视文化产业发展的若干意见》	浙江省委宣传部
2018 年 6 月	《之江文化产业带建设规划》	浙江省政府
2021 年 6 月	《浙江省文化改革发展"十四五"规划》	浙江省发改委、浙江省委宣传部

在文化和科技融合方面,2017 年 10 月印发的《关于加快把文化产业打造成
为万亿级产业的意见》,提出用科技促进文化产业发展。树立"互联网＋"理念,
积极推广应用数字技术和网络技术,实施"文化＋互联网"产业推进工程。2018
年 6 月印发的《之江文化产业带建设规划》,提出深入实施"互联网＋"战略,实
现大数据、云计算、人工智能等数字技术在文化产业领域的深度应用。2018 年

10月印发的《推动数字文化产业发展三年行动计划》，力争推出一批新产品、新业态、新模式，认定一批数字文化产业示范基地，扩展特色数字文化产业链，力争数字文化产业创作与生产能力明显提升，产业结构明显优化，核心竞争力明显增强，同时加速推动浙江数字文化产业高质量发展，进一步理顺文化科技融合机制，以文化产业转型促进融合型文化产业发展，推动"文化＋"跨界发展。

2019年2月，《浙江省促进新一代人工智能发展行动计划（2019—2022年)》印发，提出以数字经济为引领，超前系统布局，优化顶层设计，增强原创能力，务实核心基础，发展人工智能软硬件及智能终端产品，提升制造业智能化水平，完善公共支撑体系建设，推动人工智能与经济社会发展和人类生活需求深度融合，促进新一代人工智能高质量发展。到2022年，浙江力争在关键领域、基础能力、企业培育、支撑体系等方面取得显著进步，成为全国领先的新一代人工智能核心技术引领区、产业发展示范区和创新发展新高地。

2019年4月，杭州市印发《杭州市5G产业发展规划纲要（2019—2022年)》，指出要加快建设世界一流的5G新型基础设施，构建具有杭州特色的5G产业生态，全方位推进5G融合应用，以机制促创新，以应用促发展，积极推动移动通信能力从消费级向工业级延伸，为杭州市传统行业升级换代、数字经济蓬勃发展赋予新的动能，注入新的活力，为扎实推进全国数字经济第一城市建设提供强有力支撑。

表7.5　浙江文化产业文化科技融合主要相关政策

发布时间	政 策 名 称	发布单位
2018年7月	《推动数字文化产业发展三年行动计划（2018—2020年)》	浙江省文化厅
2019年2月	《浙江省促进新一代人工智能发展行动计划（2019—2022年)》	浙江省经信厅、浙江省科技厅
2019年4月	《杭州市5G产业发展规划纲要（2019—2022年)》（征求意见稿）	杭州市经信局

在文化和旅游融合方面,2017 年 10 月印发的《关于加快把文化产业打造成为万亿级产业的意见》提出,将文化旅游融合发展列为文化产业发展的重点计划,大力发展文化旅游业,创建非物质文化遗产旅游景区与自然博物馆、美术馆、艺术馆融合发展示范区。2019 年 8 月印发的《关于加快推进文旅融合 IP 工程建设的实施意见》,提出要按照文化和旅游"宜融则融、能融尽融,以文促旅、以旅彰文"的总体思路,以文旅融合 IP 建设为切入点和着力点,推动文旅"双万亿"产业高质量发展。2019 年 10 月印发的《浙江省诗路文化带发展规划》,提出打造浙东唐诗之路、大运河诗路、钱塘江诗路和瓯江山水诗路,建成"四条诗路"。

表 7.6　浙江文化产业文化旅游融合主要相关政策

发布时间	政　策　名　称	发布单位
2019 年 8 月	《关于加快推进文旅融合 IP 工程建设的实施意见》	浙江省文化和旅游厅
2019 年 10 月	《浙江省诗路文化带发展规划》	浙江省政府

在文化和影视融合方面,2017 年 6 月印发的《动画渲染平台管理与服务规范》规定了渲染各方职责、平台技术要求、平台管理要求、平台服务要求、服务质量检查与评价六个部分,引用了信息技术产业现有的国家、行业及地方标准共计 15 项,并对输出规范、合格标准等基本指标进行统一规范和量化。2018 年 4 月印发的《关于加快推进横店影视文化产业发展的若干意见》指出,设立横店影视文化产业集聚区,以更大力度扶持横店影视文化产业创新发展。

表 7.7　浙江文化产业文化影视融合主要相关政策

发布时间	政　策　名　称	发布单位
2017 年 6 月	《动画渲染平台管理与服务规范》	浙江省政府
2018 年 4 月	《关于加快推进横店影视文化产业发展的若干意见》	浙江省委

7.2 浙江文化产业发展现状

2020年,浙江文化及相关产业增加值为4 494.8亿元,比上年增长5.8%,占地区GDP的比重为6.95%;2018年,浙江省文化及相关产业增加值首次突破4 000亿元,占地区GDP的比重达7.5%。①从发展动力上看,一方面,自上而下的政策制定和制度建设是浙江文化产业发展的重要促进因素;另一方面,自下而上的经济基础提升、文化消费能力和文化消费意识提高是浙江省文化产业发展的又一激励因素。2011—2020年浙江文化及相关产业增加值数据如图7.1所示。

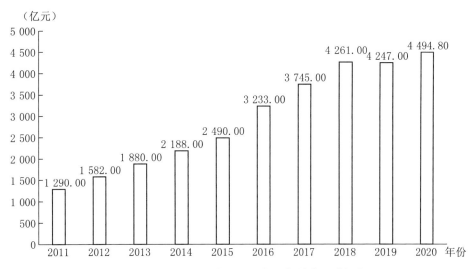

图 7.1　2011—2020 年浙江文化及相关产业增加值

资料来源:浙江省统计局。

---

①　资料来源:浙江省统计局,《2020年全省文化及相关产业增加值占GDP比重为6.95%》,http://tjj.zj.gov.cn/art/2022/1/5/art_1229129213_4854677.html。

从分行业看,2020 年浙江文化服务业增加值为 3 147.3 亿元,占文化及相关产业增加值的比重为 70.0%,比上年提高 2.5%。文化服务业贡献了绝大部分的增加值,且一直保持着稳定的增长趋势。文化制造业增加值为 1 008.1 亿元,占比为 22.4%,比上年下降 2.6%;文化批发和零售业增加值为 339.4 亿元,占比为 7.6%,比上年提高 0.1%。按行业划分的 2020 年浙江文化及相关产业增加值情况如图 7.2 所示。

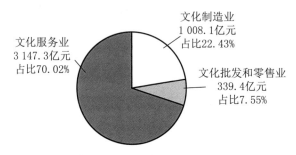

图 7.2 2020 年浙江文化及相关产业增加值的行业占比

资料来源:浙江省统计局。

从细分领域看,浙江文化产业集中的领域则主要为文化核心领域。2020 年,浙江文化核心领域增加值为 3 420.9 亿元,占文化及相关产业增加值的比重为 76.1%;文化相关领域增加值为 1 073.9 亿元,占比为 23.9%。按细分领域划分的 2020 年浙江文化及相关产业增加值情况如图 7.3 所示。浙江文化产业主要集中于影视动漫、数字出版、游戏娱乐、数字传媒等产业及相关新业态,数字化趋势明显,综合实力强,在全国文化产业版图上具有较为有利的竞争优势。浙江以世界互联网大会、世界阅读大会、国际动漫节为契机,逐步打造乌镇、互联网乐乐小镇、白马湖国际会展中心等成为文化产业新载体。近年来,浙江文化产业不断涌现出短视频、电子竞技等新业态,互联网平台与传统媒体向短视频市场集体发力,电子竞技行业迅猛发展。

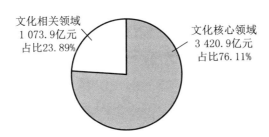

图 7.3 2020 年浙江文化及相关产业增加值的细分领域占比

资料来源:浙江省统计局。

7.3 上海与浙江的文化产业发展比较分析

7.3.1 浙江文化产业增长势头强劲

从增加值增速来看,浙江文化产业增长势头强劲。2011—2020 年,上海和浙江的文化及相关产业增加值的起点接近,且整体上均呈增长趋势。2011 年,上海文化及相关产业增加值为 1 129.59 亿元,浙江文化及相关产业增加值为 1 290 亿元,无显著差异。到 2020 年,浙江文化及相关产业增加值为 4 494.8 亿元,上海文化及相关产业增加值为 2 389.64 亿元,浙江约是上海的两倍(见图 7.4)。

7.3.2 文化产业发展差异

从文化产业发展的侧重点来看,上海的文化产业以文化核心领域为主,如内容创作生产、创意设计服务等;浙江则在数字文化产业的政策方面具有明显

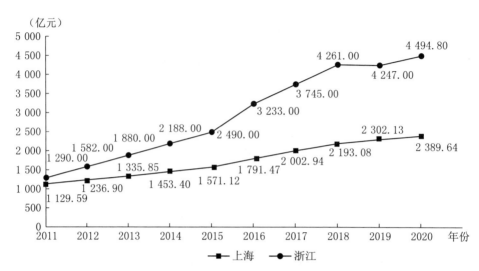

图7.4　2011—2020年上海与浙江的文化及相关产业增加值趋势图

资料来源：《2018年上海文化产业发展报告》、《2019年上海文化产业发展报告》、《中国文化及相关产业统计年鉴》(2013—2020)、浙江省统计局。

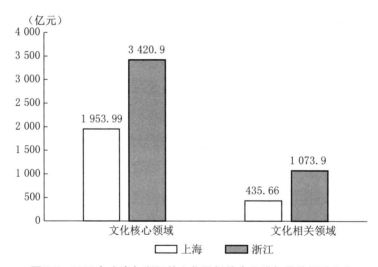

图7.5　2020年上海与浙江的文化及相关产业增加值的领域分布

资料来源：《2018年上海文化产业发展报告》、《2019年上海文化产业发展报告》、《中国文化及相关产业统计年鉴》(2013—2020)、浙江省统计局。

优势,为文化产业增长做出了重要贡献。根据细分领域分析,2020年浙江的文化核心领域与文化相关领域增加值均为上海的两倍左右,在细分领域上未出现明显短板。浙江在广播影视、新闻出版、动漫游戏、文化创意与设计服务、文化休闲娱乐、文化产品流通、文化产品及装备制造等重点领域的发展水平位居全国前列,文化及相关产业全方位、深层次、宽领域的融合发展格局基本建立,全省文化产业发展主要指标均位居全国前列。上海与浙江文化及相关产业增加值的领域分布情况详见图 7.5 所示。

第 8 章　文化产业高质量发展的国际经验

1947 年,霍克海默(Max Horkheimer)和阿道诺尔(Theodor Adorno)在《启蒙的辩证法》一书中提出了"文化产业"(cultural industry)的概念。这一概念在不同的国家、不同的历史与文化背景下具有不同的含义。因此,这一概念也被称为"文化工业""大众文化""通俗文化""媒体文化""内容产业""版权产业"等。在英国,文化产业被称为"创意产业",在日本则统称为"娱乐观光业"等。联合国教科文组织在题为《文化、贸易和全球化》的报告中指出,文化产业这个概念是指包含创作、生产与销售"内容"的产业。从本质上讲,文化产业与文化有关而且是无形的,一般通过著作权来保护,并且以商品或者服务的形态呈现。

在不同地区,"文化产业"所包含的内容有所不同。联合国教科文组织将文化产业分为文化遗产、出版印刷业、著作文献、音乐、表演艺术、视觉艺术、音频媒体、视听媒体、社会文化活动、体育和游戏、环境和自然等类别。《国际标准产业分类(第三版)》指出文化产业所包含的类型主要有:(1)文化内容发源,包括书籍、音乐、报刊和其他相关资料的出版、软件咨询和供应、广告业、摄影活动、广播电视、戏剧艺术、音乐和其他艺术活动;(2)文化产品制造,包括电子元件制造、电视广播发射器和电话机装置制造、电视广播接收器、磁带、录像机装备和附件制造、光学仪器和摄影仪器制造、乐器制造;(3)文化内容翻印和传播,包括印刷业、录制媒体再生产、电影和录像的拍摄与发行、电影放映;(4)文化交流,包括其他娱乐业、图书馆和档案活动、博物馆活动、历史遗迹和建筑物的保护。

随着对文化产业发展的重视程度不断加深,一些国家通过选择适合自己国情的文化发展道路,发展各类型的文化产业,实现了经济转型。随着经济全球化和贸易自由化的深入推进,人们在满足了物质需求的同时愈发重视精神层面的享受。世界主要发达国家也纷纷将发展文化产业视为重要的国家战略规划,相继出台了适合本国国情的文化产业政策。例如,美国文化产业走上了以版权制度为核心的市场化发展道路;英国文化产业走上了以创意为核心的科技化发展道路;日韩则充分利用后发优势,走上了以内容产业为重点的举国战略道路。本章通过分析美国、英国、日本和韩国发展文化产业的成功经验,为上海发展文化产业提供可参考的范例。

8.1　美国文化产业高质量发展经验

8.1.1　美国: 以版权制度为核心的市场化发展道路

美国拥有目前世界上规模最大、产值最高、国际竞争力最强的文化产业。文化产业是美国的三大支柱产业之一,版权产业是美国文化产业中的核心产业。2019 年,整个版权产业对 GDP 的增加值贡献超过 2.5 万亿美元,占美国GDP 的 11.99%,如表 8.1 所示。美国版权产业分为四个部分:核心、部分、非专用和相互依赖。其中,核心版权产业是以创造、生产、分发或展示版权材料为主要目的的行业,包括书籍、报纸、期刊、电影、录音音乐、无线电和电视广播以及含视频游戏在内的所有格式的软件。2016—2019 年,核心版权产业的年增长率为5.87%,而同期整个美国经济的年均增长率仅为 2.48%,如表 8.1 所示。

表 8.1　美国版权产业增加值占其 GDP 的比重

名义增加值	2016 年	2017 年	2018 年	2019 年
版权产业增加值(十亿美元)	2 207.00	2 291.57	2 431.62	2 568.23
GDP(十亿美元)	18 715.00	19 519.40	20 580.20	21 427.70
版权产业增加值占 GDP 比重(%)	11.79	11.74	11.82	11.99
实际增加值	2016 年	2017 年	2018 年	2019 年
版权产业增加值(十亿美元)	2 212.43	2 312.60	2 456.75	2 568.65
GDP(十亿美元)	17 688.90	18 108.10	18 638.20	19 073.10
版权产业增加值占 GDP 比重(%)	12.51	12.77	13.18	13.47

资料来源:美国商务部。

由于版权产业在美国文化产业中占据核心地位,因此,美国选择了以版权制度为核心的市场化发展道路,给予文化产业发展极大的市场自由度,同时依靠法律规范文化市场的发展。美国文化产业的发展得益于知识与技术的创新,在文化产业发展的过程中对自身创造的专利与知识产权加以保护就显得尤为重要。其中,版权制度在文化产业管理中处于核心地位,有效地促进了文化产业发展——特别是版权产业的发展,这一制度是美国文化产业打造国际竞争优势最重要的工具之一。

1787 年美国宪法规定了对于版权的保护:国会有权为促进科学和实用艺术的进步,确保作者和发明者在有限的时间内享有他们各自的著作和发表的专有权。1790 年,美国政府颁布《版权法》,标志着美国踏上了以版权管理为核心的文化产业道路。根据经济、科技和社会发展的实际需要,美国于 1831年、1870 年、1909 年和 1976 年对该法案进行了修订,维护了其适用性和实用性。1976—2000 年间,《版权法》先后又进行了 46 次修改,版权制度的不断完善强化了对文化产业的保护,使得美国版权管理逐步趋于国际领先的水平。

为保证文化产业能够在合理合法的框架和自由市场中发展,美国政府在《版权法》之后出台了一系列知识产权保护法,以弥补市场中版权制度的空白,为文化产业健康发展构筑了有力的保障。1980年,美国颁布并实施了《计算机软件保护法》,成为最早采用版权制度来保护软件知识产权的国家。1997年和1998年先后通过了《反电子盗版法》和《跨世纪数字版权法》,加强了数字知识产权的保护。2005年,美国颁布了《家庭娱乐和版权法》,以补充1982年颁布的《反盗版和假冒修正案》。其中,《艺术家与防盗版法》和《家庭电影法》对录制、播放电影的合法范围、处罚方式和豁免条件进行了详细规定。2007年的《自由与创新振兴美国创业法案》旨在保护消费者的公平使用权,并通过版权法案第107节中的"公平使用权"加强图书馆保护工作。2018年,美国签署《音乐现代化法案》,进一步强化了对音乐市场的版权保护。2019年,美国通过《卫星电视社区保护和促进法》,为远距离网络电台和非网络"超级电台"的卫星转播提供了强制许可。版权制度保护了版权产业的更新迭代,维护了版权产业强大的创造力和竞争力。

版权产业在美国的对外贸易中占据了重要地位。因此,美国对版权的保护并不局限于美国国内,建立了针对外国侵犯美国本国知识产权行为的完善法律体系。1988年,美国签署了《保护文学和艺术作品伯尔尼公约》(以下简称《伯尔尼公约》),与24个国家建立新的版权关系,增强了对版权所有者的保护。但是,《伯尔尼公约》逐渐不能满足美国文化产业对外贸易的需要。于是,美国利用乌拉圭回合谈判的机会,全力推动建立与国际贸易相关的国际版权保护体制。1994年,世界贸易组织接受了美国将版权保护纳入国际贸易体系的要求,达成《与贸易有关的知识产权协议》,使美国日益发展的文化产业获得了国际保护机制。此外,美国利用《综合贸易与竞争法》中的"特别301"条款,要求发展中国家和地区对美国的知识产权提供有效保护,否则美国可以实行报复手段。随着美国的文化产业在世界贸易中的竞争优势不断加大,美国越来越重视国际版权保护,坚持将《世界知识产权组织版权条约》和《世界知识产权组织表演和唱片条约》等协议纳入国际法体系,积极参与签署诸如《视听表演北京条约》《马拉喀什条约》等条约,从各个方面寻求对版权的最大保护,防止因外国厂商或者政府侵犯知识产权导致本国文化产业的发展利益受到损失。

美国在自由的市场环境下,通过以版权制度为核心的管理方式给予美国文化产业巨大的创造力和活力,同时保护其在世界文化市场中的竞争力,使其文化产业得以繁荣发展。

8.1.2 美国电影产业的发展经验

美国电影产业从 20 世纪初开始发展,在不到一百年的时间内成为世界影视行业的巨头。从行业个体来看,美国电影公司大部分集中在加州洛杉矶市的好莱坞地区,规模经济的红利孕育了包括索尼、迪士尼、米高梅、二十世纪福克斯、环球、华纳兄弟等在内的一批知名影视企业。这些企业为斩获高票房,不惜投入巨额资金制作电影。例如,2009 年,二十世纪福克斯发行的电影《阿凡达》在全球掀起了一股 3D 观影浪潮,收获高达 27.8 亿美元的票房,位列全球影史票房成绩第一;由动画电影泰斗迪士尼制作,于 2016 年上映的《疯狂动物城》和 2019 年上映的《冰雪奇缘》在全球分别收获了 10.23 亿美元和 11.6 亿美元的票房;环球影业的《速度与激情》系列电影也位居影史票房前列,美国的影视行业在全世界取得了巨大成功。①从整个行业来看,美国还常年占据全球电影票房冠军。2015—2019 年,全球 29 个国家的总票房从 391 亿美元上升至 422 亿美元,美国和加拿大平均占比 72.3%;2019 年,美国和加拿大票房共计 308 亿美元,与 2015 年相比增长 10%。②

---

① 资料来源:搜狐网,《全球影史票房第一!〈阿凡达〉重映你会去电影院看吗?》,https://yule.sohu.com/a/621843680_121198456;界面新闻,《〈寻梦环游记〉能打破皮克斯的中国票房"怪圈"吗》,https://www.jiemian.com/article/1772711.html;新浪新闻,《81 亿!〈冰雪奇缘 2〉成为 2019 年,全球票房第 3 高的电影》,https://k.sina.cn/article_6937832656_19d86ecd000100m1xn.html。
② 资料来源:美国电影协会(The Motion Picture Association of America,MPAA)。

除此之外,美国电影的制作数量也在不断增长,其中不乏制作成本高昂的电影。表8.2的数据显示,2019年,进入制作的美国电影数量为814部,相较于2015年增长11.2%;其中,由好莱坞大公司制作的电影数量为173部,占比为21.25%,相较于2015年的占比15.03%,增长约6.22%;制作成本超过150万美元的大制作电影数量为178部,相较于2015年增长28%;制作成本介于100万美元到150万美元的电影数量为423部,制作成本小于100万美元的电影数量为213部。从全球市场范围看,美国影视产品已取得绝对优势地位。美国电影在全球150个国家和地区放映,现已占有欧洲票房收入的70%,且在加拿大、拉丁美洲、大洋洲和亚洲的优势地位也日趋明显。同时,在欧洲电视台播放的电影中,美国电影占70%以上。美国电视节目在125个主要国家播出,全球销售的各类影视录像制品大多数也都是由美国公司生产。①

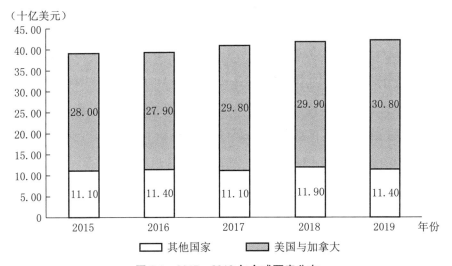

图8.1 2015—2019年全球票房分布

资料来源:美国电影协会。

---

① 资料来源:美国电影协会。

表 8.2 美国电影制作数量

	2015 年	2016 年	2017 年	2018 年	2019 年
所有电影制作数量(部)	732	788	812	808	814
电影制作数量(预算>150 万美元)	139	135	162	171	178
电影制作数量(预算为 100 万美元至 150 万美元)	356	376	387	405	423
电影制作数量(预算<100 万美元)	237	277	263	232	213
美国电影协会成员制作数量(部)	110	99	108	107	173
非美国电影协会成员制作数量(部)	622	689	704	701	641

资料来源:美国电影协会。

1. 好莱坞成功经验

美国电影产业的成功离不开政策的支持和自身的努力。在好莱坞电影制作方面,主要有几下几点经验值得借鉴。

(1) 吸引各路人才。

美国仅有 200 多年的历史,美国国民中有相当一部分由移民构成,这些移民来自不同国家,拥有不同的背景和文化。好莱坞正是利用了美国独特的历史背景,广泛吸引各路人才。首先,好莱坞将明星国际化,通过打造不同国家、不同种族的明星吸引更多的观众。从百佳影片到奥斯卡最佳影片,美国电影的主人公扮演者们通常来自不同的国家,例如:《勇敢的心》中的梅尔·吉布森是澳大利亚人,《末代皇帝》中的尊龙和陈冲均出生于中国。还有诸如英格丽·褒曼(瑞士)、费雯丽(英国)、索菲亚·罗兰(意大利)、卓别林(英国)、史泰龙(意大利)、阿诺·施瓦辛格(奥地利)等主演们,都是从世界各地来到美国发展的演员。近几年活跃在好莱坞荧屏上的成龙、李连杰、周润发、章子怡等中国明星以及韩国明星、日本明星、印度明星等都充分体现了好莱坞对于全球影视人才的重视。从某种程度上讲,影视明星也是美国一种成功的国际进出口贸易"商品"。它的成功之处首先在于把原本分散在全世界各地的影视资源吸引到美国范围内,再通过电影将明星资源优化整合,提炼成明星品牌,贴上美国好莱坞的标签,然后将其新生产出的明星品牌推向国际市场。好莱坞的国际化明星是其电影国际化最醒目的旗帜,也是最具感染力的情感武器。

其次,好莱坞以"世界电影"的形象立足于全球。法国导演吕克·贝松执导的《这个杀手不太冷》、墨西哥导演阿方索·阿劳执导的《云中漫步》、印度导演奈特·沙马兰执导的《第六感》等都是不折不扣的优质影片。与此同时,好莱坞也越来越多地邀请成功的华人导演、摄影师创作主流电影,如中国导演吴宇森、李安,摄影师顾长卫、赵非等。这些电影人士大多数已经在华语地区取得广泛的社会影响力。好莱坞一方面利用东方情调来为观众创造一种文化奇观,获取新的市场资源,同时也利用这些人士在本国的地位、名声和影响力来赢得华人文化圈的认可,以期开发和扩展在中国和其他亚洲地区的电影市场。好莱坞制作团队的多元化选择是其保持创作灵感的源泉,这也为其制作产品本身的国际化认同奠定了基础,因为多元化创作团队在产品的生产过程中就已经把不同国家和地区观众的审美差异融入制作的考量中。全球化制作班底的策略归根结底是为了将好莱坞电影发行到世界的各个角落。同时,各国优秀电影人也不断加盟好莱坞,在艺术性与娱乐性上使好莱坞电影呈现出更加多元化的面貌。

(2) 分工细化,流水线作业提高效率。

任何一个成熟的行业都需要高效的分工和严格的规章制度,这不仅有助于行业持久快速地发展,还能保证产品质量的稳定,有利于公司经营。好莱坞电影工业在经历了两次世界大战和冷战时期的政治考验、电视竞争和流行文化过剩的环境考验后,形成了集市场化投资模式、工业化生产模式、商品化发行模式和消费化放映模式于一体的运作体系。萨杜尔曾在《世界电影史》中精确描述了20世纪20年代好莱坞电影产业分工细化、流水线作业的特征:分工细化在保证电影能够形成批量产业化生产的同时,还在风险控制的前提下要求每一部电影都拥有独一无二的文化产品属性。正是这两个特征使得电影从小规模的"手工作坊"变成了大规模的"流水线"生产。从企业运作的角度来看,分工细化和风险控制使美国电影实现了从家族式管理的娱乐事业向作为现代化商业的美国电影业过渡。①

2. 美国政府对于美国电影的大力支持

早在 20 世纪 30 年代，美国政府就认识到了电影对于宣传美国政治、经济和文化的不可替代作用。文化输出不仅可以影响其他国家、地区和民族的历史意识、社会意识、宗教意识和文化意识，甚至还能重塑这些国家和地区的文化传统，从而创造新的民族文化记忆，促使其与美国的信仰和价值观相融合。所以，从第一次世界大战开始，美国便通过各种政治和经济手段向全世界推广其电影电视节目、录音唱片和其他大众文化产品。在罗斯福执政的第二次世界大战期间，好莱坞电影成为对外推介美国形象、美式民主和进行政治宣传的重要工具。美国政府对于电影产业的扶持主要体现在五个方面：提供行政服务、给予税收优惠、培养专业人才、出台财政刺激政策和设置专门管理部门。这些扶持措施相互协调、共同配合，将美国电影推向全球。

（1）提供行政服务，大力促进电影传播营销。

美国政府积极为电影产业提供多样化的行政服务以扶持电影产业的发展。为了有利于电影投资方充分了解当地电影产业的扶持政策和税收优惠政策，各州政府会将电影拍摄的投资项目、拍摄制作和后期营销等环节所需的审批流程、办理过程、人才招聘等事项进行统计，并公示在网站供企业查询。例如，宾夕法尼亚州在网上提供在线制片信息指南，电影制片商可以通过信息指南查看电影制片、后期制作以及其他信息服务；得克萨斯州电影办事处在官网上公布了该州税收优惠计划和其他激励政策等常用文件，方便企业和个人及时获取相关信息。

为了便于电影制作厂商了解当地拍摄地区的情况，各州政府还在网上提供拍摄场地的地理位置、天气预报、周边交通线路、周围商业经济和附近旅游娱乐项目等最新资讯。比如，华盛顿州电影办事处在网上提供了该州的外景拍摄地信息，制片商还可以直接向办事处索要定制的外景信息包；佛蒙特州电影办事处在其官网提供与拍摄电影相关的商业、旅游咨询和一系列外景拍摄地信息；内华达州每年为该

---

① 资料来源：乔治·萨杜尔，《世界电影史》，中国电影出版社 1982 年版。

州的电影办事处提供 70 万美元的资金以协助制片商管理物流、招募演员和寻找合适拍摄场地等事宜；西弗吉尼亚州在网上详细列出了该州室内拍摄景点的位置、租金、建筑细节、地区面积、租借联系方式，以及拍摄地区周边的基础设施(包括水、电、天然气等)，同时，西弗吉尼亚州政府还为制片商开放美国工程兵部队控制的萨默斯威尔湖下游和亨廷顿地区来作为电影拍摄地，以此加大对电影制作商的吸引力。

（2）加强知识产权立法，推行税收补贴政策。

美国政府先后颁布 1790 年《版权法》、1984 年《半导体芯片保护法》、1998 年《数字千年版权法》和 1998 年《跨世纪数字版权法》等法律文件来保护电影产业的知识产权。为了应对电影产业快速发展的形势，美国政府还先后在 1909 年、1976 年、1998 年、2005 年对 1790 年《版权法》进行了修改和补充，通过了一系列法案和修正案。在国际上，美国加入了《伯尔尼公约》等知识产权国际公约或地区协定，倡导国家之间共同立法保护电影知识产权，打击侵犯知识产权的违法行为。美国政府利用自身强大的国际政治经济影响力在世界贸易组织框架下推动包括文化商品在内的贸易和投资领域自由化，还与欧盟专门就影视业开放问题举行谈判。针对发展中国家文化产品盗版现象比较严重的情况，美国也不时以保护知识产权为名与其他国家进行谈判甚至施压，以确保美国文化企业在该国市场的利益不受损害。举例而言，自 2000 年以来，美国政府一直以巴西保护知识产权不力为由，在美洲自由贸易区谈判上对巴西施压，并以取消巴西产品在美国所享受的普惠制待遇(如果美国取消这项优惠，巴西每年将蒙受大约 20 亿美元的损失)相威胁。由此可见，美国的文化商品之所以能够风靡全球，主要是借助其强大的综合国力和在国际上对本国文化产业的大力支持。

电影制作能为当地提供丰富的就业岗位，美国各州为了吸引投资方在本地进行电影制作，往往会开展激烈的税收竞争。各州对电影产业的税收优惠主要有两种方式：一是减免、补贴权利可以合法转让的税收政策，二是减免、补贴权利禁止转让的税收政策。前一种税收减免、补贴的金额按照经费支出比例计算，后一种包括所得税缴纳制度、按固定比例返还税金的直接退税补贴和直接给予支票的现金奖励等形式,两种税收政策都能够有效缓解电影制作资金链断裂的风险。表 8.3 列出了美国部分州推行的电影税收优惠政策。

表 8.3 美国各州电影税收优惠政策

州 名	税收优惠措施
伊利诺伊州	合格生产支出 30％的税收优惠
	电影制作中雇佣的每位伊利诺伊州工人的工资(最高 500 000 美元)可享受 30％的抵免
	额外 15％的税收抵免
俄亥俄州	电影制作项目可获得演员和工作人员的工资以及其他符合条件的州内支出 30％的可退税税收抵免。税收抵免还可抵扣金融机构、个人收入或商业活动的税收
佐治亚州	(1)合格制作公司可获得 20％的基础税收抵免;(2)税收抵免可转让
	额外 10％的税收抵扣
内华达州	税收抵免包括:(1)累计合格生产成本的 15％;(2)所有内华达州居民人员的工资、薪金和附加福利的 15％;(3)非居民线以上人员的工资、薪金和附加福利的 12％;(4)税收抵免可转让
	额外抵免累计合格生产成本的 5％(不包括额外人员,按工作天数计算)
	额外抵免累计合格制作成本的 5％
田纳西州	电影制作人员和工作人员可获得之前支付的所有酒店占用税的退税
	电影制作人员和工作人员可获得之前支付的所有占用销售税的退税,并且此后不再收取此税
	(1)合格的制作项目可获得其合格工资支出 40％的税收抵免;(2)如果这些支出支付给居住在田纳西州 2—4 级增强县的个人,将获得额外 10％的税收抵免;(3)申请人可以使用抵免额来抵消适用纳税期内在田纳西州支付的综合特许经营税和消费税;(4)税收抵扣最多可延长 15 年
	免征所有应税商品、服务和个人财产的销售税
路易斯安那州	(1)投资支出 25％的基础税收优惠;(2)税收抵免可用于抵消路易斯安那州的个人或企业所得税责任;(3)税收抵免可以按面值的 90％转回国家(需要 2％的转让费,净额为 88％)
	额外 10％的税收抵扣
	额外 5％的税收抵扣
弗吉尼亚州	(1)合格的电影制作公司可获得所有符合条件支出(包括工资)总额 15％的税收抵扣;(2)如果在弗吉尼亚州经济困难地区拍摄,则可获得额外 5％的税收抵扣;(3)来自弗吉尼亚州的工人还可以获得额外 10％—20％的工资支出税收抵扣,每位电影行业的新员工都有资格获得 10％的额外抵免

续表

州　　　名	税收优惠措施
新泽西州	(1)合格的制作公司可以获得相当于合格演职人员工资 35％的税收抵免。(2)如果制作费用于纽约市哥伦布圆环 30 英里半径范围内的购买和租赁,则可获得 30％的税收抵;如果用于纽约市哥伦布圆环 30 英里半径范围以外的购买、租赁和服务,可获得 35％的税收抵扣。(3)税收抵免可转让
	制作公司可以获得合格制作费用 2％或 4％的额外抵免
	某些直接且主要用于电影和电视节目制作的有形财产免征新泽西州的销售税
新墨西哥州	合格的电影制作公司可以申请相当于合格支出 25％—35％的税收抵免
	符合条件的支出可享受 5％的额外税收抵免
	如果在拍摄电视连续剧或试播集时满足雇佣飞行员的某些标准,则可获得额外 5％的税收抵免
	使用合格生产设施,可获得额外 5％的税收抵免
	由新墨西哥电影局决定的制片方雇佣的非居民剧组人员可获得电影制作总预算的 15％抵免,或最高可获得 20％的总预算抵免
马萨诸塞州	25％的电影制作人员工资税收抵扣以及 25％的电影生产制作支出抵扣
	销售税豁免
佛罗里达州	在佛罗里达制作电影的合格公司可豁免销售点销售税
宾夕法尼亚州	符合条件的电影有资格获得相当于合格宾夕法尼亚制作费用总额 25％的税收抵免;对于在合格制作机构满足州最低拍摄要求的作品,可额外获得 5％的税收抵免,总抵免额为 30％
	免征宾夕法尼亚州酒店税
得克萨斯州	免征得克萨斯州酒店税
	非道路使用燃料的退税
	销售税豁免

资料来源:根据各州电影办事处网站手工整理,详见 https://dceo.illinois.gov/whyillinois/film/filmtaxcredit.html,https://dceo.illinois.gov/whyillinois/film/filmtaxcredit.html,https://www.georgia.org/industries/film-entertainment/georgia-film-tv-production/production-incentives,https://nevadafilm.com/tax-incentives/,https://www.tnentertainment.com/film/incentives/fe-incentive,https://www.louisianaentertainment.gov/film/motion-picture-production-program,https://www.film.virginia.org/incentives/,https://www.nj.gov/state/njfilm/incentives-credit.shtml,https://nmfilm.com/why-new-mexico/incentives,https://mafilm.org/filming-in-massachusetts/,https://filminflorida.com/,https://filminpa.com/incentives/tax-credit,https://gov.texas.gov/film/page/sales_tax_exemptions.

　　加利福尼亚州作为美国最大的电影产出地,其电影激励税收计划最为完整,税收优惠力度也最大。2014 年,加州立法机构通过了加州电影和电视税收抵免计划 2.0(Program 2.0),将该州的电影和电视制作激励措施额度提高了两倍,从每年 1 亿美元增加到 3.3 亿美元,抵免计划持续五年。为了保留和吸引全州的电影制作工作和相关的活动,Program 2.0 还将资格范围扩大到一系列项目类型上,包括大预算故事片、电视试播集和 1 小时电视连续剧。2020 年 7 月 1 日,第三代影视税收抵免计划(Program 3.0)启动。Program 3.0 计划在 2020 年到 2025 年五年内拨款 3.3 亿美元,用以对在加州制作的合格影视作品的相关支出予以税收优惠。根据 Program 3.0 的规定,一部合格的电影(电视剧、试播、迷你剧、独立、非独立故事片)需要满足"75%以上的预算支出用于购买加州的商品、服务或资产"或者"75%以上的主要摄影日程在加州"两项条件之一,才能享受税收抵免优惠。Program 3.0 还详细列出了每种影视作品所能享受的税收优惠资金的占比。2021 年 7 月,加州州长纽瑟姆(Gavin Newsom)签署 SB 144 法案,即加州摄影棚电影税收抵免计划,为 2021—2024 年的外州搬迁电视剧额外拨款 3 000 万美元作为税收优惠。SB 144 法案要求搬迁至加州的电视剧需满足以下要求:每集制作成本需达到 100 万美元,至少一集主要拍摄日的 75%是在加利福尼亚以外拍摄的,并且任何一集主要拍摄日在加利福尼亚境内的拍摄时间都没有超过 25%。

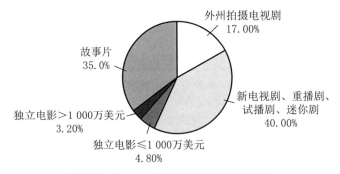

图 8.2　Program 3.0 税收优惠额度分配

资料来源:《加利福尼亚电影委员会项目指南》(California Film Commission Program Guidelines),https://cdn.film.ca.gov/wp-content/uploads/2022/05/3-0-Program-Guidelines.pdf。

（3）设立对口政府部门管理，与行业协会共同合作。

美国各州政府专门设置电影办事处，用来加强对本地区电影产业的行政管理。各州电影办事处会为电影制作商提供在该州拍摄电影的便利、最新电影资讯、影视制作人才招聘信息、该州电影拍摄激励措施（包括税收优惠计划和现金奖励计划等）、该州电影拍摄地区概况、该州电影拍摄相关法律法规（包括员工保险制度、劳工法、未成年保护法等）和该州电影拍摄制作流程所需要的文件等（包括注册网站、费用和许可证等）。一些州还会在电影办事处网站上宣传举办电影节活动，例如，路易斯安那州在网上同步更新了举办电影节的相关情况，以激发青年人参与电影制作的热情，方便外来企业了解当地电影文化。

除了州政府的努力，联邦政府也与美国电影行业协会协力合作，鼓励电影产业自主管理，打击市面上的盗版电影等侵权现象，并对互联网影视传播活动进行监控管理，共同保护电影创作产权成果。美国电影协会以及美国国家艺术基金会（Nation Endowment for the Arts，NEA）是最具影响力的两个协会。美国电影协会最早由六大电影公司成立于1922年，其最初目标主要是为成员提供相互交流合作的平台，现在则致力于代表美国电影和电视产业游说美国和各国政府以保护电影知识产权、消除影视产品贸易壁垒、完善产业保护法律体系和研发网络数字传播技术等。美国国家艺术基金会则成立于1965年，是一个独立的联邦机构，主要资助全国社区艺术、艺术教育、非营利性艺术组织、公共艺术机构、学院和大学等，致力于促进全民对艺术的参与和实践。

（4）多种方式提供财政资金，保障电影顺利拍摄。

美国政府为电影产业提供多样化的财政政策支持，这些财政资金是美国电影制作最为重要的融资方式之一。联邦政府主要通过美国国家艺术基金会、国家人文基金会等机构对电影产业给予资助。例如，美国国家艺术基金会与湾区视频联盟（Bay Area Video Coalition，BAVC）共同发起了独立电影与媒体艺术领域建设计划（The Independent Film and Media Arts Field-Building），该计划主要为美国独立电影制作人提供一个交流思想、互相学习的平台，并促进美国独立电影对其他领域做出贡献。

与此同时,各州政府为吸引电影来本土制作也纷纷推出了各种财政刺激政策。2007 年起,得克萨斯州推行了"移动影像行业激励计划",符合条件的影视制作项目将会获得高达相关支出 22.5% 的直接现金补助,现金补助不设上限。该计划的条件包括:相关影视制作最低支出达到 250 000 美元、至少 60% 的拍摄日在该州内完成、至少 70% 的受雇员工为得克萨斯州居民。得克萨斯州政府推行这项计划也是为了加强电影产业对该州经济落后地区的扶持作用,如果拍摄地区还涉及该州经济发展困难的地区,拍摄项目还将有机会获得在全部奖励基础上额外 2.5% 的现金奖励。田纳西州为支出超过 200 000 美元以上的合格影视制作项目提供 25% 的现金返还,并且同样不设返还额度上限。华盛顿州为在本地拍摄的电影和少于六集的连续剧提供高达 30% 的资金资助,为至少六集以上的连续剧提供高达 35% 的资金资助;同时为合格的本地广告支出提供高达 15% 的资金资助。2007 年起,路易斯安那州设立娱乐发展基金,用于支持该州娱乐行业的发展。2021 年,该基金通过了路易斯安那州立大学的申请,承诺在五年内每年向其提供 125 万美元的资助用于开发新媒体的电影制作计划。

(5) 扶持高校人才发展,组织教育培训活动。

高素质的电影人才不仅关系到外来资本对本地电影制作的投资,还会影响到本国电影未来的发展。因此,美国政府十分重视对电影人才的培养。前文已述的由美国联邦政府设立的美国国家艺术基金会主要资助各种非营利性艺术组织、公共艺术机构、学院、大学、联邦认可的部落社区或部落,以及个人作家和翻译者。美国国家艺术基金会还设立两项终身成就奖:美国国家艺术基金会爵士乐大师奖学金(美国爵士乐领域的最高荣誉)和国家遗产奖学金(美国民间和传统艺术领域的最高荣誉),用以激励美国国内的艺术创作。

在各州政府方面,南卡罗来纳州为电影制片商提供"南卡罗来纳电影制片基金",主要用于发展电影制片商与高校之间的合作项目,制片商必须与南卡罗来纳州的大学进行合作,共同培养电影人才来获得该基金的支持。自 2004 年起,新墨西哥州开始推行"摄影组进修计划"(Film Crew Advancement Program,FACP),该计划主要针对从事技术行业职位的新墨西哥州居民,激励电影制作公司为新墨西哥居民提供更多就业机会。同时,还向参与该计划的公司提供符合条件参与者工资 50% 的报销额度。新墨西哥州还注重青少年电影人才的培训。2021 年,新墨西哥州政府在 23 所学校推行"新墨西哥州少年电影奖",该奖项将为新墨西哥州 K12 学生和教师提供电影剪辑软件的使用权,协助采购拍摄设备,并引进来自该行业的专业导师和来自新墨西哥高等教育机构的实习生。同时,该奖项还为学生提供和导师面对面研讨的机会,导师将指导学生和教师完成电影制作的全过程,包括概念、剧本、故事情节开发和后期制作的所有阶段。对于培养青少年电影人才,路易斯安那州同样推出了一系列政策。2018 年,路易斯安那州电影和娱乐协会(Louisiana Film and Entertainment Association,LFEA)设立了"路易斯安那学生电影节",旨在让该州学生通过电影分享故事来发掘潜在的优秀人才。该项目鼓励导师与学生进行一对一互动来激发学生的潜能,学生将在概念化、故事创作、前期制作、拍摄、剪辑和后期制作方面得到全方位指导,最终在电影节上向观众推出他们的电影。同时,该项目还向学校颁发设备补助金、奖学金和可自由支配的资金,进一步支持对于学生的电影教育。除此之外,路易斯安那州还设立了 Cane River Film Festival、Lake Charles Film Festival、Calcasieu Parish Short Film Festival、New Orleans Film Society 等电影节,激发年轻人对于电影制作的热情,为他们提供与电影制作人和电影制片商近距离接触的机会。其中,New Orleans Film Society 的影响力最大,其下设有 Emerging Voices Directors Lab、Southern Producers Lab、Alumin Grants、South Pitch 四项电影人才发展计划。以 Emerging Voices Directors Lab 计划为例,该计划创立于 2014 年,主要为路易斯安那州的有色人种电影制作人提供电影制作的平台,为候选人提供 2 000 美元的资助来支持他们的项目,同时为他们提供一对一的导师指导。

8.1.3 美国音乐产业的版权保护经验

美国音乐在全球的音乐市场中占据了重要地位。而版权制度是影响音乐产业发展的主要机制。版权被认为是音乐作品中的财产权益,授予其所有者专有的权利来表演、复制、录制、展示或分发受版权保护的作品。第三方必须获得版权所有者的许可才能以这些方式使用音乐作品,并且必须支付经济补偿也就是"版税"。

1790 年的《版权法》是美国第一部规范音乐领域的法律。但是,在该法案中,音乐作品被登记为书籍。1831 年,美国国会修改了该法案,首次明确了将音乐作品列为受版权保护的主体。然而,1831 年的修正案只赋予人们印刷和销售活页乐谱的权利。直到 1897 年,美国国会重新定义了音乐所有者的权利,其中包括公开表演其作品的权利。

进入 20 世纪,高速发展的科学技术催生了唱片、CD、自动钢琴等音乐载体,在创造了新商业活动的同时,也引起了一系列诉讼案件。1908 年,最高法院在怀特·史密斯诉阿波罗一案中指出,歌曲出版商不能阻止演奏钢琴的公司使用他们的作品制作钢琴卷纸。1909 年,美国通过的《版权法》赋予音乐所有者创建歌曲机械复制品的权利,但这一"机械复制权"让市场参与者可以决定大多数音乐作品如何被演奏和录制,从而可能造成音乐市场的垄断。考虑到各方的利益冲突,美国国会设计了一个被称为"强制许可"的系统来区分作曲家和唱片公司,争取在出版商的垄断利益和社会利益之间取得适当的平衡。"强制许可"规定:一旦版权所有者允许了音乐作品的第一次机械复制,任何其他人都将有权获得机械复制同一音乐作品的权利,这防止了音乐版权所有者只授权给一家公司而垄断了该音乐作品。然而,由于《版权法》中所规定的"强制许可"方案在实际操作中不很便利,在实践中,唱片公司和音乐版权所有者大多自愿协商许可合同。

1909 年的《版权法》进一步规定了音乐的公开表演权,但是,一些作曲家和出版商意识到使每部音乐作品都获得公开表演的行政许可是不切实际的。因此,他们在 1914 年成立了名为"美国作曲家、作者和出版商协会"(The American Society of Composers,Authors and Publishers,ASCAP)的组织,旨在规范书面音乐作品在商店和餐馆等场所的使用。ASCAP 实施了"一揽子许可"制度,将作曲家、作者和出版商附属公司持有的音乐版权集中起来,以单一费用的形式将这些权利集体赋予音乐用户,而不需要再进行单独的许可谈判。

虽然 20 世纪的音乐形式发生了翻天覆地的变化,但直到 1971 年,立法者才承认录音应该是一类不同的版权作品,因为录音只有机器可读。在 1972 年前,录音在美国一直不受版权保护,后来磁带复制品的广泛使用对黑胶唱片录音造成了严重的侵权,美国国会才将录音纳入版权保护的范围。1976 年出台的《版权法》在音乐作品和录音制品两个层面上形成了对于音乐版权的保护。

数字技术的发明和进步孕育了诸如数字音频、互联网、流媒体之类的音乐表现形式。1976 年《版权法》也对此进行了多次更新,1992 年的《家庭音频录制法》为数字音频录制实施版税支付制度和连续拷贝管理制度,1995 年的《录音表演法》首次承认录音表演权仅限于"数字音频传输",1998 年的《数字千年版权法》为非交互式网络广播录音提供了法定许可并采取了反规避措施。

2018 年 10 月,美国签署《音乐现代化法案》,在音乐领域对现有的版权法做出了实质性改革。该法案不仅改进了流媒体服务的音乐许可和版税的支付方式,还为数字音乐提供商提供了一揽子许可服务,包括进行永久下载、有限下载和交互式流媒体播放,并建立了一个数据库来管理一揽子许可服务,改进了特许权使用程序。这部法案提高了对词曲作者的补偿额度并简化了音乐许可方式,让音乐行业创作者能够通过他们的创造力来谋生。《音乐现代化法案》得到了词曲作者、出版商与数字服务提供商的一致支持,使音乐创作者和音乐喜爱者受益匪浅。随着版权保护制度不断完善,美国持续向全世界传播流行乐曲和新的音乐流派。多样化的音乐形式使美国在全球乐坛占据着中心地位,使其音乐产业影响力超越了语言障碍。

8.2　英国文化产业高质量发展经验

8.2.1　以创意为核心的科技化发展道路

英国是最早提出文化创意产业政策的国家,强调用政策来打造创意。随着城市文化规划的成熟和信息经济的兴起,英国科技的领先地位为其带来越来越明显的经济附加值。英国政府开始认识到文化创意产业的生产力,提出用知识创造财富,注重个人灵感和创造能力对于发展经济的重要作用。

1993 年,英国以"创造性未来"为题颁布了国家文化艺术发展战略,第一次全面阐述了英国文化艺术的发展方向及各项文化政策,释放了政府通过政策调控文化艺术行为的信号。1998 年,英国政府出台了《英国创意产业路径文件》,鼓励发展文化创意产业,并对文化创意产业进行规划设计。1997 年,英国提出把文化创意产业作为振兴英国经济的发力点,并将其列为国家重点扶植产业。英国文化、媒体和体育部牵头成立了部长级"创意产业特别工作小组",小组成员由英国外交部、贸工部和地方政府共同组成,可以对文化创意产业的经济活动进行跨部门协调,为技能培训、创意企业融资、知识产权保护等领域的改革提出建议。1998 年,创意产业特别工作小组首次明确定义了创意产业,即源于个人创造力、技能和才能,通过创造和利用知识产权而拥有创造财富和就业机会潜力的产业。工作小组指出创意产业包括广告、古董、建筑、手工艺、设计、时尚、电影、休闲软件、音乐、表演艺术、出版、软件和广播(电视和广播)等 13 种特定活动。

为支持文化创意产业的发展,英国政府制定了以 2005 年英国文化、媒体和体育部发布的《创意经济计划》为代表的一系列战略规划、支持政策及配套措施。同时,宽松的融资环境和强大的融资能力能够从多渠道为英国文创产业筹措资金,英国还对文创产业实行税收减免政策,优惠力度堪称全球之最。除此之外,政府还提供了知识产权保护、人才保障等配套措施。创意产业的技术性使得知识产权保护成为一个关键问题,《数字、文化、媒体和体育行业 2001 年规划文件》鼓励“公众提高对于知识产权的保护意识”。英国完善的法律服务体系是其创意产业发展的先决条件,政府引导企业将创意转化为知识产权,鼓励企业将创意与商业相结合,利用数字技术等手段寻找新的发行方式,形成新的发展模式。英国是世界上最重视创意教育的国家之一。早在 20 世纪 50 年代,英国便将设计与技术专业纳入国民教育课程中,英国高等院校的设计课程专业化程度很高,丰富的教育资源和优质的教育团队吸引了许多国内外学生。

“一臂间隔”原则(Arm's Length Principle)长期以来被英国视作文化产业管理的法宝。英国政府认为这一种分权式的行政管理体制可以有效避免党派政治倾向对于文化产业管理带来的不良影响,保证文化产业有序发展。“一臂间隔”原则具体按以下步骤进行:英国的中央政府文化行政主管部门(文化、媒体和体育部)只负责制定文化政策和财政拨款,没有直接管辖文化艺术团体和文化事业机构的权力。具体管理事务交由非政府的公共文化机构,即各类艺术委员会负责执行,并对艺术团体进行评估和拨款。各类非政府公共文化机构通过分配拨款的形式,负责资助和联系全国各个文化领域的文化艺术团体、机构和个人,形成全社会参与文化事业管理的网络体系。

在这种管理原则的指导下,艺术团体有较大空间可以实现创作自由。文化产业发展尽可能保持延续性,这有利于激活文化产业的发展活力,有助于英国维持其文化大国的地位。在上述措施的扶持下,英国成为世界知名的创意强国。

数字、文化、媒体和体育行业(简称 DCMS 行业)是英国最具活力和发展最快的行业之一。根据英国政府 DCMS 部门的报告①: 2011—2020 年, DCMS 部门(不包括公民社会和旅游业)的经济价值(简称 GVA②)增长主要是由创意产业和数字部门带动的。2020 年, DCMS 部门的 GVA 为 1 796 亿英镑。受新冠疫情影响, 按实际价值计算, 比 2019 年下降 9.7%。2019 年, DCMS 部门为英国经济贡献了 2 919 亿英镑, 占英国 GVA 总额的 14.8%, 高于 2018 年的 14.5%。2018—2019 年, DCMS 行业总 GVA 的实际增长速度(根据通货膨胀进行调整)超过了英国经济的增速, 当期 DCMS 行业总量增长了 3.5%, 相比之下, 英国经济增速为 1.4%。2010—2019 年, DCMS 部门的总增加值实际增长了 30.0%, 而英国经济增速为 17.7%。

根据英国政府 DCMS 部门报告, 2020 年, 英国文化创意产业为英国经济贡献了 1 041 亿英镑, 受疫情影响, 远低于该行业预计的 1 220 亿英镑。2019 年, 英国的创意产业为经济贡献了 1 159 亿英镑, 自 2010 年以来增长了 43.6%, 增长速度一直高于英国经济的增速。2016—2017 年, 其增长速度几乎是经济增速的两倍。文化创意产业在英国全国范围内释放机会、投资、就业和生产力, 成为英国经济增长的发动机。2019 年, 英国的文化创意产业出口价值为 179 亿英镑, 拥有全球第四大广告市场和第五大视频游戏市场。英国的出版、音乐、时尚和旅游业在竞争激烈的全球市场中不断发展, 也带动全球创意产业不断推陈出新。

伦敦创意产业是英国创意产业的重要组成部分。将伦敦建设成为"创意之都"是英国创意产业战略中的重要一环。伦敦创意产业的产值已占据英国文化创意产业的半壁江山。1999 年, 伦敦市政府设立了文化战略委员会。2003 年, 伦敦出台了关于创意产业的发展战略《伦敦文化资本——市长文化战略草案》,

---

① 资料来源: 英国数字、文化、媒体和体育部官网, https://www.gov.uk/government/organisations/department-for-digital-culture-media-sport。

② GVA = GDP + 补贴 - 税收, 衡量因商品和服务的生产而增加的经济价值, 为 DCMS 部门用来测量经济值的口径。

提出了"卓越、创新、参与、价值"的新世纪文化创意产业发展方针,并推出了一系列创意产业扶持政策。2004年,伦敦启动了"创意伦敦"计划,并成立了"创意伦敦"工作组。2008年,伦敦公布了关于发展文化产业的战略草案,即《文化大都市——伦敦市长2009—2012年的文化重点》。2005年,伦敦市设立"创意优势基金",为创意产业中的企业家提供资本支持。伦敦每年投入超过3亿英镑用于支持创意产业的发展,在资金方面为发展创意产业提供了许多便利。

伦敦非常重视创意产业的发展,在当地聚集了一大批创意企业,形成了相当大的产业规模,充分发挥了集聚效应。伦敦时装周是世界四大时装周之一,对世界时装的设计方向有着重要影响力,为时装产业相互交流提供了世界级的平台。在伦敦市的精心部署下,伦敦各区形成了各具特色的文化创意产业集聚区。伦敦西区以"西区剧院"为主,剧院产业由伦敦剧院协会管理,剧院数量众多,剧目品质上乘,吸引了一大批演员和观众。伦敦东区则聚集着画廊、音乐影视公司、数码公司等,艺术氛围浓厚。虽然东区文化产业规模不大,但也都形成了完整的产业链。伦敦的南岸是综合艺术中心,旅游业发达,著名旅游景点伦敦眼、大本钟、众多知名大学、滑铁卢站均坐落于此。伦敦苏豪是有名的文化创意产业集聚区,这里的文创产业以媒体企业为主,产品既有本土特色又符合国际化标准,在全球占有一席之地。伦敦依托自己的文化资源,成功地将本市标志性的旅游景点与文化创意结合起来,产生了巨大的文化品牌效应。

伦敦已建设成为全球创意产业的重镇。创意产业是伦敦经济的核心,截至2023年2月16日伦敦市政府网站的最新数据显示,目前,创意经济为伦敦提供了1/6的工作机会,创意产业创造了大约470亿英镑的经济价值,创意产业也是伦敦增长最快的行业之一。[1]

伦敦不仅是英国的经济、金融、教育和文化中心,也是国际设计之都、全球三大广告产业中心之一、全球三大最繁忙电影制作中心之一。伦敦不仅是全世

[1] 资料来源:伦敦市政府官网,https://www.london.gov.uk。

156

界知名的文化之都,也是创意之都,吸引了来自世界各地的人才和企业。伦敦是国际公认的时尚品牌所在地,也是时尚产品研发中心。在出版和广告等创意产业方面,伦敦的企业处于领先地位。

布里斯托尔位于英国西南部,这里的电视与数字媒体产业发展迅速,是该市标志性的创意产业,享有英国第二大"媒体城市"的称号。在布里斯托尔制作的影视作品大多是以自然、生态历史为主题的纪录片,该城市有"绿色好莱坞"的美誉。从布里斯托尔影视产业的空间形态来看,以电视与数字媒体产业闻名的布里斯托尔创意产业园区位于布里斯托尔南部港口的克里夫顿区,规模远小于伦敦,但产业聚集程度不可小觑。该园区内不仅容纳英国广播公司(BBC)和帕特里奇(Partridge)两家大型电视产业,还有数量众多的中小规模独立制片公司。在该园区内,发展最为成熟的是以 BBC 为代表的自然电影制作业。BBC 的自然历史摄制组内部包括大量影视公司、电影制作场所、后期制作团队等相关服务公司,带动提供了相关产品和服务的中小公司加盟。在布里斯托尔大学附近形成紧密而完整的产业网络,这得益于布里斯托尔的地理环境、健全的产业扶持政策以及高校优质的人才供给。布里斯托尔的电视与数字媒体产业利用上述优势不断发展,将该城市作为部分电影节目的制作中心,吸引全球的影视专家们来此创作。同时,许多动漫企业看重该地区丰富的创意资源纷纷来此设厂。其中,著名的阿德曼动画片公司制片阵容强大且作品质量上乘,占据了国际市场一定份额,并带动了其他动画片制作公司和周边服务性企业加入,进一步丰富了布里斯托尔地区的动漫产业,形成以历史电影制作和 3D 动画片为主导的创意产业园区。

在经济效应方面,布里斯托尔创意产业的园区建设规模虽稍逊于伦敦西区,但产业集中度非常高。布里斯托尔电视与媒体产业园区是 BBC 影片主要制作中心之一,主要承接 BBC 公司的后期剪辑和影片制作业务,在大幅促进英国经济增长的同时,提供了大量的就业岗位。例如,BBC 公司仅自然历史片、动画片和纪录片三个部门就提供了 800 个就业岗位。同时,布里斯托尔的创意产业集群具有较为鲜明的区域特色。该集群内主要核心产业是电视和数字媒体行业,并以此形成 BBC 和 HTV-WEST 两个大公司,构成了以自然生态类电影制作为主要业务的产业链条,业务链条具有高度关联性,在实际运作中更注重服务、行销等实质性功能。

8.2.2　英国创意产业发展经验

英国是世界上最早提出"创意产业"的国家之一,并且借助国家力量来推进创意产业发展。通过对创意产业的大力扶持,实现了产业集聚效应。在遵行典型的市场经济理念的同时,英国政府在发展文化产业方面有明确的主张,政府这只"看得见的手"在推动文化产业发展上发挥了非常重要的作用。英国对于文化产业的重视和其进入后工业化之后国家战略的调整息息相关。因此,对于英国的成功经验,可以从产业集聚和行政管理体制两方面参考学习。

一方面,形成产业规模,发挥集聚效应,对相关产业进行重点扶持。创意产业是英国走向创新性未来的国家战略的体现,是英国从后工业化走向创新立国发展的重要软实力支撑。从创意产业相关的文化经济综合贡献看,以创意产业为代表的文化经济已经成为英国经济的重要支柱。创意产业对于提升英国的国家软实力具有显著的作用。这些行业不仅可以向全世界展示英国在文化创意方面的实力,也可以为英国赢得经济效益。这就是社会效益和经济效益的有机统一,而且二者相辅相成,相互发展。

另一方面,对文化产业形成分权式的行政管理体制,提高了文化产业的运行效率。从对文化的集中管理到分权管理,这是英国对文化产业进行"一臂间隔"原则管理的核心要义。实行"一臂间隔"原则的好处有三点:一是减少了政府机构的行政事务,保证了政府高效行政;二是政府机构不直接与文艺团体发生关系,有利于检查监督,避免产生腐败;三是非政府公共文化机构独立于政府之外,是非政府、超党派的独立中介组织,这类组织成员多由艺术方面和文化产业方面的专家组成,独立履行职能,避免受到政府过多的行政干预,从而使文化发展尽可能保持其延续性。

8.2.3 英国彩票行业发展经验

1. 英国彩票行业现状

英国的彩票业有较复杂的历史背景。由于 1808 年一份极具批判性的专责委员会报告发布,尽管此前彩票活动筹集的资金为包括大英博物馆在内的几个重大项目做出了贡献,英国还是于 1826 年废止了彩票活动。直到 1934 年,买卖彩票一直都是非法的。1978 年,由罗斯柴尔德勋爵担任主席的皇家赌博委员会建议通过发行单一的全国彩票使英国财政部获得 10% 的税收。虽然罗斯柴尔德的建议没有被接受,但是,在 1992 年的一项私人议员法案提出之后,政府发布了《国家彩票:为慈善事业筹集资金》白皮书,同年保守党候选人曼尼费托承诺将设立国家彩票。经过多番讨论,1994 年 11 月 14 日,英国国家彩票迎来首次发售。1995 年 3 月 17 日,英国政府推出了第一张刮刮卡。

英国政府通过发行国家彩票,为文化事业赚取了大笔经费,有力地推动了英国文化事业的发展。英国国家彩票作为一项特殊的文化产业,取得了良好的经济效益。据统计,1994 年 12 月—1999 年 4 月,彩票收入共计为英国文化公共领域筹资 63.8 亿英镑,四年中仅直接文化事业就获得资金 25.5 亿英镑,平均每年 6 亿多英镑,一批重大文化项目依赖彩票资金得以完成建设。①文化、新闻和体育部全权负责彩票事宜,在彩票管理中起主导作用,其权利包括立法权、经营者选择权、收入分配权、经营及资金监督权。彩票经营由政府通过招标竞争

---

① 资料来源:董为民:《国外文化产业现状、发展措施与经验》,《经济研究参考》2004 年第 10 期。

授权私营公司具体运作,并规定经营合同期限为 7 年,期满另行招标。例如,目前经营者卡美洛公司是一家纯商业集团,由英、美五家公司为竞争英国彩票经营权联合组建。

　　在完善的制度体系下,英国彩票销售额逐年攀升。根据图 8.3 的数据,2008年 4 月至 2022 年 3 月间英国国家彩票销售收入稳步增长,从 2008 年的 51.49亿英镑增长到 2021 年的 80.96 亿英镑,年增长率约为 4.4%。彩票收入成为国家财政收入的一项重要来源,并越来越成为文化事业获得资金的重要渠道。彩票收入由英国文化、媒体和体育部按一定比例划分到全国 11 个地区和文化公益事业主管部门。所有希望得到彩票资助的机构和个人均可向这 11 个地区和部门提出申请,由它们审核拨款额度。鉴于此,由行政体制和拨款类别共同构成了一套行之有效的彩票收入拨款机制。由于经营得法、管理有效,英国国家彩票自发行以来获得了巨大的经济效益。

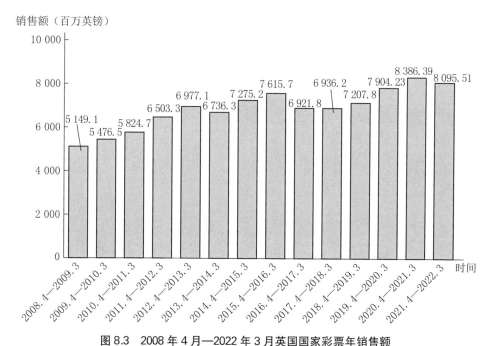

图 8.3　2008 年 4 月—2022 年 3 月英国国家彩票年销售额

资料来源:https://www.statista.com/statistics/470076/sales-national-lottery-great-britain/。

2. 英国彩票繁荣的背后:政府法律的支持

英国目前的彩票政策源于 1985 年出台的《博彩、游戏、彩票和娱乐(北爱尔兰)令》,此后的文件大都基于此进行修改。1985 年发布的《博彩、游戏、彩票和娱乐(北爱尔兰)令》对英国彩票投注、博彩公司设立条件、博彩公司营业条件、购买彩票人群年龄限制、彩票游戏、彩票机使用、许可证发放、私人彩票、社会彩票、彩票犯罪等事宜均做出了详细规定。例如,在禁止未成年人买卖彩票方面,法令规定与 18 岁以下的公民有任何投注交易,或雇用 18 岁以下的公民进行任何投注交易,或通过 18 岁以下的公民接收或与其谈判任何赌注,都将视为犯罪。

2004 年,英国政府发布了《2004 年赛马博彩和奥林匹克彩票法》,规定废除赛马博彩税制度,同时发售旨在为 2012 年主办伦敦奥运会筹集资金的国家彩票。法案首先对废除赛马博彩税的后续事项做出了相关规定,包括赛马池投注转移后控制、继任公司如何运营、资产转让等事项。法案允许发布奥林匹克彩票,允许有彩票销售许可证的公司发布相关彩票,同时成立奥林匹克彩票分配基金,主要用于为 2012 年伦敦奥运会筹集资金。该法案还对奥林匹克彩票的分销、监督、审计、违规事宜做出了规定。

2005 年英国政府发布了《2005 年赌博法》,对英国赌博、彩票等业务做出了相关规定。法案要求设立赌博委员会,委员会的职责主要包括:对彩票业务的犯罪提起诉讼、对地方当局提供指导、对彩票业务进行审查等。法案规定了从事非法彩票业务的情形,例如,公民使用个人处所为彩票游戏提供场地即构成犯罪。法案第四部分明确了对儿童和青少年的保护,规定任何人雇用儿童开展彩票业务,即构成犯罪等。法案还对彩票经营许可证、彩票定义、推广彩票定义、彩票收入定义、推广彩票犯罪情形、滥用彩票收入犯罪情形等做出详细规定。

2006 年,英国政府发布《2006 年国家彩票法》对国家彩票做出规定。该文件宣布设立大彩票基金,以此来分配彩票收入。大彩票基金可以提供赠款或贷款,做出或签订其他安排,并有权对赠款和贷款的申请以及支付的款项提出建议。大彩票基金主要用于鼓励社区学习、保护社区安全以及维护社区居民身心健康的支出。

2007 年,英国政府发布《2007 年小企业彩票(非商业社团注册)条例》,首次允许非商业社团的小企业申请注册彩票经营权,拓宽了彩票销售的渠道。

2015 年,英国保守党和自由民主党联合政府下发《2010 年至 2015 年政府政策:国家彩票资助》,该文件规定了如何在公益事业之间分配国家彩票资金、确保国家彩票委员会有效开展工作的资金、收集和发布关于国家彩票赠款的使用方式和地点信息等事宜。

2022 年,英国政府在 1985 年《博彩、游戏、彩票和娱乐(北爱尔兰)令》的基础上发布修订法案,在原法案的基础上进一步细化了禁止 18 岁以下公民使用彩票机的规定,并增加了"业务守则"部分,要求每一个开设赌博设施的场所发布一个或多个业务守则以确保赌博活动以公平和公开的方式进行,并保护 18 岁以下的公民和其他弱势群体免受赌博的伤害或剥削,以及向受赌博相关问题影响或可能受到赌博相关问题影响的人提供援助等。

8.3 日本和韩国文化产业高质量发展经验

8.3.1 政策先行,以内容产业为发展重点

日本和韩国先后制定了"文化立国"战略,将文化产业定位为振兴国民经济的重要支柱,并以提升产业质量为发展重点。与中国在经济发展驶入快车道之初即明确要发展文化产业的战略不同,日本与韩国的文化产业兴起于其经济发

展相对较晚的阶段。相应地,与中国对于文化产业的定位不同,日韩文化产业从一开始即在一定程度上肩负着支撑国民经济发展的重担。日韩两国之所以将文化产业定位为振兴其国民经济的重要支柱,一方面反映了经济转型的客观需求,充分体现了文化产业本身具有实现经济效益与社会效益的巨大潜力;另一方面,工业化国家人民群众的高收入水平也对应更高的文化产业消费和投资。

日本政府首先明确提出"文化立国"的发展战略。1978年,日本经济学者日下公人在其所著的《新文化产业论》中指出,基础工业复苏的奇迹不会再出现,日本的产业结构应转向以最终需要为主的产业,这种产业结构重心的转移是各国经济发展的必由之路……文化产业是最有前途的产业之一,日本人要利用文化资源创造新的文化,从人的大脑中寻找资源、开辟市场,用人文精神创造经济奇迹。彼时的日本经过了战后的经济复苏,已经完成了工业化的发展目标,在石油危机造成的外需衰退和供给压力之下,开始推动劳动密集型产业向技术与服务业转型,由极度依赖外需向充分挖掘内需转型,文化产业也因此受到关注。20世纪90年代初,日本经济泡沫彻底破灭后,日本政府明确提出"文化立国"的发展战略,寄望于文化产业在21世纪成为国民经济发展的重要支柱。

与之类似,韩国在20世纪60—90年代逐渐接过了日本外向型经济发展的接力棒,在1953—1995年的40年间实现了人均GDP从66美元到突破1万美元的"汉江奇迹",顺利实现了工业化。[①]然而,1997年的亚洲金融危机波及了韩国,充分暴露了其外向型经济的脆弱性,韩国政府因而认识到经济结构转型和培育具有本土优势和特色产业的必要性。1998年,韩国也提出了"文化立国"的方针,要求重新认识文化产业,明确将其作为国家战略性支柱产业。

基于历史背景和社会环境的客观条件,日韩两国走出了一条以高附加值内容为重点的文化产业发展道路。

---

① 　资料来源:中国发展观察网,《韩国是如何跨越"中等收入陷阱"的》,https://cdo.develpress.com/?p=6504。

　　广义上,1999 年日本旧通商产业省提出的"娱乐观光产业"一度较为接近文化产业这一概念的含义,但因其广泛包含了体育、旅游、时尚等领域,且这些领域在经济产业省的分类中被列入服务行业,因而近年来,研究者更加关注"内容产业"这一狭义范畴。根据日本经济产业省的定义,内容产业是负责电影、动画、游戏、书籍、音乐、广告等制作和发行产业的总称。1999 年,韩国政府颁布的《文化产业振兴框架法》将文化产业定义为与文化产品的生产、流通、消费相关的产业。由于这一定义的模糊性,2010 年起,韩国政府使用"内容产业"来展开调查和统计工作,其中包括出版、动画、音乐、电影、游戏、广播、广告、内容设计、演出等领域,因此,日韩语境中的内容产业均与中国文化产业核心领域的含义相近,但更强调产品和服务创造的经济附加值。

　　近年来,日韩两国内容产业的规模强势增长,在全球内容市场中的占比较高。日本财团法人数字内容协会编写的《2022 年数字内容白皮书》显示,2021年,日本内容产业规模达到 12.758 万亿日元,约合 1 161.19 亿美元。其中,各类影视制作、播放及相关服务市场规模为 4.284 万亿日元,占日本产业总规模比重达 33.6%;图书、杂志、报刊等平面媒介的市场规模达 3.121 万亿日元,占比为24.5%;游戏产业规模为 2.339 万亿日元,占比为 18.3%;音像制品和服务市场规模达 2.157 亿日元,占比为 16.9%。综合韩国文化产业振兴院发布的《2020年内容产业统计调查》和韩国文化体育观光部发布的《2021 表演艺术调查报告》数据,以销售收入计算,2020 年韩国内容产业市场规模达 128.682 万亿韩元,约合 1 091.114 亿美元;以增加值计算约 50.700 万亿韩元,约合 429.898 亿美元。包括互联网视频创制在内的广播电视行业以 21.965 万亿韩元贡献了最高销售额,占比为 17.07%,平面出版行业、在线学习、虚拟现实等数字化在线资讯业分列第二、第三位,近年较流行的角色经济也创造了 12.218 万亿韩元的销售额。根据日本经济产业省估计,2020 和 2021 年全球内容市场规模分别为 1.231 万亿美元和 1.254 万亿美元,由此推算日韩两国在全球内容市场中的占比约为9.26%和 3.49%。而同年其 GDP 则仅占全球的 5.12%和 1.88%。

通过数据与经验不难发现,尽管日韩两国内容产业萌发与兴盛的经验较为相似,但在具体细分领域则结合了本国的实际情况,培育出了具有比较优势的特色行业,形成了在世界范围内极具代表性和商业价值的文化符号。例如,日本的动画、漫画、游戏产业在全球居于领先地位,韩国的电视剧、韩流音乐也走入了千家万户。

日本动漫产业占全球份额约 43%,游戏产业市场规模占全球市场规模近 10%。Statista 的数据显示:2021 年,在日本出版业 1.67 万亿日元的销售额中,高达 6 759 亿来自漫画出版,占出版业销售额的比重超过 40%;2020 年,动画产业实现的 2.43 万亿日元收入中,海外销售收入达 1.24 万亿日元,超过了日本本土的 1.19 万亿日元。此外,共计 28 家日本动画制作公司同全球超过 100 个国家和地区签订了超过 16 361 份动画播出合约,与 36 个国家和地区签订的合约数量超过 200 份,盈利渠道遍及电视、电影、音像制品、网络播发、周边商品等,形成了极其完善且细化的终端消费市场,在新冠疫情的冲击下展现了极强的行业韧性,2021 年上映的《鬼灭之刃:无限列车篇》一举夺得了全球票房冠军。美国知名研究咨询公司 Grand View Research 发布的报告指出,日本动漫产业占全球份额约 43%,是当之无愧的"动漫王国"。①铁臂阿童木、千与千寻、哆啦A 梦、新世纪福音战士、宝可梦、凉宫春日的忧郁、名侦探柯南、海贼王等脍炙人口的作品成为了一代代青年挥之不去的成长记忆。角川 Ascii 总研发布的《Fami 通游戏白皮书 2021》显示:日本游戏产业市场规模占全球市场规模近 10%,游戏玩家超过 5 000 万人,硬件任天堂掌机 Swtich 全球销量达 2 883 万台,索尼家用主机 PS4 销量达 610 万台,发售七年累计出货量达 1.15 亿台,发售仅一个月的 PS5 销量达 450 万台,市场占有率远高于全球其他各类游戏主机。Ampere Analysis 和 VGChartz 等研究机构预测数据均显示:除日本厂商以外,全球最主要的游戏主机微软 XBOX 销量不及索尼 PS4 的一半。2021 年销量最

① 资料来源:https://www.statista.com/。

高的游戏软件中则不乏动物之森、最终幻想、马里奥、桃太郎电铁等全球玩家耳熟能详的知名 IP。

在日本动漫和游戏产业大放异彩的同时,韩国电影、电视剧及韩流音乐也传播到了世界各地,获得了国外受众的认可。韩国电影振兴委员会发布的《2021 年韩国电影产业决算报告》显示:近年来,韩国电影产业受到疫情冲击明显,市场规模缩减至疫情前的 60%。而在 2019 年,韩国曾以全球 1.9% 的 GDP 水平和不到 0.7% 的人口贡献了全球电影市场规模的 2.4%,影院市场规模排名世界第四。当年,影片《极限职业》为本土票房之冠,在全球电影票房的前 25 位中,本土电影达到了 19 部,体现了极强的电影创制能力和市场认可度。近年来,韩国影视业产出的一批作品在质量上大幅提高。2021 年,韩国电视剧《鱿鱼游戏》包揽艾美奖的六项大奖,成为该奖项设立以来首部获奖的非英语剧集。2019 年,奉俊昊指导的《寄生虫》更是先后斩获戛纳金棕榈奖和第 92 届奥斯卡最佳影片、最佳导演等四项大奖,刷新了韩国乃至亚洲影视业的历史。在电视剧方面,韩国凭借着流媒体技术的快速发展,韩剧传播到了世界各地。《福布斯》认为,韩剧已经成为美国民众主流的娱乐方式之一。2019—2021 年,韩剧在美收视率增加了 200%。2022 年,印度尼西亚著名调查机构 JakPat 公布的调查显示:印度尼西亚有 51% 的民众会以观看电视剧作为主要休闲娱乐方式,其中 90% 的公众观看过韩国电视剧,82% 的公众平时习惯观看或十分喜爱韩剧,这一比例甚至超过了印度尼西亚本土电视剧。对韩流音乐的喜爱也反映在当地相关商品的销售额上,2019 年,韩国音乐产业对外出口额达到了 7 562 万美元。2020 年,韩国流行音乐(K-POP)对外输出创造了韩国唱片出口的最高纪录,虽然世界唱片市场因新冠肺炎疫情遭受重创,但韩国的唱片类出口额却达到 1.7 亿美元,比 2019 年增长了 94.9%。①

在短短的一二十年间,日韩内容产业从萌芽状态迅速发展壮大,这离不开

---

① 资料来源:人民论坛,《韩国文化"走出去"的制度机制研究》,http://www.rmlt.com.cn/2021/0823/622745.shtml。

各项基础性制度保障的落实。1995—1998年,日韩频繁提出各项"文化立国"的方案,经过充分讨论,自2000年起,日本陆续颁布了《文化艺术振兴基本法》《内容产业促进法》《文字、印刷品文化振兴法》等一系列法律法规,为文化内容产业的发展提供了基本的支持。由于希望高附加值的内容产业成为国民经济的重要支柱,日本政府在2001年、2002年先后修改并推出了《著作权管理法》《知识产权基本法》《知识产权管理大纲》,并于2003年启动知识产权战略,定期公布知识产权推进计划,放宽对文化内容的限制,增加内容产业发展的预算,保护创作者的合法权益。从明确发展文化内容产业之初,日本政府就为本国企业在各类文化内容的创造、保护、利用、维权等方面奠定了完善的制度基础。在韩国,1998年金大中政府上任后,密集出台了《文化内容产业振兴基本法》《文化内容产业促进法》《音像制品及游戏相关法》《电影振兴法》《出版及印刷振兴法》等法律法规,几乎与日本对标。同时期,韩国由上到下分别成立了文化产业振兴委员会专门负责文化产业政策制定的宏观把控、文化产业振兴院(KOCCA)、文化艺术教育振兴院(KACES)和电影振兴委员会(KOFIC)在所属领域各司其职,这些机构作为半官方机构联系民间与官方,扶持对应行业的企业。另外,与日本相似,韩国政府极大地放宽了对于文化产业内容的限制,充分尊重市场规律,制定了影视分级制度以满足不同观众的偏好,为文化工作者提供了友好的创作环境,这被视为韩国影视业在随后20年取得丰硕成果的重要原因。

就日韩"文化立国"这一战略的内涵而言,除了对产业本身的培育和扶持,也包含将本国文化推向世界的期待。一方面,长期以来的外向型发展模式赋予了日韩两国充分挖掘海外市场的丰富经验;另一方面,两国人口增速、年龄结构和自然、社会资源等外生性限制因素迫使其必然将目光瞄准更加广阔的全球市场。

2002年,日本经济产业省与文部省共同建立了内容产业海外流通促进机构(COD),专门拨款为该机构支持日本内容产业的相关企业在海外经营、开展文化贸易活动提供保障,促进日本文化产品出口。2009年,面对需求侧的疲软,民主党在赢得大选后提出"酷日本"战略,并将其视为新经济增长战略的重要组成部分。该战略试图以"酷日本"的国家形象,全面包装日本的各类文化产品和服务,提升日本文化在全球的辨识度,扩大日本文化的全球影响力。2011年,日本大地震发生后,日本政府换届,新上任的自民党政府以"振兴"为主题,进一步推动落实"酷日本"战略。这一战略一直延续至今,既支撑了日本文化产品和服务的出口,又借助文化传播吸引了大批国际游客入境消费。在资金方面,日本以财政出资特别建立的"产业海外展开基金"、外务省在政府开发援助中特批的"文化无偿援助"两个项目为核心,辅之国际交流基金、日本出版基金等细分行业专门基金,同出口退税、再投资退税、财政补贴、政府担保、优惠利率等综合性优惠政策共同支持本国的文化输出。2001年,韩国文化体育观光部设立了韩国文化产业振兴院,其主要任务包括扩大海外市场,并在主要对象国城市设立办事处,为韩国文化内容产业相关企业进军海外市场提供法律、宣传、组织等各类支持。后续数届政权沿袭金大中政府制定的发展路线,除修订此前颁布的各项法律法规之外,还策划包装本国的文化产品并对外开展"韩流"外交。以《韩国文化产业对外输出促进方案》为指引,凭借着文化创意产业振兴基金、电影振兴基金、广播发展基金、出版基金的支持,辅之以同日本相似的出口奖励、税收优惠、赠送传播等手段,按不同地区观众的审美特点传播韩国文化。虽然这种做法在国际上引起了一定的争议,但这些方式确实使得韩国文化走向了世界。

8.3.2　日韩内容产业发展经验

就日本与韩国文化产业的发展经验而言,高附加值的文化产业能够成为经济疲软时期挖掘新内需的一个切入点。优秀的文化内容产品既能为本国群众提供精神上的满足,又可以在海外创造经济价值的同时,使他国群众逐渐熟悉并认同本国文化。文化作为国家软实力的一部分,有助于提升国际话语权和影响力。这种话语权和影响力的建构是自下而上的,以群众的认知及认同为基础,能够潜移默化影响一国的社会、经济乃至政治环境。

首先,完善各项基础性制度保障。从日韩文化产业的发展经验来看,要培育并发展文化产业,必须做到法律与政策先行,从制度供给和资源供给上解决文化内容创作、生产销售、知识产权保护等从业者可能遇到的问题。只有从实质上解决这些问题才能使文化产业从业者全身心投身到文化内容的创制中。在具体内容上,则有必要从行政管理上放宽对于文化产业工作者的创作限制,减少不必要的束缚,才能使得创作者的才华充分涌流,从而呈现出更多出色的作品和更深刻的思想内涵。同时,也要鼓励创作题材的多样性,使之更有利于在海外传播,促进文化产业实现更大的经济效益。

其次,重点培育优质产品,开辟国际化道路。在发展文化产业的过程中应当实事求是,运用有限的资源重点培育一批基础较好、群众认可度高,并在国际上已经具有一定标识度的文化产业进行重点推广。以日本为例,在其动漫产业面向海外推广之前,日本已经在技术、市场方面做好了准备,因此,《铁臂阿童木》《鲁邦三世》等现象级作品得以顺利走出国门,为后续动漫产业在国际市场的腾飞打下了坚实基础。相反,韩国尽管在动漫产业同样投入了大量的资源,却收效甚微。

第 9 章 上海各区文化产业高质量发展

9.1 浦东新区建设文化产业高地

近年来,浦东新区基本形成了政府推动、社会参与、企业为主体的文化产业联动发展格局,在文化产业取得了可喜的成效。在浦东新区打造社会主义现代化建设引领区的征程中,文体新地标不断崛起,文化产业项目持续集聚,浦东新区的文化"质""数"齐升,成为把最好的资源留给人民的生动实践。

政策引领搭建示范模板,浦东新区加快建设国际文化大都市核心承载区。自 1990 年开发开放以来,浦东新区始终是上海乃至全国改革开放的"排头兵"和"试验田"。2021 年,《中共中央国务院关于支持浦东新区高水平改革开放打造社会主义现代化建设引领区的意见》(以下简称《引领区意见》)提出,浦东要成为现代城市治理的示范样板,提升治理科学化、精细化、智能化水平,在更高起点上发挥示范引领作用。这就决定了浦东新区既要在经济、金融、贸易、航运和科创等领域加强硬实力,又要在文化等领域重视软实力建设。为贯彻落实《引领区意见》,上海市委宣传部和浦东新区签署了《支持浦东新区高水平改革开放打造社会主义现代化建设引领区部区合作工作方案》,全面加强在思想文化领域的合作,助力浦东实现硬实力和软实力互动并进,提出打造"新时代文化品质城区"。

20世纪八九十年代,"宁要浦西一张床,不要浦东一间房"的上海俗语既透露着浦江东岸发展落后,又表达着浦东缺少文化底蕴和烟火气。90年代,上海图书馆、上海博物馆、上海大剧院、上海体育场等一批当时对标国际领先水平的文体设施纷纷在浦西落成,更加突出了浦西各区在文体产业发展中的领先地位。近半个甲子之后,时代的发展催动着文化产业供需两端的演进,一座座更为先进的文化地标接连在浦东新区落成,阐释着浦东新区作为新时代文化产业重镇的地位:2022年9月,国内单体建筑面积最大、对标"世界级全媒体复合型城市图书馆"的上海图书馆东馆正式开馆,阅读空间融合了艺术之美,本馆两倍数量的坐席与超10万平方米的新空间为更多读者与各式展陈活动提供了理想的栖身之所;定位"世界顶级的中国古代艺术博物馆"的正在建设中的上海博物馆东馆展陈空间达到本馆的三倍,两馆合计规模将列全国前五,年接待观众量将跻身全球前十,珍贵文物展出比例预计将从4.3%提高至10.5%;将于2025年开门迎客的上海大歌剧院是国内乃至亚洲首个按歌剧艺术全产业链要素设计建造的剧院,致力于成为全球歌剧演出场次最多、歌剧样式最全的歌剧院。①在运营中,这些新近文化设施紧跟上海全面推进城市数字化转型的脚步,利用新技术赋能场馆更高质量发展。加上容身于中华艺术宫的上海市唯一的国家重点美术馆——上海美术馆、留存世博记忆的梅赛德斯—奔驰文化中心、坐拥"黄浦江畔最后一块风水宝地"且为全国唯一官方国际性文物艺术品交易品牌的浦东美术馆、中国第一座以国际最高标准建造的专业足球场浦东足球场、一票难求的全球最大天文馆上海天文馆等,这些先后建设的先进文化设施彰显着浦东新区在文化软实力建设中的"硬核"表现。它们既是上海建设国际文化大都市的重要承载,也是建设公共文化高质量发展先行区的主要依托。

---

① 资料来源:人民网,《上海博物馆东馆:定位"中国古代艺术博物馆"》,http://sh.people.com.cn/n2/2021/0809/c350122-34859503.html。

《浦东新区建设国际文化大都市核心承载区"十四五"规划》指出,"十四五"期间,浦东新区将进一步深化国际文化交流合作,推动文化领域更高水平对外开放,打造文化"走出去"的最好跳板、"引进来"的前沿阵地,全力展现文化品牌标识度,增创文化国际合作竞争新优势,力争建成国际化与大众化并进的公共服务高品质供给标杆。

作为中国对外开放的重要窗口,浦东新区在文化产业发展中还尤其注重国际化建设。承载于一批对标国际顶尖水平的新近场馆设施,浦东吸引了一系列国际文化演艺、体育赛事、旅游推广、国际论坛和跨国企业等资源禀赋纷至沓来,在全球范围内多维度推介着浦东和上海的文化形象——中国国际动漫游戏博览会(CCG EXPO)、中国国际数码互动娱乐展览会等展会早已成为亚洲顶级互动数码娱乐展会;"一带一路"电影周系列主题活动依托于上海国际电影节,进一步打响上海"全球影视创制中心""全球电影工业新高地"的影视文化品牌;DOTA2 Ti9、2020英雄联盟全球总决赛等国际顶级电竞赛事的举办催化浦东新区全球电竞之都核心功能区建设,吸引全球电竞头部企业和中国游戏产业研究院落户;上海迪士尼乐园和上海海昌海洋公园两大国际大型主题乐园品牌成为海内外游客来沪全新"打卡点";国际箭联射箭世界杯赛、环法自行车职业绕圈赛、环球马术冠军赛、上海国际半程马拉松等具有广泛影响力的国际精品赛事与国际体育组织地区总部、知名体育企业和科研机构落户或迁至上海,成为打造全球著名体育城市的核心力量。浦东新区还在全市率先设立Facebook外宣账号,粉丝数已突破50万;"百年大党——老外讲故事""老外看浦东""西方媒体看浦东""港澳台媒体看浦东"等外宣活动、《开放浦东 梦想之城》、浦东开发开放30周年形象片、《我和我的祖国》快闪MV、《航拍上海·浦东篇》等影视内容引发全球热议、全网点赞。

浦东新区文化创意行业规模以上企业增长较快,企业营收总体大幅增长。近年来,浦东新区重点扶持的数字文化产业在阅文、哔哩哔哩、喜马拉雅FM等龙头企业拉动下,迅速形成了新的产业生态链,相关企业营收连续翻倍增长,数字文化产业在基数较大的情况下实现了快速增长,取得了较高的行业平均利润率。

浦东新区颁布促进文创类互联网平台产业高质量发展的政策,文创集聚区在浦东呈高速增长态势。浦东新区是上海互联网平台企业的最大集聚区,产业优势明显,率先推出了促进浦东新区文创类互联网平台产业高质量发展的"八大举措",期望新场景、新领域、新产业能够落户浦东,并利用引领区的政策红利更好发展,为浦东新区"十四五"文化产业的高质量发展开创新局面。

案例:世博文化公园

(1)背景介绍。

2017年9月,《浦东新区耀华地块 Z000101 单元(黄浦江沿岸 ES2 单元)世博文化公园(暂定名)控制性详细规划(实施深化)》获得上海市政府的批复,世博文化公园正式启动建设。建设世博文化公园,是上海完善生态系统,提升空间品质,延续世博精神,建设卓越全球城市的重大举措之一。世博文化公园所处的区域交通便利,通过轨道交通、隧道、大桥均可到达,已经成为上海中心城区黄浦江沿岸的生态地标。

黄浦江沿岸地区本就是上海重要的生态廊道,而世博文化公园位处核心滨江区,占地达到了 188 公顷。公园规划以绿地为主,塑造城市森林之感,以期让市民在闹市中静下心来。公园也规划了温室花园等场所,保留 4 个世博会场馆,持续营造出城市活力,延续城市文脉。世博文化公园的"生态性",不仅体现在宏观意义上,也体现在规划和建设之中。公园在建设中还引入了一系列先进生态理念和技术,应用于土壤修复,水系净化等方面。

上海中心城区的生态空间和绿地资源相对缺乏,人均公园绿地不足,缺少一座可以媲美纽约中央公园的全球城市标志性公园。2017年3月,上海市委、市政府提出要利用好世博会后滩地区,建设近 2 平方公里开放共享的大型公共绿地。它不仅仅是一处可供观赏游憩、服务周边市民的公共绿地,更是承载了上海的全球城市功能,成为一个开放共享、功能高度复合的城市公共活动中心。世博文化公园规划从"世博""文化""公园"三个角度诠释和演绎，以匹配上海卓越全球城市的定位，回应广大市民对美好生活的向往。

（2）发展特色。

世博公园是传承和展现城市文脉的载体。当人们站在世博文化公园北区的时光印记大道上，可以远望到远处四座上海世博会保留至今的场馆：原俄罗斯馆、原卢森堡馆、原意大利馆和原法国馆。世博公园的"申园八景"则在致敬上海古名园和传统园林手法的同时，展现了年轻人对传承文脉的独到见解，用各种海纳百川、融会贯通的元素体现时代风范。

世博文化公园旨在完善生态系统，提升空间品质，并延续世博精神。世博文化公园位于上海中心城区黄浦江沿岸，交通便利，已成为生态地标。世博文化公园还包括了温室花园、世博会场馆等设施，借鉴了先进的生态理念和技术，填补了城区缺乏生态空间和绿地资源这一空缺。世博文化公园不仅是传承和展示城市文脉的载体，更是由人民主动创造更加美好的城市与生活的写照，也是对世博精神的深刻诠释和生动落实。

未来，浦东新区将持续建设文化产业高地。浦东新区将深入落实"上海文化"品牌专项行动计划，加快推进上海大歌剧院等一批重大文化设施建设，着力推进电竞之都和度假区国际影视基地建设，进一步加快行政审批制度改革，不断完善营商环境，充分提升浦东文创企业的竞争力、影响力、辐射力和带动力，促进新区文创产业继续加快发展。

9.2　黄浦区建设核心引领区

黄浦区地处黄浦江和苏州河交汇处西南端，有 8.3 公里黄浦滨江岸线和 3

公里苏州河滨水岸线,红色文化渊源厚重,海派文化成色鲜明,江南文化要素集聚,是上海中心城区核心区,是上海经济、行政和文化中心所在地,也是上海的"心脏、窗口、名片"。"十三五"时期,黄浦区紧紧围绕"经典黄浦、精品城区"的总目标,对标上海文化创意产业创新发展的要求和加快建成世界著名旅游城市的目标,坚持文商旅融合发展,努力打造世界级文化旅游目的,积极推进黄浦作为亚洲演艺之都、国际设计之都、国际时尚之都的核心区建设,打响"艺术外滩"品牌,推动百年外滩成为具有世界级影响力的全球艺场。

根据黄浦区印发的《黄浦区文化和旅游发展"十四五"规划》,"十四五"期间,黄浦区文旅发展的重点项目包括黄浦区文化中心项目、上海文庙改扩建工程、深入推进演艺大世界建设、外滩国际电竞文化中心建设、提升老码头文化休闲功能、田子坊景区优化改造、豫园景区能级提升、新天地景区功能提升、福州路文化街区打造、淮海公园文化功能提升、大世界非遗主题乐园及蓝绿丝带文旅休闲长廊。

"十四五"期间,黄浦区提出以"高能级文旅,高品质体验"为总体目标,对标全球城市的最高标准和最好水平,把握中心城区提升能级与核心竞争力的趋势,把文旅产业作为黄浦区"十四五"时期实现高质量增长的强大引擎,全面推动文旅产业升级。2021 年 11 月,黄浦区发布的《黄浦区文化和旅游产业发展专项资金管理办法》(以下简称《管理办法》)是黄浦区"十四五"期间出台的首个文旅产业支持政策。《管理办法》从 11 个方面推出一系列的支持措施,主要涉及两个部分,一是文旅产业共享支持的六个方面,二是重点推动的五大产业支持。

黄浦区坚持文商旅融合发展,努力打造世界级文化旅游目的地。根据《黄浦区文化和旅游发展"十四五"规划》,黄浦区拥有外滩、人民广场、南京路、淮海路、豫园、新天地、田子坊、8 号桥、外滩源、世博滨江、思南公馆、老码头十二张城市名片,商旅文资源丰富,是一个景城一体的全域旅游目的地。黄浦区持续提升外滩、豫园、新天地、思南公馆、世博滨江等城市名片的品牌标识度,重点推进自苏州河口区域至复兴东路,全长约2.6公里的全域旅游外滩滨江示范段建设;首创"城市微旅行"项目,已形成徒步游黄浦、骑行游黄浦、地铁游黄浦、观光巴士游黄浦和主题游黄浦五种载体33条城市微旅行产品体系。2022年,黄浦区入选文化和旅游部公布的首批国家全域旅游示范区名单。2022年第三届"上海夜生活节"期间,聚焦五个地标性夜生活集聚区,围绕夜购、夜食、夜游、夜娱、夜秀、夜读、夜动七大主题,举办了一批主题鲜明、体验感强的活动,吸引了大量市民群众参与。

黄浦区围绕建设"亚洲演艺之都"核心示范区的目标,以高标准品牌建设打响了演艺大世界的"卓越名气"。2018年8月,市委有关领导在黄浦区调研上海"文化品牌"建设工作情况时提出"要加快推进环人民广场演艺集聚区建设"的要求,并持续关心关注演艺大世界的发展。2018年11月,经全球征名,"演艺大世界"正式定名,以人民广场为核心区域,辐射整个黄浦区乃至上海市中心城区。2021年,演艺大世界区域内剧场增至25个,演艺新空间达44个,完成国内申报演出39 487场,首演剧目28部。[1]此外,黄浦区成功举办上海国际音乐剧节等各类音乐戏剧节展,拓展"演艺星空间"等新业态,还推进了"黄浦微旅行"品牌建设,推出"寻迹南京路"等文旅商联动产品。同时,上海城市草坪音乐会也入选第四批国家公共文化服务体系示范项目,组织线上直播观看"春之声""夏之魅""秋之韵"等演出活动。截至2022年3月底,黄浦区域内有25个专业剧场,46家获授牌的"演艺新空间",汇聚了戏剧(含歌剧、舞剧)、戏曲、音乐剧、音乐会等各个门类的艺术表演形式。其中,人民广场周边1.5平方公里范围内的核心区,是全国规模最大、密度最高的剧场群。[2]

黄浦区文创产业方兴未艾,助力上海建设世界一流"设计之都"。"十四五"

① 资料来源:上观网,《黄浦区文创产业发展工作要点出台,助力国际文化大都市核心引领区建设》,https://www.jfdaily.com/sgh/detail?id=819371。

② 资料来源:澎湃新闻,《黄浦艺见|演艺大世界:有戏可看、有物可购、有景可赏、有友可聚》,https://m.thepaper.cn/baijiahao_17001354。

期间,黄浦区以优化完善设计创新生态体系为支撑,助力上海成为世界级"设计之都"。2022 年 9 月,首届世界设计之都大会在黄浦区举行,浦江两岸设计的热度飙升。申城上下设计的热力四射。作为上海建设"设计之都"的核心承载区,黄浦区在创意设计领域具有很强的竞争优势,被授予"上海设计之都建设示范区"称号。围绕工业设计、建筑设计、时尚创意、数字文创等方面,黄浦区集聚了一批知名企业,包括马兰戈尼、当纳利、华建集团、老凤祥、索尼等行业知名企业。截至 2022 年 9 月底,黄浦区拥有设计特色文创园区 19 个、总面积 40 万平方米,园区入驻企业逾 500 家,汇聚 70 余家设计领军企业。黄浦区的文创产业中表现最为突出的是时尚创意产业。2021 年,黄浦区时尚创意企业累计纳税占创意设计产业总税收的比重超过 60%,税收前 20 企业中有 13 家集中在时尚创意业,包括老凤祥、老庙黄金、豫园珠宝、施华洛世奇等。①

黄浦区深化跨界融合,拓展文创新消费。截至 2021 年底,黄浦区共有文创企业 6 000 多家,规模以上企业营业收入 2 668.5 亿元,占全区总营收的 21.3%。全区共有文创园区 19 个,总面积约 38 万平方米,2021 年实现总税收 21.8 亿元,同比增长 40.8%。②黄浦区文化园区建设日益多样化。区内共有上海世博城市最佳实践区、8 号桥四个园区、智造局、智造坊、龙之苑、卓维 700、田子坊、SOHO丽园、红双喜、老码头、宏慧・盟智园、德必外滩 WE 等 15 个园区获评市级文创园区,其中 8 号桥、世博城市最佳实践区被认定为示范园区,德必外滩 WE 被认定为示范楼宇。全区共有 117 个项目获市、区两级文创资金支持,35 个项目获市文化资金支持,16 个项目获区文旅资金支持,3 家企业、2 个项目入选国家文化出口重点企业和项目。③

---

① 资料来源:澎湃新闻,《助力上海建设世界一流"设计之都",黄浦文创产业方兴未艾》,https://m.thepaper.cn/baijiahao_19985136。

②③ 资料来源:上观网,《黄浦区文创产业发展工作要点出台,助力国际文化大都市核心引领区建设》,https://www.jfdaily.com/sgh/detail?id＝819371。

案例："艺术外滩"

（1）背景介绍。

外滩，全长 1.5 公里，昔日是"东方华尔街"，如今"艺术"成为外滩当仁不让的主角。"艺术外滩"成立于 2015 年，旨在塑造"人类艺术、世界外滩"。艺术外滩是基于外滩地区丰厚的历史底蕴、艺术机构的自然集聚和艺术品产业的发展趋势，以传统外滩地区为核心，覆盖整个黄浦区的艺术品产业集群区域品牌。

（2）发展特色。

黄浦区打响"艺术外滩"品牌，积极推动艺术品产业集聚发展，推动百年艺术外滩成为具有世界级影响力、引领中国特色艺术品产业发展的全球艺场。上海外滩的真正魅力，不仅在于其商业繁荣、金融集聚，更在于它内在的艺术精髓和文化特质。黄浦区深度融入上海"国际艺术品交易中心"建设，开展艺术品产业的相关调研活动，吸引更多艺术品企业、机构和人才集聚黄浦区，营造良好的产业生态和营商环境，充分发挥区域内美术馆、艺术馆、画廊和艺术家工作室及艺术品拍卖机构等艺术品产业主体的集聚优势，推动"艺术外滩"品牌机制建设。

在 2022 年第四届上海国际艺术品交易周期间，黄浦区首次打响"艺术外滩"品牌，并于同期推出"艺术外滩"2022 年国际艺术周系列活动，取得了非常好的反响。2023 年 9 月 14 日，黄浦区举行"全球艺场——艺术外滩"建设发布会暨 2023 外滩国际艺术节开幕式，并发布《艺术外滩品牌建设三年行动计划》以及《关于艺术外滩建设指导意见》，提出争取到 2025 年实现艺术机构集聚更多、艺术品交易额更高、产业融合引领更强、城市艺术氛围更浓、产业发展环境更优的阶段性目标。

9.3 静安区优化公共文化服务

文化建设人民共享,静安区现代公共文化服务体系普惠群众。2018 年,静安区出台了《静安区全力打响"上海文化"品牌加快建设国际文化大都市核心区三年行动计划(2018—2020 年)》,提出"率先构建现代公共文化服务体系"的发展目标。以公共文化服务体系建设为核心,静安区坚持文化惠民,高质量打造了 42 个示范性"灰引力"基层公共文化服务点,创新运用"区块链＋"技术实施"十百千万"公共文化配送工程。针对静安区"撤二建一"后的公共文化基础设施"南密北疏"情况,静安区打破原有行政空间分隔,在南片重点提高公共文化设施的利用率,在北片增加公共文化设施的密度和能级,促进区域联动和文化资源共享,推动区内文化产业协调发展,形成了贯穿城区南北的"共创互融复合发展轴"、连接东西的"中环线两翼创新创业活力带""苏州河两岸人文休闲集聚带""南京西路两侧高端文化服务带"这"一轴三带"发展格局,围绕"一轴三带"铺开文旅建设,整合区内红色文化、海派文化、苏河文化、民族工商业文化、抗战文化等遗产和各类博物馆、艺术馆、电竞场馆等现代文化设施,有效提升了区内文化资源的可得性。

"十三五"期间,静安区成功创建成为第二批上海市公共文化服务体系示范区,与黄浦区共同入选了 2021 年第一批国家文化和旅游消费试点城市。随着顺利通过"全国文明城区"复评,静安区近年来全面推进新时代文明实践试点工作,在全区形成了"1 个新时代文明实践中心＋14 个街镇分中心＋267 个文明实践站＋75 个特色阵地"的新时代文明实践网。[1]通过超 19.9 万名区内志愿者的

---

[1] 资料来源:上观新闻,《引领新风尚,激发向上、向善、向美力量|静安区加强内涵提升,书写文明实践特色"样本"》,https://www.jfdaily.com/sgh/detail?id＝524646。

实践与近 200 人团队的红色文化志愿者宣讲,静安区以文化建设凝聚群众,把文化工作和城区文明建设做到实处。①上述措施使静安区文化发展成果惠及了更多群众。

静安区加快文化产业集聚发展。静安区培育文化创意新主体、新业态、新载体,突出影视、演艺、创意设计、会展、艺术品、文化金融等重点门类,贯彻"互联网 + "国家战略,结合"一河、两岸、三区、四街"的文化空间布局。截至 2020 年 4 月,静安区共有文化创意产业园区 47 家,其中市级文化创意产业园区 17 家,国家级版权示范园区(基地)1 家,市级版权示范单位 15 家,市级影视拍摄推荐取景地 24 家。②这些园区集聚了大批与时尚创意、影视制作、文化传媒相关的企业和机构,基本形成了重点突出、富有特色的文化产业发展格局。

静安区拥有丰富多彩的文旅项目。"十三五"期间,静安区拥有的各类旅行社数量接近全市总量的 50%。积极发展富有静安特色的红色旅游、工业旅游、购物旅游等项目,形成了 10 条以上精品漫步旅游路线,全区旅游、宾馆、会展业年营业收入突破 150 亿元。静安区以"国际静安,卓越城区"为总目标,挺进新一轮跨越式发展的奋进阶段。③

《静安区旅游发展"十四五"规划》指出,"十四五"时期静安区文旅建设要继续深入践行"人民城市人民建,人民城市为人民"的理念,把人民作为文化和旅游发展的价值起点、实践主体、动力源泉,坚持文化普惠人民,推动文化活动共创共享。"十四五"期间,静安区文化创意产业税收逐年增加。静安区巩固优势产业基本盘,培育产业发展新动能,重点发展商贸服务、金融服务、专业服务、数据智能、文化创意、生命健康六大产业,形成创新型的高端化、国际化现代服务业体系。2021 年,静安区实现文化创意产业税收收入 39.45 亿元,比上年增长 26.8%,占全

---

① 资料来源:上海东方网,《上海静安打造新时代文明实践的独特样本》,https://j.eastday.com/p/1607079643025469。

②③ 资料来源:上海市静安区政府官网,《静安区文化旅游发展"十四五"规划》,https://www.jingan.gov.cn/wzdsgl/epointtemp/editor/uploadfile/20210817112845333.pdf。

区总税收的 4.7%，比上年增加 0.2 个百分点，其中科研创意服务业实现税收 20.35 亿元，增长 37.6%，影视娱乐文化业实现税收 8.89 亿元，增长 27.0%。①

案例：上海歌剧院

（1）背景介绍。

位于静安区常熟路 100 弄 10 号的上海歌剧院成立于 1956 年，其前身是 1935 年成立的新安旅行团。经历半个多世纪的发展，上海歌剧院在歌剧、舞剧、音乐剧、合唱、交响乐等领域留下了辉煌的足迹，成就了任桂珍、施鸿鄂、李仲林、舒巧等闻名遐迩的老艺术家，在中国舞台艺术发展史上写下了闪光的一页。如今，以许忠、魏松为领军人物的上海歌剧院聚集了张国勇、林友声、张诚杰、杨小勇、迟立明、张峰、韩蓬、徐晓英、熊郁菲、朱倩、张玉照、宋洁、陈涵、陈阳岳彤等知名艺术家，是中国著名的表演艺术团体。

截至 2017 年底，上海歌剧院共有 47 个剧目在国内外比赛中获得了 67 个奖项，25 人次在国际比赛中获奖，174 人次获省部级以上奖项。[1] 上海歌剧院始终坚持原创与经典并举，先后创排了许多样式丰富、别具风格的原创作品，包括原创歌剧《天门岛》《海峡之花》，原创音乐剧《西之当歌》，原创舞剧《小刀会》《凤鸣岐山》《周游》《奔月》，以及交响合唱、现代舞等百余部各种形式的大型作品。同时，上海歌剧院广采博收、融通中外，无论是《茶花女》《图兰朵》等西方经典歌剧，还是《江姐》等民族经典歌剧；无论是《黄河大合唱》《卡尔米那·布拉那》《安魂曲》，还是贝多芬《第九交响曲》，这些中外大型交响合唱、清唱剧作品，均领风气之先，精彩的演绎为观众带来了美好的艺术享受。

（2）发展特色。

为了打造富有静安特色的"红色文化"品牌，静安区与上海歌剧院充分发

---

① 资料来源：《2021 年上海市静安区国民经济和社会发展统计公报》，https://www.jingan.gov.cn/main/f5586767-3862-4432-91d7-f2f72bfbf5da/928b05cb-de0e-4edd-a0dc-873898f21999/20220714152331035069.pdf?eqid = bf83b82c00085a12000000046476dadf。

挥优势资源叠加效应,联袂推出了原创歌剧《晨钟》的集中展演活动。展演通过专题展览、公益演出等形式,将主旋律和正能量送至区内不同行业和领域,为广大市民近距离接触高雅艺术搭建更多便利平台。作为上海的一张文化名片,上海歌剧院的足迹遍布大江南北,向全国观众展示了上海文化的影响力和上海歌剧院的综合实力。此外,上海歌剧院也广泛开展中外合作与交流,与世界著名歌剧院合作演出的歌剧《波希米亚人》《阿蒂拉》《卡门》《曼依·莱斯科》大获成功。歌剧院各类作品曾出访意大利、梵蒂冈、奥地利、芬兰、瑞典、德国、日本、朝鲜、中国香港、中国澳门等 30 多个国家和地区,并在芬兰萨翁林纳歌剧节、瑞典达尔哈拉艺术节等国际著名艺术节上亮相,获得业界的赞誉。

[1] 资料来源:北京大学百周年纪念讲堂,《庆祝讲堂运行 20 周年系列——上海歌剧院贺信》,https://pkuhall. pku. edu. cn/sytzlm/sytzjchg/f1bd2f1e7139499cbc5a43a76c545b6c.htm。

9.4　徐汇区文化产业成果丰硕

　　徐汇区文创产业营收蝉联上海市第一,连续发布多轮产业政策及扶持项目。2022 年,徐汇区文旅通过落实《上海市助行业强主体稳增长的若干政策》("上海 22 条")、《徐汇区加快经济恢复和重振实施方案》("徐汇 27 条")等政策举措,投入数千万元专项资金,扶持百余家企业,推动文创产业发展逆势上扬,规模以上文化及相关产业营业收入连续四年位列全市第一,2022 年前三季度总营收 1 895.13 亿元,占全市的比重为 24.76%,增幅较全市平均高出 8.14 个百分点。①

---

　　①　资料来源:澎湃新闻,《徐汇文创产业营收蝉联全市第一,新一轮产业政策及扶持项目发布!》,https://m.thepaper.cn/newsDetail_forward_21136996。

徐汇区文创产业主要包括游戏动漫、传媒影视、艺术演艺和数字创新四大核心行业。2022年上半年,徐汇区大力发展文化创意产业集群,抢抓元宇宙、NFT数字艺术品等新赛道,培育文创产业新增长点,提升文化创意产业发展能级。在游戏动漫方面,徐汇区集聚了米哈游、腾讯、网易、趣加互娱、莉莉丝、鹰角、巨人、完美世界、乐元素、游族等游戏企业,占据上海游戏产业半壁江山,2022年前三季度规模以上企业总营收400亿元,同比增长19.4%。①传媒影视方面,汇集了湘芒果、阿里文娱、企鹅影视、唯众传媒等传媒影视头部企业,打造国际级文化传媒重镇。艺术演艺已成为徐汇的特色标签之一,西岸美术馆大道逐渐成为国际知名的艺术品牌,西岸艺博会首日达到近亿元成交额,包括上海话剧艺术中心、上海交响乐团在内的80%市级院团落户徐汇,上剧场、黄标俱乐部、梦响强音等品牌项目营造出多样的市场氛围;数字创新方面,徐汇区文创和科创一体两翼、互相赋能,漕河泾地区的产业氛围、西岸的技术基础将共同助推徐汇在文创领域继续发力。

地标载体与项目建设两手抓,徐汇区文化产业表现亮眼。2021年,徐汇区入选首批国家文化和旅游消费示范城市,成为全国率先获评的两个直辖市城区之一,也是上海市唯一获此殊荣的城区。②数据显示,徐汇区规模及以上文化及相关产业营业收入连续四年位列上海各区第一,2022年度总营收2 580.65亿元,占全市23.92%,增幅较全市平均高出10.89个百分点。③2020年,区级文化发展专项资金共支持市区两级文创项目158个,各类补贴金额共计超过5 000万元。④徐汇区全域面积约55平方公里,占上海市面积不到0.9%,且大型旅游资源与设施相对不足,在条件有限的情况下,近年来,徐汇区从需求端的文旅消

---

① 资料来源:腾讯网,《徐汇区文旅出台1+2产业政策　打造千亿级产业集群》,https://new.qq.com/rain/a/20221209A08PRJ00。

② 资料来源:《2021年上海文化产业发展报告》。

③ 资料来源:证券时报网,《游戏产业上海"玩家":数字文创驱动科技创新蝶变》,http://www.stcn.com/article/detail/830427.html。

④ 资料来源:上海市徐汇区人民政府官网,《对区十六届人大七次会议第21-0070号代表建议的答复》,https://www.xuhui.gov.cn/H/xhxxgkN/xhxxgk_whj_jytabljg/Info/Detail_57930.htm。

费入手,积极探索文旅消费的内涵,又从供给侧制定结构性改革方案,有效利用并扩建现有文化场馆、发挥文化资源优势,聚焦新业态、新产业,重构旧有空间,重塑内容生态,取得了上述佳绩。

近年来,徐汇区文化产业获得丰硕成果。徐汇区陆续涌现出诸如武康大楼、黑石公寓、灯塔书房、上海交响乐团、百代小楼、徐家汇天桥连廊、西岸美术馆大道等一批知名的文化地标载体,培育了"魅力衡复""徐家汇源""艺术西岸""古韵龙华"以及"漕河泾数字文娱产业集聚区"等一系列充满活力的地标性文化产业集群,推出了"汇文艺·惠生活""住徐汇·品海派""西岸文化艺术季"等文旅消费系列品牌,打造了上海国际艺术品交易月、西岸艺术与设计博览会、世界人工智能大会·西岸峰会等一批具有国际声誉和影响力的品牌活动。

以武康大楼为例,徐汇区近年来对大楼建筑本体进行了修缮,调整了周边区域架空线入地,整治了商业环境,更新了底楼沿街业态,为往来市民和游客提供了休闲娱乐、消费分享的理想场所。从纯粹的文艺地标到文旅消费场所,徐汇区在现有条件下使相关文化载体完成了转型升级。类似地,衡复历史文化风貌区围绕上海话剧艺术中心和上海交响乐团两个文化枢纽,在周边更新了安福里、各类旗舰店和网红餐厅等消费场所,还将老建筑黑石公寓全面塑造为"黑石 M+",入驻新业态商户,形成适合往来游人驻足的"街区客厅"。在滨江岸线已建有西岸剧场群、美术馆大道、滨江步道公园等功能性设施的基础上,徐汇区围绕"艺术"这个关键词,打造了一条从艺术创作、加工到交易的完整产业链,通过上海国际艺术品交易月和西岸艺博会等文化产业项目吸引各类商业品牌资源入驻,使艺术类消费走出"小众",实现破圈,显著扩大了消费人群范围,并提升了消费能级。

徐汇区不断激发文旅产业新活力。徐汇区建设首批国家文化和旅游消费示范城区,开展"汇文艺·惠生活"文旅消费季活动,推出"三体沉浸式娱乐世界"等文商旅项目,推动文旅消费加快复苏。截至 2021 年 10 月底,徐汇区在文化载体方面已经建成市级文创园区 15 个、示范楼宇 4 个、示范空间 5 个,数量均居全市第一,总建筑面积约 100 万平方米,入驻企业 1 300 余家,为徐汇文旅产业发展提供了重要动力。①

在地标载体所承载的文化项目方面,除已提及的上海国际艺术品交易月等系列活动外,上海电影制片厂有限公司出品的电影《望道》、上海米哈游网络科技有限公司的旗舰产品《原神》等项目获得了市、区各级各类文化及相关产业发展专项资金支持,风靡数百个国家和地区,在全球范围内成为现象级产品。在2021—2022年度国家文化出口重点企业和重点项目评选中,徐汇区内共有获评重点企业7家,占全市总量的1/5;重点项目4个,占全市项目总量的1/3。②徐汇区以"建设卓越全球城市的国家文化出口基地"为目标定位,正在不断打造高质量载体以承载高质量项目,力争创成国际文化枢纽。

《徐汇区海派文化之源品牌建设"十四五"规划》显示,到2025年,全区预期将实现文化及相关产业总产值超过2 200亿元,新增公共文化设施面积10万平方米,进一步将优化空间布局、深化文化内涵、焕发创新动能、扩大辐射网络、加强文化惠民等工作作为具体着力点,加速区内经济结构转型升级,推动徐汇成为社会主义国际文化大都市和世界著名旅游城市的重要承载区。

案例:艺术西岸

(1)背景介绍。

上海西岸位于徐汇区西南域,北起日晖港,南至关港,东临黄浦江,西至宛平南路—龙华港—龙吴路,紧邻徐家汇、龙华历史文化风貌区,与世博园区、后滩花园隔江相望,面积约9.4平方公里,岸线长约11.4公里,是上海黄浦江两岸可成片开发面积最大的区域,区域开发总量达900万平方米。[1]

---

① 资料来源:上海东方网,《精准施策,构筑徐汇文旅产业高地》,https://j.eastday.com/p/163400438477010206。
② 资料来源:上观新闻,《上半年营收超1 095亿元,上海这个区文化产业成绩亮眼,有资源更要拼实力》,https://web.shobserver.com/staticsg/res/html/web/newsDetail.html?id=413315。

上海西岸遵循"规划引领、文化先导、产业主导"的总体开发思路，围绕"西岸文化走廊"品牌工程、"西岸传媒港"等核心项目，着力打造汇集国内外顶尖文化艺术、信息传媒、时尚设计、创新金融等业界领袖的国际级滨水文化金融集聚区，目标成为与巴黎左岸、伦敦南岸比肩的、独具魅力与活力的世界级滨水新城区。

(2) 发展特色。

其一，上海西岸开辟了全新的时尚板块。西岸探索时代前沿，明确聚焦当代艺术国际化的路线。近年来，西岸人流量的增长尤其明显，吸引了重要国际时尚机构、媒体、品牌、买手等齐聚于此，将影响力进一步传播至国际版图。其二，将时尚与商业直接挂钩，为文化传统创意产品的价值模式带来多元可能，针对不同的人群，展示多层次、不同价格的艺术品，尝试多元化的销售模式。其三，提升政策支持与空间"稳定性"，这种"稳定性"来自上海西岸对艺术领域长远稳定的规划，提升了各界对于上海艺术品保税政策未来可能性的期待。

(3) 发展成果。

上海西岸在文化创意、文化传媒及文化金融三大核心产业板块都取得了较好的发展。

文化创意方面，上海西岸引入龙美术馆、余德耀美术馆、上海摄影艺术中心等众多知名文化艺术机构，推进油罐艺术公园、西岸美术馆、星美术馆、水边剧场等文化载体建设，不断扩大美术馆大道版图。

文化传媒方面，在西岸音乐节、西岸艺术与设计博览会、西岸建筑与当代艺术双年展等品牌活动的引领下，上海西岸正在成为上海高品质文化、商业和体育活动的聚集区。

文化金融方面，上海西岸成功吸引了上海梦中心、腾讯、湘芒果、华鑫证券等优质文化资本及金融产业项目入驻。

案例：徐家汇源

（1）背景介绍。

徐家汇源景区位于上海都市旅游中心圈徐家汇，东起宛平南路、天平路、华山路，南临中山南二路，西至凯旋路，北达淮海西路。

2012 年，占地 2.2 平方公里的徐家汇源被确立为国家 AAAA 级景区，成为上海首个"开放型都市旅游景区"。[2] 景区主要由历史景观风貌、时尚活力购物和绿色休闲娱乐三大板块组成。徐家汇地区将以建设"徐家汇国际商务商业核心区"为基本目标，打造"商务商业核心圈"与"四大功能区块"（绿色人文功能区块、科技创新功能区块、体育休闲功能区块、时尚设计功能区块）。

（2）发展特色。

一方面，徐家汇商圈的历史底蕴浓厚，是海派文化的发源地。近代历史上，徐家汇是中西文化兼容并蓄的象征，至 20 世纪初，徐家汇已具规模，发展为文化重镇，继而成为海派文化之源。另一方面，在城市规划上，为配合地铁一号线工程建设，徐家汇在 20 世纪 90 年代初新建了营业面积达 9 300 平方米的汇联商厦等一批商店，成为徐家汇商业街的延伸；90 年代中期，旧区改造加快，以徐家汇广场绿地为中心，周边建成了一批现代化商务大楼，徐家汇正式成为上海知名的文化商业中心。

（3）发展成果。

徐家汇源由历史景观风貌、时尚活力购物和绿色休闲娱乐三大板块组成，公共文化服务、文化产业、文化市场、优秀历史文化传承保护等领域相互促进、相得益彰。在遵循各个体系自身规律的基础上，徐家汇源正努力探索国际大都市一流文化强区的独特发展模式。

历史景观风貌方面，景区内有着众多全国知名乃至世界闻名的资源实体，被誉为"生活着的百年上海"。这里有被称为"远东第一大教堂"的哥特式双塔建筑徐家汇天主堂、上海现存最早的近代图书馆"徐家汇藏书楼"、上海现存最早的民居明代建筑"南春华堂"，以及《义勇军进行曲》的录制地百代公司旧址等。

时尚活力购物方面,徐家汇拥有上海六百、太平洋百货、东方商厦、港汇广场、汇金百货、美罗城等 20 世纪 90 年代后崛起的商业地标,针对不同消费群体错位经营,串联起肇嘉浜路、天钥桥路、华山路、虹桥路、漕溪北路五条繁华马路,提供"一站式"消费选择,是上海十大市级商业中心,也是不少老上海心中难以忘怀的徐汇记忆。随着区域经济的发展,商业环境、消费群体急剧变化,商圈业态的也在转型迭代,经过装修后焕然一新的港汇广场、崭新开业的 One ITC 引领着新型商场的潮流。

绿色休闲娱乐方面,2012 年,徐家汇源都市文化旅游景区被评为国家 AAAA 级景区,实现了由商圈到景区的转变。为了维持景区的运营管理,徐家汇街道成立了管理公司,制定了旅游专项发展规划,拨付专项资金支持。景区依托"文化长廊"建立了旅游步道,设置了全景图、导览图、指示牌、景点介绍牌、安全警示牌等六类标志牌,增设了三处旅游自行车租赁点,并提供免费讲解服务。在此基础上,景区还开通了徐家汇源官方网站、官方微博和微信公众号,定期组织线下讲座和参观活动。通过对核心价值的提炼以及对历史建筑的深入研究、系统展示,徐家汇源景区依托徐家汇地区的历史建筑群、博物馆、陈列馆等,形成了"点—线—面"结合的展示系统,初步建立起文化遗产价值阐释体系,将徐家汇源景区建成一座"没有围墙的博物馆"。

案例:魅力衡复

(1) 背景介绍。

衡山路—复兴路历史文化风貌区是上海首批以立法的形式认定和保护的 12 个历史文化风貌保护区之一。衡复风貌区总面积 7.75 平方公里,在徐汇区内的面积为 4.43 平方公里。风貌区(徐汇区部分)共有优秀历史建筑 950 幢、保留历史建筑 1 774 幢、一般历史建筑 2 259 幢、其他历史建筑 1 424 幢。[3]

衡复街道历史底蕴深厚,传奇故事不胜枚举;建筑风格各异,英美法德各式尽有,堪称浓缩了上海近代居住建筑的百年变迁史;同时,这片区域留下了许多历史,构建起近代百年中国兴衰起伏的肌理,成为上海近代历史文化的交汇点。

(2)发展特色。

一是红色基因。徐汇区内历史建筑富有的红色基因、背后蕴藏的名人故事和历史事件无不传承着上海城市精神,随着时间打磨愈加芬芳,如宋庆龄故居、巴金故居、黄兴故居、柯灵故居等皆集于此。充分利用中国共产党诞生地红色文化的集聚优势,依托区内爱国主义教育基地、红色遗址遗迹和英雄故事,衡复风貌区在一条条红色路线中诉说着中国共产党创建的光荣历史和峥嵘岁月,深化群众对红色文化的认识。二是历史修复工作。对于衡复风貌区的修缮工程,徐汇区坚持"修旧如故、以存其真"的原则,尊重文物建筑的历史、科学和艺术价值。同时,徐汇区还对修缮中的文物建筑架设了健康监测系统,对建筑的倾斜和不均匀沉降予以实时监测,从而再现经典建筑的原有风貌,助力打造全球城市的"衡复样本"。

(3)发展成果。

衡复风貌区的发展成果主要体现在人文资源和特色商业上,两者相得益彰,相互促进,形成了"衡复样本"的独特优势。

人文资源方面,在衡复风貌区,有着堪称"衡复样本"的人文故居——位于乌鲁木齐南路上的夏衍旧居、草婴书房,复兴西路上的柯灵故居,五原路上的张乐平故居等。上海武康大楼、黑石公寓等优秀历史建筑都在修缮后"破圈"成为网红打卡点,武康路上的巴金故居、拥有近百年历史的淮海大楼(原名恩派亚大楼)等不可移动文物的修缮工作也在持续展开。这些拥有近百年历史的优秀建筑,正在逐渐恢复百年前的整体历史风貌,助力打造徐汇区下一个文旅新地标。

特色商业方面,衡复风貌区内集聚了一批特色的、精品的、小而美的特色园区和街坊,一批标志性的、引领性的、消费类的外资总部企业以及一批高端定制的、富有融合文化体验的餐饮服务业态,包括建业里、黑石M+、武康庭、永平里、尚街 Loft、越界永嘉庭,其中不乏米其林一星、黑珍珠二钻的高档餐厅。

案例:《球球大作战》

（1）背景介绍。

《球球大作战》由徐汇区的巨人移动科技有限公司出品,获 2021—2022 年度国家文化出口重点项目,开创了休闲竞技游戏品类,长期位居 App Store 免费游戏排行榜、畅销榜前列。巨人网络是一家创新驱动的互联网企业,通过提供有核心价值的产品和服务,让用户享受创新带来的便利。公司积极响应文化出海的号召,持续投入优势资源打造高质量的游戏产品,为推动中国文化走向全球持续努力。

作为一款由上海本土游戏企业独立开发的手游代表性作品,《球球大作战》在 2017 年 1 月日活用户突破 2 500 万,月活用户过亿,同时在线用户峰值达到 338 万。巨人网络发布的 2022 年半年度财务报告显示,2022 年上半年巨人网络实现营收 10.64 亿元,同比增长 2.71%;实现归属于上市公司股东的净利润 4.99 亿元,同比下降 13.02%;实现归属于上市公司股东的扣除非经常性损益的净利润 5.91 亿元,同比增长 23.01%。其中,自研“征途”全系产品及《球球大作战》等多款产品持续、稳定地贡献收入。[4]

（2）发展特色。

上海拥有国内最完善的电竞产业链,从上游厂商、中游赛事、俱乐部、制作公司到下游直播平台、周边产品,上海都处于全国前列,全国 80% 以上的电竞公司、俱乐部和明星也集中在上海。上海作为国际化大都市的曝光率对于赛事的招商同样至关重要。在传统体育赛事招商难的情况下,落地上海的顶级电竞赛事几乎都早早敲定品牌冠名和赞助,优质的生态和完备的招商体系让上海成为顶级电竞赛事最青睐的着陆点。

目前,中国大部分的移动电竞都是根据端游衍生而来,虽然简化了游戏设置和操作难度,吸引了相当一部分用户,但过长游戏时间和不低的入门门槛还是将很多潜在的电竞用户拒之门外。而《球球大作战》每一局游戏时间仅十分钟左右,这种轻竞技重体验的游戏模式对时间碎片化的人群来说无疑是较好的选择,这也是球球用户呈井喷式增长的重要原因之一。

在商务部公示的"2021—2022年度国家文化出口重点企业和重点项目名单"中,巨人网络与旗下游戏产品《球球大作战》分别入选国家文化出口重点企业和国家文化出口重点项目。

案例:《原神》

（1）背景介绍。

2021年,上海游戏产业实现销售收入1 250.3亿元,占国内全行业的三分之一。[5]以"跨界破圈"为关键词,上海游戏企业与音乐、动漫、文学、电影、脱口秀频繁碰撞,将原创好故事、现代新技术与复合型人才交融汇合,成就了"传统故事现代表达,上海故事国际表达"的文化传播新样式。《原神》是由徐汇区的上海米哈游网络科技有限公司推出的旗舰产品。

2020年10月29日,Sensor Tower发布了《原神》移动端上线30天的预估收入,2.45亿美元（折合人民币约16亿元）的成绩高居同时间段全球移动手游首位,这个数字并不包括全球第三方安卓市场的收入。2020年11月13日,Sensor Tower对外发布了10月报告,报告显示,当月米哈游《原神》在全球App Store和GooglePlay吸金2.39亿美元,位列全球手游畅销榜榜首,其中来自中国的收入占31%。2022年,Sensor Tower发布中国手游海外收入TOP30榜单。数据显示,米哈游《原神》蝉联出海手游年度收入冠军。[6]

在追赶3A级别国际厂商工业化水平的道路上,米哈游不断加强对新技术的探索和研究。米哈游在多个国家和地区建立了研发中心,吸引全球科研人才,打造工业化管线,从而提高了产品品质和生产效率。

（2）发展特色。

受到中华文化长期滋养,许多《原神》游戏开发者希望将自己所熟知的文化以更易于理解的方式呈现在全球玩家面前。例如,游戏中的璃月地区场景不仅融合了富有东方文化意象的奇峰秀水、中式建筑,还设计了"海灯节"等具有中国风格的节庆活动,引起众多海外玩家的喜爱和热烈讨论。《原神》制作团队透露,在创作璃月地区的概念设定图时,他们融入了张家界、桂林等标志性中国美景,引导玩家探访中华壮丽山河;该场景的游戏音乐不仅使用了由二胡、笛子、古筝等乐器编排的中国古典民乐,也采用了中世纪传统西方乐器,如鲁特琴、爱尔兰哨笛,让中西文化在游戏中碰撞出新的火花。《原神》围绕戏曲文化推出的唱段《神女劈观》由上海京剧院演员杨扬配音演唱,该唱段被翻译成 13 种语言在全球 170 余个国家和地区发行,极大地彰显了中华文化出海的传播能力。

带有浓厚中国色彩的剧情、场景和细节赋予了《原神》深厚的文化色彩,将中国美学的魅力传递给了世界,向全球玩家彰显了中国游戏公司的研发实力。日前,《原神》再次站到世界网络游戏舞台的中央——在有"游戏界奥斯卡"之称的 2021 年度 TGA 颁奖典礼上,《原神》获得了 2021 年度最佳移动游戏大奖,成为获此荣誉的首个中国原创 IP。

《原神》在获得大量用户喜爱的同时,也获得了商业上的丰厚回报,这为米哈游下一代产品与技术的研发、新领域的探索提供了基础。游戏之外,米哈游的"前瞻"动作频频。2021 年 3 月,米哈游与上海交通大学医学院附属瑞金医院共同建立"瑞金医院脑病中心米哈游联合实验室"公益项目,支持研究脑接口技术的开发和临床应用。此外,米哈游推出新品牌 HoYoverse,意在打造一个由内容驱动的宏大虚拟世界,融合游戏、动画和其他多种娱乐类型,布局沉浸式虚拟领域。米哈游表示,在《原神》中,该司探索了将中国山水搬入虚拟世界、将中国民乐与西方管弦乐结合、把中国戏曲带给全球玩家等跨界融合手段,在未来,该司还将努力把不同文化元素用到包罗万象的游戏幻想世界里,不断尝试传统文化的新型表达方式。米哈游的愿景是到 2030 年,打造出全球十亿人愿意生活在其中的虚拟世界。

2021年,在中国游戏收入前50名的企业中,上海占据了22%,同年中国上市游戏企业中,上海占据了11.1%;上海自主研发网络游戏的销售收入为827亿元,占据上海网络游戏销售总收入的82.7%。[7]在《原神》等头部自研产品的带动下,自主研发为上海游戏产业带来明显的规模贡献、增长贡献,持续发展能力凸显。米哈游和《原神》,是近十年来高速发展的上海游戏产业缩影,《2021—2022上海游戏出版产业报告》显示,超过八成的上海游戏企业成立于2010年及之后,展现了产业欣欣向荣的活力。

[1] 资料来源:西岸集团官网,《巴黎有左岸,上海有西岸》,http://www.westbund.com/cn/index/NEWS-CENTER/westbund-leftbank.html。

[2] 资料来源:新民网,《百年商圈徐家汇 升级换代人气旺》,https://paper.xinmin.cn/html/xmwb/2019-05-27/28/17881.html。

[3] 资料来源:新浪网,《庞元:城市更新是永续的话题》,https://k.sina.cn/article_7517400647_1c0126e4705902jgbz.html?from=estate。

[4] 资料来源:巨人网络官网,《2022年半年度财务报告》。

[5] 资料来源:伽马数据,《2022上海电子竞技产业发展评估报告》《2021—2022上海游戏出版产业报告》。

[6] 资料来源:Sensor Tower官网,https://sensortower.com。

[7] 资料来源:《2021—2022上海游戏出版产业报告》。

9.5 长宁区提升旅游业能级

"十三五"期间,长宁区旅游产业综合效能显著提升,文商旅融合带动文化消费、旅游购物消费大幅升级,逐步形成高岛屋雅乐共赏、金虹桥戏剧天地、南丰城亲子趣玩等特色主题鲜明的文旅消费空间。区内旅游业生态圈逐渐形成,集聚了携程旅游、春秋旅游、美团点评、中旅途易等一批旅游龙头企业,旅游经济活力进一步迸发。根据《长宁区文化发展"十四五"规划》,截至 2020 年末,全区共有国家 4A 级旅游景区 1 家,全国爱国主义教育示范基地 1 个,市级全域旅游特色示范街区 1 个,旅行社 120 家,住宿酒店 236 家,其中星级饭店 18 家。2020 年,长宁区旅游业规模 214.79 亿元;主要酒店共接待国内外游客 99.46 万人次,实现收入 16.66 亿元;区内旅行社实现收入 197.75 亿元;区内主要景点接待游客 164.47 万人次,全年景区营业收入 3 771.57 万元。[①]

"十三五"以来,长宁区已建成覆盖均衡、便捷高效的公共文化服务网络,基本实现了 10 分钟文化服务圈。长宁区率先在全区建立公共文资源配送机制,设立每年 200 万元的专项配送资金;文化云网站及手机 APP 中集合了文化活动预定、在线资源屋、文化志愿者、数字场馆、缤纷长三角等功能;开发国内首个公共文化服务效能量化评估系统,通过大数据采集观众愉悦指数、文化活动服务效能等 113 个方面信息进行评估,入选文旅部智库项目;依托各类公共文化场所每年开展 5 万余场次文艺演出、展览展示讲座讲演等各级各类群众文化活动,约 200 万人次参与。

长宁区扶持若干项目,推动文化发展。长宁区修订完善《关手进一步推进长宁区文化繁荣发展的若干政策》,先后扶持了 202 个项目,扶持资金达 5 962 万元。继续发挥"长宁文化发展专项资金"作用,奖励包括上海歌舞团、上海芭蕾舞团、上海广播电台有限公司在内、获得全国最高奖项的 35 个项目和 16 位个人,奖励金额超 1 200 万元。聚焦区域性数字内容新媒体、文化艺术特色会展、高新科技影视服务等产业,按照专业化、品牌化、特色化的总体目标,通过政策引导、要素聚集以及模式创新,不断集聚重点企业,提升文化创意产业能级。扶持上海青年艺术博览会、星空传媒、樊登读书会等文化艺术类品牌项目和企业,促进区域性文化产业健康有序发展。建立由政府牵线、政策保障、商家主

---

① 参见上海市长宁区政府《关于印发〈长宁区文化发展"十四五"规划〉的通知》,https://zwgk.shcn.gov.cn/xxgk/fzgh-whjghjh/2022/267/18610.html。

导、社会组织的运营模式,逐步形成高岛屋雅乐共赏、金虹桥戏剧天地、南丰城亲子趣玩等特色主题鲜明的文化消费空间,鼓励、引导、开展各项艺术商圈系列活动近 1 600 场。

案例: 原创口琴作品《爱上这座城》

(1)背景介绍。

《爱上这座城》的创作者孙彬彬是一名新上海人,现任上海市群众艺术馆音乐指导。《爱上这座城》是她在长宁文化艺术中心任创作干部时酝酿打造的。近年来,在长宁文化创作机制的激励下,孙彬彬等文艺工作者的才华得到了充分的展现,一系列聚焦红色文化、海派文化、江南文化,并扎根群众,体现长宁发展,彰显上海城市品格的优秀文艺作品不断涌现。中国第一家口琴厂诞生在上海。小小口琴,风靡一时,陪伴这座城市的人们快乐成长,留下无数美好时光。从一排排小小窗口里飘出的旋律,勾勒出城市的线条,引发人们无尽的遐想。

(2)发展特色。

作品选用口琴家族中的半音阶口琴、和弦口琴、低音口琴进行组合,尝试用新的表演形式——江南风韵、城市动感、浪漫魅力来呈现新的感觉,它们交织孕育出"爱上这座城"的情感和理由。《爱上这座城》取材于中国民歌《茉莉花》,融合了民歌和爵士的音乐元素,被大家称赞"很民间、很上海"。在"魔幻之声"这个本土口琴乐团和自由音乐人时旭的共同演绎下,上海这座城市的包容、活力和时尚体现得淋漓尽致。

2022 年,长宁区原创作品口琴重奏《爱上这座城》荣获国家文旅部颁发的"第十九届中国文化艺术政府奖——群星奖",这是继 2019 年《和·鸣》获第十八届群星奖之后,长宁作品再次荣获这一群众文艺领域政府最高奖项。

近年来,长宁区委、区政府及区文旅局对群众文化创作非常重视,在经费、人员等保障机制上给予了大力支持,创造了许多学习的机会和交流的舞台,同时也不断完善"不同凡想 聚艺虹桥"长宁区群众原创剧本征集、展演展评等创作机制,因而产生了越来越多的优秀文艺作品。接下来,长宁还将继续推进文化创作,努力创作更多群众喜欢,有内涵、有创新、有想法的文艺作品。

9.6 普陀区布局电竞全产业链

普陀区近年来大力发展网络视听、数字广告、游戏电竞、影视演艺等重点产业。根据《普陀区文化和旅游局 2021 年工作总结》,2021 年,文化服务业区税同比增长 41.8%,新引进企业实现区税 3 248.5 万元,指标完成率达 175%。蜻蜓FM、快手科技上海分公司正式落户,带动文化领域头部企业集聚普陀。QG 电竞俱乐部青训基地入驻桃浦,其战队曾斩获 2021 王者荣耀世界冠军杯总冠军。在全市率先发布《普陀区加快发展数字广告产业实施意见》,着力打造市级数字广告产业园。成功举办 2021 年上海国际电影电视节互联网影视峰会,"互联网影视相聚上海普陀"话题连续两天登上新浪微博热搜榜,话题阅读量超 1 000 万人次。普陀区文旅局作为支持单位,深度参与举办第 20 届上海国际大学生广告节,广告节首次发布以苏州河为主题的公益广告创意命题,吸引青年学生群体广泛参与。成功举办第四届中国声音大会,积极探索音频产业发展新方向。①

普陀区依托区域红色场馆、工业文明、水岸景观等资源,推动文旅产业发展。策划推出"沪西工人运动沉浸式体验"等两条红色旅游线路和"寻访苏河水岸·感受民族工业崛起"等六条都市旅游线路,通过邀请哔哩哔哩知名 UP 主

---

① 资料来源:上海市普陀区政府,《普陀区文化和旅游局 2021 年工作总结》,https://www.shpt.gov.cn/wenhuaju/ndgzzjjh-ghjhzhzwzfwj2021/20220130/831600.html。

提前打卡体验,拍摄宣传视频并进行全网推送,浏览量超过 800 万人次。其中,"寻访苏河水岸·感受民族工业的崛起"线路入选市民最喜欢的十条微游上海特色旅游线路。推出"苏河水岸"婚庆旅拍线路和婚礼主题秀,塑造"苏河婚典"婚庆文化品牌。M50 创意园等三处点位成功入选上海市 30 处"一江一河潮玩地"。探索"建筑可阅读"和文旅形象推广,设计开发"苏河水岸"普陀建筑系列文创产品,在第二届上海红色文化创意大赛中获奖,成为全市唯一获奖的区文旅局。

案例:半马苏河

(1)背景介绍。

普陀拥有着上海中心城区一半的苏州河岸线,21 公里岸线以 18 道天然河湾串联起一系列沿岸地标和周边景点,同时结合民族工业的发展历程和赤色沪西的历史文脉,正开拓形成一条条独具魅力的文化旅游线路。

普陀区深入践行"人民城市人民建,人民城市为人民"的重要理念,以高品质公共空间为引领,积极参与苏州河世界级滨水区建设,推动深度开发,优化功能布局,培育核心产业,建设文旅地标,努力打造文化、艺术、商业复合集聚的苏州河世界级"城市文化生活休闲带",持续打响"苏河水岸"文化品牌,为市民群众提供更为丰富的文化旅游体验,为上海加快建成社会主义国际文化大都市、世界著名旅游城市贡献普陀力量。

(2)发展特色。

普陀区文旅局以苏州河旅游项目运营为契机,全面优化苏州河沿岸的滨水观光、旅游消费、休闲度假等功能布局;配合上海市文旅局推进苏州河旅游标识及导览系统设计落地,发挥码头周边游客集聚效应;策划开发主题灯光秀,打造河岸艺术长廊,并利用抖音、快手、小红书等流量平台,不断扩大"半马苏河"的影响力和吸引力。

2021—2022 年,普陀区文旅局在上海市文旅局的指导下,与久事旅游深度合作,重新梳理苏州河沿岸的码头数量、结构布局和当前状态,编制《普陀区苏州河沿岸陆上产品及水岸联动方案》,陆续引进大隐书局、Manner 咖啡等知名品牌入驻长风游艇码头、丹巴路码头等地区,策划筹备上海苏州河城市公共艺术作品征集活动。

案例:主场 ESP 电竞文化体验中心

(1) 背景介绍。

近年来,上海深入贯彻"文创 50 条",不断加快"全球电竞之都"建设并取得明显成效。普陀区积极培育和发展电竞产业,主动融入"全球电竞之都"建设,以打造上海电竞产业重要承载区为目标,聚力推动电竞产业的布局发展。当前,普陀区已基本形成"上游以游戏开发授权为主、中游以电竞赛事与战队为主、下游以 IP 传播增值为主"的电竞全产业链布局。苏州河畔的主场 ESP电竞文化体验中心就是国内"电竞 + 商业模式"的首创者。

主场 ESP 电竞文化体验中心坐落于上海普陀区长风生态商务区,着力吸引 12—30 岁的年轻人及周边人群,中心以电竞为主题,同时融合了与"Z世代"消费者产生"强共性"的跨界餐饮、联名零售、沉浸式娱乐、极限运动体验等丰富业态,打造了一个基于电竞主题的年轻人精神文化"超级数字场景",成为上海年轻人潮玩娱乐聚会的线下新据点。

(2) 发展特色。

主场 ESP 电竞文化体验中心的建筑整体设计主打金属工业风,中庭交叉式的玫瑰金阶梯是标志性景观。商场里随处可见观赛大屏,实时直播电竞赛馆内的比赛实况,无论在哪个角落都不会错过赛事精彩瞬间,实现 360 度无死角观战。商场里布置有很多霓虹灯和工业风元素,特别是 B1 层的灯墙,随手一拍都是杂志封面的水准。通过连接购物中心的专属 Wi-Fi,市民游客打开《王者荣耀》游戏"开黑"时,还能获得海量皮肤、英雄等特权。作为年轻人、电竞人的朝圣之地,除了丰富多样的相关商业生态和场景布置,主场 ESP

电竞文化体验中心还经常举办各类电竞活动,每周有不同主题的"年轻力潮流文化"派对。

主场 ESP 电竞文化体验中心作为全国首家以电竞为主题的商场,引进了全国首个王者荣耀职业联赛专业赛馆——主场 ESP,馆内配备应援区、VIP 观赛区等,全年线上曝光量超过 200 亿人次。体验中心除了举办《王者荣耀》等专业赛事外,还有各类"全民电竞赛事",依托购物中心开辟的电竞体验空间,开展"水友赛"以及"上海 EDG.M 杯"高校邀请赛等赛事,满足不同社群的需求。

9.7　虹口区聚焦文旅产业资源

虹口区以创建全域旅游示范区为抓手,持续促进旅游服务升级。红色文旅资源大放异彩,新技术赋能方兴未艾,虹口区文化产业继往开来。虹口区是"党的诞生地"和"初心始发地"。区内坐落有各级重点文物保护单位、历史文化风貌区、古建筑遗址遗迹等红色文化地标和文化资源。习近平总书记任上海市委书记期间指出,虹口是"上海海派文化的发祥地、近代文化名人的集聚地和进步文化的策源地"。围绕中共四大纪念馆、中国左翼作家联盟成立大会会址纪念馆等地标,虹口区在全国率先打造"四川北路红色文化生态示范区"。示范区两公里范围内共有 57 处红色遗址,100 多处各类党史人物故居、旧居以及革命活动的红色印迹,集中展示了一大批早期共产党人艰苦奋斗的历程,是"天然的党史学堂"。①山阴路历史文化风貌区和提篮桥历史文化风貌区亦坐落着中共江苏

---

① 资料来源:新浪新闻,《2 平方公里 57 处红色文化遗址旧址　虹口将打造"四川北路红色文化生态示范区"》,https://news.sina.cn/2017-12-07/detail-ifypnqvn0868168.d.html。

省委旧址、上海鲁迅纪念馆、上海犹太难民纪念馆等红色建筑场所。

依托历史赋予的宝贵财富,虹口区近年来不断推进文化强区建设,打响红色文化、海派文化、文化名人品牌。2021年,虹口区入选新一批国家文化和旅游消费试点城市。自2020年以来,虹口区完成了众多红色载体和历史建筑的修缮改造和展陈提升工作。中共四大纪念馆经过修缮后在2021年以崭新面貌重新开放,升级后的纪念馆展陈面积扩大了一倍,还建成了上海首个国旗教育展示厅,成功创建了国家AAAAA级景区;上海犹太难民纪念馆展陈面积扩大了四倍,扩建期间还成立了上海犹太难民纪念馆国际咨询委员会;上海第一家面向社会公众的红色主题书店"1925书局"升级开业,续写商务印书馆分馆的红色血脉,与陪伴书店半个世纪的老品牌"上海咖啡"和海派文化水乳交融。周恩来、邓小平、陈毅等有志青年"留法勤工俭学出发地汇山码头"革命遗址旧址纪念标识树碑,左联会址纪念馆、李白烈士故居等红色场馆先后完成改扩建,无不体现虹口对"党的红色文艺之源"的发掘研究。"今潮8弄"等历史文化风貌区优秀历史建筑修旧如旧,在完成旧改、显著居民生活水平的同时,赓续了城市历史文脉和遗存。在推动"文化三地"载体建设的同时,虹口区还推出了"潮涌百年"建党百年主题展、鲁迅文化周、鲁迅诞辰140周年系列活动等大型项目,揭牌红色文创发展中心,加速提升文化软实力。

除发掘优秀历史人文资源以外,2020年启动的北外滩开发建设项目使"新旧融合""自然人文融合"成为虹口文化产业的独特之所在。以"一江一河"建设为核心,虹口区正在打造世界级滨水旅游功能区,实现了"还江于民""还河于民",极大地提升了公共文化服务能力。黄浦江与苏州河沿岸举办的世界城市文化论坛、上海国际文学周、"文化苏河"等活动显著提升了城区文化影响力,推动文化产业助力虹口区成为新时代上海改革开放再出发的新标杆。

在加快区内文化资源整合升级的同时,虹口区特别注重发挥数字技术在文化产业转型升级方面的功能。2022年8月,由上海市委宣传部与虹口区政府合作发起设立的上海文化产业数字化转型基金在虹口区白玉兰广场启航。该基金总规模拟定为 20 亿元,将主要投向文化产业数字化转型、产业及生活数字化应用、数字科技、底层技术等数字产业项目,推动创新技术和文化产业深度融合,培育新型文化业态和文化生产消费模式。以"基金＋产业"为纽带,虹口区致力于构建"资本＋文化＋数字"的创投生态圈,不断放大基金引导功能,激发投后区域发展效应,持续提升产业黏度、区域核心竞争力和感召力,这将是一次推动文化产业创新发展的有效实践,为虹口的区域经济能级提升和上海国际文化大都市建设提供有益的探索和示范。

2022 年,虹口区不断提升惠民水平,推进文化、艺术服务提质增效。虹口区积极办好市民文化节,组织各类活动赛事,开展"海上遗韵·非遗课堂""非遗在社区"系列活动,策划举办《可爱的中国——共和国英烈方志敏特展》等多项展览。中共四大纪念馆开展开馆十周年纪念活动等主题活动 15 场,覆盖线上线下近 9 万人次。①2022 年,中共四大纪念馆及团队、展览等共荣获 2021 年度上海市基层理论宣讲先进集体、2021 年度上海市博物馆陈列展览精品推介等多项市级奖项。

案例：上海音乐谷

（1）背景介绍。

上海音乐谷为国家 AAA 级旅游景区,同时是列入《上海市文化创意产业十二五规划》和《虹口区北外滩金融和航运服务业综合改革试点方案》的上海市重点文化创意产业聚集区。该项目以"国家音乐产业基地"为建设中心,以海伦路、溧阳路、四平路、梧州路的围合区域为主体范围,核心区域面积约 28 万平方米。片区内俞泾浦、虹口港、沙泾港相交蜿蜒环绕,河道全长 1 200

---

① 资料来源：上海市虹口区政府,《虹口区文化和旅游局 2022 年度工作总结》,https://www.shhk.gov.cn/hkxxgk/showinfo.html?infoGuid＝c66a4bf3-3d6c-4081-91d3-b45738bfa1bd。

多米,并保留八座具有百年历史的桥梁,是上海唯一保存完整水系格局的历史文化风貌地区。区域内还遗存有大量独具虹口特色的石库门建筑群,其中瑞康里和瑞庆里被列入"上海市历史文化风貌区"名单。该区域是上海城市演变过程中极具代表性的地理地标和文化地标。

(2) 发展特色。

为了促进产业集聚创新,虹口区将音乐谷及北外滩各个文化节点串联成面,让"虹口之源"的美随着沙泾港河水与悠扬乐音流进市民日常生活,繁荣周边社区。自 2017 年起,在产业政策的支持下,上海北外滩虹口港地区开始了以文化引导都市再生的行动。该地区成功引进了具有引领示范作用的国家级音乐产业基地,并吸引了一批知名音乐人、人气偶像团体、原创工作室等"音乐谷原创 IP"。以音乐为核心,文化产业的全产业链已经开始良性发展,音乐谷初步形成了良好的氛围。这一升级聚集以音乐为核心的文化产业,形成文化、商业、旅游一体化的融合发展模式,致力于打造虹口港腹地的"文化高地"。

上海音乐谷共包含 8 个项目,分别为国家音乐产业基地、1933 老场坊、半岛湾时尚文化创意产业园、老洋行 1913、1930 鑫鑫创意园、SNH48 星梦剧院、三角地艺术园、音乐谷游客中心。

9.8　杨浦区产业园区集聚效应凸显

近年来,杨浦区重点优势产业发展良好,建筑设计产业集聚水平始终处于上海市领先地位,在规模和数量上均占明显优势,以上海环同济设计创意产业集聚区、创智天地等为代表的文化创意产业园区集聚效应不断凸显,文化创意载体面积不断拓展。

杨浦区制定相关政策,致力于发展文化产业。杨浦区制定出台《关于加快本区文化创意产业创新发展的实施意见》《杨浦区关于促进电子竞技产业健康发展的实施办法》《杨浦区关于促进影视和网络视听产业发展的实施办法》和《杨浦区促进直播经济发展的若干政策规定》等政策,着力推进大设计、泛娱乐、新出版、慧生活、畅消费等"五大产业"。2019 年,杨浦区文化创意产业实现增加值 270.86 亿元,同比增长 10.7%,占全市文化创意产业增加值的比重为 5.4%,提前完成"十三五"目标,环同济知识经济圈则在"十三五"期末实现总产出 500 亿元。①此外,中国文化产业投资母基金管理公司落户杨浦,致力于培育发展电竞和网络视听产业。杨浦区集聚了完美世界、哔哩哔哩、联通小沃、阿里体育等一批优秀企业,优刻得、哔哩哔哩、流利说、声网等先后在科创板和纳斯达克挂牌上市。杨浦区有众多文化创意产业园区,其中大创智创新发展示范园区入选国家级文化产业示范园区创建名单。2023 年 3 月,杨浦大创智创新发展示范园区在全国文化和旅游产业发展工作会议上正式获评成为国家级文化产业示范园区,这意味着大创智成功通过"国家级文化产业示范园区"的创建验收,同时也是本次评选上海唯一获此殊荣的园区。

杨浦区文化旅游服务更加优质。"十三五"期间,全区公共文化设施达 25 万平方米,常住人口人均公共文化设施建筑面积 0.19 平方米。随着 303 个居委综合文化活动室功能全面提升,杨浦区已基本建成现代公共文化服务体系。杨浦区不断推动公共服务供给侧改革,推行总分馆制建设,"一平台三单"上线,形成区、街道和居委综合文化活动室的二级投入保障和四级服务精准配送机制。②

杨浦区文化产业与世界接轨。截至 2022 年 4 月底,世界技能博物馆共征集国际展品 687 件,其中 618 件已运输至上海(含数字展品 250 件),16 件已签署展品合同且即将运输至上海,53 件正在进行中;共登录国内展品信息 3 908组,入库展品数量为 2 437 件,其中实物类展品 1 723 件,电子类展品 714 件。③

---

①② 资料来源:上海市杨浦区官网,《关于印发〈杨浦区文化和旅游发展"十四五"规划〉的通知》,https://www.shyp.gov.cn/yp-zwgk/zwgk/buffersInformation/details?id = 2a95ac80-349a-4bb8-965d-5de24a4b72c4。

③ 资料来源:腾讯网,《中办国办印发文化数字化战略的意见》,https://new.qq.com/rain/a/20220524A018X300。

案例：世界技能博物馆

（1）背景介绍。

世界技能博物馆位于杨浦大桥下，临江而立，周边环境优越、交通便捷。世界技能博物馆由人力资源社会保障部、上海市人民政府和世界技能组织三方共建，定位于永久开放的公益性博物馆，免费对观众开放，并致力于打造成为世界技能展示中心、世界技能合作交流平台、国际青少年技能教育基地以及世界技能组织的官方文献中心。

（2）发展特色。

世界技能博物馆将在共享时代的社会背景下，举办面向世界各地的交流展，推动藏品共享；不定期召开国内和国际研讨会及论坛，为各类技能专业领域搭建沟通平台，增进与社会各界的融合；策划组织年轻人喜爱的公共教育活动，进一步向全球青少年传递"技能成就梦想，技能改变人生"的理念；寻求与社会机构的合作共赢，以此促进技能交流、技能共享、知识共享、文化共享。

世界技能博物馆由坐落于杨浦滨江的百年工业老厂房永安栈房修缮而来，内部空间为八角形棱角斗状柱帽楼板，极具特色。该博物馆是杨浦滨江从"工业锈带"转身为"生活秀带"的一个缩影，工业历史的厚重与品质生活在此交融，实现了跨越时空的对话。

世界技能博物馆具备展示陈列、教育传播、国际交流、收藏保管、科学研究等五大核心功能，通过策划组织当下年轻人喜爱的公共教育活动，向全球青少年传递"技能成就梦想，技能改变人生"的理念。世界技能博物馆肩负着面向世界、面向未来、面向青少年的使命，将打造国际青少年技能教育基地作为重要的功能定位。作为一个"人人能动手、人人能体验"的博物馆，馆内六大展区均设计了互动体验装置，供青少年观众感知每个展区的内涵与魅力。此外，大桥公园作为世界技能博物馆的配套工程，设计了技能主题雕塑、墙绘等景观，并与博物馆合作定期举办相关主题活动，致力于成为一个更适合青少年体验的技能乐园。

9.9　宝山区公共文化设施丰富

　　宝山区近年来文化创意产业快速发展、文创资源丰富。宝山区现有博物馆
30多个,包括上海解放纪念馆、抗日战争纪念馆、淞沪抗战纪念馆,还有"网红"
玻璃博物馆、木文化博物馆、国际民间艺术博览馆、工业设计博物馆、龙现代艺
术博物馆、工业陶瓷博物馆、工业设计博物馆等。从原来的钢花变成浪花、樱花
再变成文艺之花,如今的宝山区开始发展科技之花,五花齐放。

案例：三邻桥体育文化园

　　(1)背景介绍。
　　三邻桥位于中外环之间,属于宝山区高境板块,地处上海宝山、虹口、普陀
三区的交界处,因此得名。周边覆盖常住人口逾30万人,属于高校经济辐射
区域。这里是曾经的日硝保温瓶胆厂,如今则保留了50米高的烟囱作为曾经
工业文明繁荣的印记。随着周边社区增多,人口密度上升,三邻桥体育文化园
在保护历史遗存的同时,又为广大社区居民创造了一处充分发挥公共社区功
能的"连接之桥",将大量的社区功能以及可变的城市空间注入场地之中,通过旧
工业厂房的改造,创建了集商业、文化创意及文体产业于一身的新社区中心。
　　(2)发展特色。
　　三邻桥致力于集聚体育文化产业,推动体育文化企业的孵化与发展,普
及体育文化产业知识,给予宝山区乃至上海市民一个"发展体育爱好,保持身
体活力,体验文化魅力,并以健康方式交朋结友"的平台,同时进一步满足人
们对美好、健康生活的需求。三邻桥充分考虑了三区交界的地理位置,进一步

完善项目功能定位,规划打造成为集体、文、旅、科、商为一体的综合性园区。

三邻桥筛选具有专业能力和公共服务意愿的体育文化产业企业,通过体育运动的体验和培训,向大众普及专业的体育文化知识,促进体育产业的发展。文化园内体育运动区类型丰富,助力"全民运动",不同年龄层的消费者都可以在这里找到适合自己的运动。三邻桥体育文化园注重儿童和青少年的运动发展,推出适合儿童的运动项目,提升儿童的体能、培养儿童的专注力。园区不定期举办体育赛事,让园区内体育企业参与竞赛,促进企业成长和产业发展。

三邻桥体育文化园以文化产业为核心,让消费者在通过体育运动强身健体的同时,心灵得到享受,让文化艺术与健康生活接轨,提升消费者健康知识与文化修养。所有体验项目和课程匹配不同年龄层,力求打造一个高文化艺术底蕴的社区,促进大健康生活发展、提升和睦邻里关系,注重亲子教育和互动,熏陶青少年文化艺术素养。

除体育和文化艺术产业外,三邻桥体育文化园还打造了配套商业设施使整条产业链更加完善,为消费者提供更便利、更全面的服务。三邻桥体育文化园还主打"食材市集",贩售新鲜生鲜、肉产品以及种类繁多的国产、进口海鲜产品,为市民提供了一个食材购买好去处。配套餐厅、便利店、宠物店等满足了消费者休闲娱乐的多样需求。

案例:上海市群众艺术馆

(1)背景介绍。

上海市群众艺术馆始建于1956年12月30日,已有50余年的历史。早在民国时期,上海就设有"市立通俗教育馆",后改称为"市立民众教育馆",始建于1912年,如今的上海市群众艺术馆传承了上海文化发展的脉络。

根据国务院办公厅《关于进一步加强基层文化建设的指导意见》和中组部、文化部等五部委《关于做好老年教育工作的通知》对群众艺术馆性质和任务的归纳,上海市群众艺术馆是"政府设立的公益性文化事业机构",是"承担政府公共文化事业、繁荣群众文化的主导性业务部门""组织、指导、开展群众文化活动,保护和弘扬民族民间文化,营造良好城市人文环境的重要载体之一""向社会开放、为群众提供公共文化服务的场所",在构建和谐社会和公共文化服务体系建设进程中具有基础性地位和重要作用。

(2) 发展特色。

2021 年 11 月 18 日,上海市群众艺术馆入选第五次全国文化馆评估定级拟命名一级文化馆公示名单。近年来,上海市群众艺术馆在辅导文艺骨干、提升群文创作方面发挥了积极的作用。上海市群众艺术馆常年致力于组织、开展、推动群众性的文学、文艺作品的创作,繁荣群众文艺创作,为全市群众文化建设提供内容支持。

9.10 闵行区文创园区生机勃勃

闵行区积极推进"创新驱动,转型发展",以高新技术产业和现代服务业为核心,逐步形成了第二、第三产业均衡发展的区域经济发展格局。《闵行区文化创意产业发展三年行动计划(2021—2023 年)》指出,闵行区 2021—2023 年的主要任务和工作举措可以简要概括为三个"五":即重点聚焦创意设计、网络信息、传媒娱乐、文化装备、文化艺术等五大重点领域,打造虹桥国际文娱、七宝文化艺术、紫竹网络信息、浦江传媒演艺、吴泾时尚创意等五大发展板块,实施政策引导、载体升级、项目推进、品牌打造、人才培育等五大行动计划。截至 2020 年底,全区规模以上文创企业达到 1 000 家,营业收入实现 1 100 亿元;规模以上文创企业增加值占地区 GDP 的比重达 11%;经认定的市级文创园区 12 个,区级文创园区 15 个,具有产业特色的文创楼宇和文创空间 15 个。[1]

---

[1] 资料来源:澎湃新闻,《中期目标 1 100 亿! 闵行将着力打造这些"公园"!》,https://m. thepaper.cn/newsDetail_forward_10532026。

闵行区文化创意产业呈现一派生机勃勃的新面貌。各文化创意园区和文化企业不但推动了城区环境的改善,同时也利用自身独特优势,开展了丰富多彩的文化建设活动,社会效应和经济效应不断增强。例如,鑫桥园区借鉴"百家讲坛"的模式,精心打造"鑫桥—翰林讲坛";梅陇439创意园区创建了教学实验培训和创业实践基地,免费组织编结培训,并在全市开展编织大赛。闵行区印刷产业的传统优势得到进一步巩固,生产总值在全市保持领先水平,一大批企业获得国家和省市级奖项。

案例:MJ389麦可将两岸文创园

(1) 背景介绍。

上海MJ389麦可将两岸文创园(以下简称"麦可将文创园")坐落于闵行区七宝镇,毗邻七宝老街,在上海闵行深耕发展超过26年。从传统制造业转型升级为文化创意产业园区,麦可将文创园秉持着专注的态度,以匠人之心专注发展文化创意产业,推动两岸文创业者的交流,亦是国内第一座以手作体验结合时尚创意设计为主题的文创园区。

麦可将文创园寄望于在全球市场上传播中华文化创意产业,输出中华文化创意产业价值观。它的发展不仅可以推进文创产业发展,更能进一步增进两岸文化认同感,在实现文化与经济双赢的同时,推动中华文化创意产业深耕化、普及化、国际化的长远战略。

(2) 发展特色。

文化创意产业融合了经济和文化,已经成为世界经济的时代特征和发展趋势。麦可将文创园利用多年的招商经验,结合台湾文创产业联盟,在上海组织台湾文创工委会、两岸青年设计交流平台等,携手两岸文创业者共同发展文化创意产业。

麦可将文创园区每年举办超过400场的活动,类型覆盖了公益市集、文创市集、两岸青年设计师交流、两岸文创论坛、设计周、时装周等,并积极走入邻里街道,以文化体验为主题举办超过 100 场的社区服务活动,旨在将匠人精神和手作体验推向大众日常生活。

案例:召稼楼古镇修复改造

(1)背景介绍。

召稼楼位于闵行区浦江镇,是上海最早垦荒种地的地区,召稼楼文化因此成为上海农耕文化的起源。

上海召稼楼古镇景区为国家 AAAA 级旅游景区,拥有五百年的人文历史,源于元初,横跨元明清三个朝代,保留了众多明清古建筑,如礼耕堂、梅园等。召楼大曲、召楼羊肉、召楼拆蹄合成"召楼三宝",闻名沪上。召稼楼古镇是上海市的历史文化风貌区,也是被列为"十四五"重点旅游投资项目的地区。截至 2023 年底,召稼楼古镇改造提升项目正在积极推进中。该项目由闵行区政府主导,遵循文化唤醒、自然融合、城市焕新的理念,采用了整体定位、整体规划、整体开发和整体运营的发展模式。

(2)发展特色。

召稼楼古镇具有丰富的历史文化内涵。上海历史上有三大文化亮点,即上海城隍秦裕伯、江浦合流叶宗行、教民农耕垦荒楼,浦江镇上召稼楼即居其一。2005 年,召稼楼被列入上海市历史文化风貌保护区之一。2008 年,召楼古镇正式启动修复改造。它的改造秉承了"修旧如旧"的原则,旨在原汁原味地重现昔日光彩。2023 年,召稼楼城中村的改造提升项目旨在通过改造提升真正彰显古镇文化、生态、旅游等特色,深入挖掘地域文化内涵。

召稼楼古镇的修复改造,顺应了重建和传承浦江镇历史文化的需要,也顺应了拓展旅游产业、推进新农村建设、统筹城乡发展、破解城乡二元结构、增加农民收入的需要。修复改造不仅能保留深厚的文化元素,更有利于打造浦江镇极具特色的旅游产业链。

9.11 嘉定区优化旅游空间布局

　　"十三五"以来,文化引领风尚、教育人民、服务社会、推动发展的作用充分发挥,旅游业对于嘉定区经济社会发展的综合带动功能日益凸显,为嘉定的城市魅力和软实力提升提供了强有力的支撑。"十三五"期间,嘉定区旅游业空间布局逐渐成形。嘉定区结合历史人文和非遗传承特点,打造历史人文旅游功能集聚区,不断打响上海孔子文化节、南翔小笼文化展等节庆品牌;借助上海汽车博览公园和上海国际赛车场两个 AAAA 级旅游景区的功能配置和综合效应,通过世界一级方程式锦标赛(F1)等高端赛事引领,打造汽车文化旅游功能集聚区,不断提升上海汽车文化节的影响力;结合乡村振兴战略的实施,整合嘉北郊野公园和有代表性的美丽乡村等,打造乡村休闲旅游功能集聚区,不断提升嘉定乡村游的吸引力。

　　"十三五"以来,嘉定区文化创意产业呈现良好态势。一方面,具有嘉定文化产业特色的新兴业态快速崛起,体现"互联网＋"发展趋势的信息服务和体现嘉定独特优势的动漫游戏产业正蓬勃发展;另一方面,大众文化和传统的文化产业也在积极转型,特别是在广播电影和教育培训业等方面拓展了新局面。2021 年,嘉定区全年实现增加值 2 705.6 亿元,第三产业实现增加值 1 110.6 亿元,可比增长 6.3％,全区战略性新兴产业实现工业总产值 1 312.4 亿元,可比增长 10.3％,占全区规模以上工业总产值的 24.1％,较上年提高 1.1％。①

　　嘉定区文化产业结构明显优化。嘉定区高科技新兴文化业态占比和文化及相关产业增加值明显增长,涌现出一批在上海乃至全国知名的文化企业。嘉定区已建成中广国际等 11 个文化创意产业园区,制定了《关于加快嘉定区直播和短视频产业发展的若干意见》,助力实现全区在线消费新增 2 000 亿元的目标。

---

　　① 资料来源:中央广播电视总台上海总站官网,《虎年首个工作日上海嘉定 95 个重点产业项目集中签约》,https://sh.cctv.com/2022/02/08/ARTInV4ENEEq7RW4GKATif3n220208.shtml。

案例："印象江南"我嘉文创主题馆

（1）背景介绍。

近年来，嘉定区全力响应"上海文化"品牌塑造，不断激发嘉定文创产业发展新动能、焕发新生机。"印象江南"我嘉文创主题馆的揭幕，进一步丰富了"我嘉"系列文化品牌，助力嘉定打造"人文魅力充足"的现代化新型城市，展现了嘉定区的历史内涵及文化自信，不断彰显城市文化软实力。

我嘉文创主题馆是嘉定首家集文创产品展示、零售交易、互动体验、课程私教、知识产权转移转化、项目洽谈、艺术书屋于一体的综合性文创馆，融合了70多家文博单位，链接了上海文创资源，是展现红色文化、海派文化、江南文化兼具现代时尚特质的实体店及文创孵化基地。

法华塔、嘉定竹刻、徐行草编、安亭药斑布、上海国际赛车场、嘉定图书馆……诸多嘉定元素在经过艺术再创造后，让人眼前一亮。"印象嘉定"作品首次于馆内亮相，作品以"第一眼看嘉定"为主题，设计新颖，色彩明快，让市民游客感受到了文创IP的力量。

（2）发展特色。

嘉定新城依托"艺品嘭芳"文创品牌聚力发展，设立了线下展销和文创体验，深植"非遗"符号，推动嘉定本土文创设计新生力量发展。别出心裁的场馆设计，巧妙融入了"艺术无穷大""创意无止境"的理念，同时从视觉呈现、特色选品和文创体验等方面，更好地满足了市民多元文化需求，触达更多不同年龄层次的人群，让文创更有温度。

案例：嘉定·德钦书法美术作品公益拍卖会

（1）背景介绍。

以"圆梦小康，幸福绽放"为主题的嘉定·德钦书法美术作品公益拍卖会在小美艺术空间举办。这场拍卖会由"彩云工程联盟"成员单位上海南翔五彩亲子公益发展中心、上海后苑文化创意发展有限公司、上海坤叁文化传媒有限公司、上海翔萃文化传播发展有限公司共同策划呈现。

拍卖会的61件拍品均出自嘉定和德钦两地的书画家及少年儿童之手，是两地文化交流的硕果。拍卖会现场高潮迭起，爱心涌动，在场参与者都在用自己的爱心助力"彩云工程"公益项目。这些作品以德钦当地风土人情、南翔古镇风貌等为创作素材，以儿童画、中国画、蜡画、书法为载体，展现了两地群众积极向上的生活态度与精神风貌。

（2）发展成果。

拍卖会的所有拍卖所得公益款项，最终将以彩云工程"温暖包"和"助学金"的形式反哺云南德钦的学校，让这次跨越山河的文化交流造福更多当地的孩子。

9.12　金山区打造非遗小镇

文创产业已经成为金山加快创新驱动、转型发展步伐，实现供给侧结构性改革的重要助推力量。纵观金山文化创意产业，南部以城市沙滩和金山嘴渔村为载体，烟花节、啤酒节等城市沙滩系列品牌文化活动影响力逐步扩大，金山嘴渔村的"海渔文化"创意项目建设初具规模，滨海文化创意产业带正逐步形成；北部以枫泾古镇和中国农民画村为载体的农民画创意产业特色鲜明，重点打造融农民画等民间艺术创意创作、开发设计、展示交流为一体的文化创意产业高地。

案例：枫泾非遗文化小镇

（1）背景介绍。

金山区精心打造枫泾非遗文化小镇项目。上海世界非遗文化城暨上海非遗文化小镇,位于上海市"西南门户"的中国历史文化名镇——枫泾,商用占地面积 613 亩,已建独体建筑面积 36 万平方米,地下建筑面积 2 万平方米,总投资近 40 亿元人民币。

(2) 发展成果。

枫泾非遗文化小镇以联合国教科文组织"非物质文化遗产代表作名录"、中国"国家级非物质文化遗产名录"所收录的项目和全国各地省市级非物质文化遗产为基础,汇聚国内外具有代表性的非物质文化遗产,立足非遗保护、传承和发扬,建立非遗数据库和线上线下互动平台,着力打造一个以非遗文化体验旅游为形式、以"互联网+"为手段的新型文化项目。

枫泾非遗文化小镇内规划布局多个特色核心功能区:中国 56 个民族文化演艺商品馆、海外非遗馆、非遗艺术博物馆、非物质文化遗产艺术品传承人工艺、艺术品小企业(作坊)、民间书画名家工作室、西塘式特色美食店、文化主题宾馆以及中型民族文艺演出馆等,致力打造全球最具规模的非遗文化展示、保护、传承、交易、体验、发展、科技、教育、物联网、峰会平台。

9.13 松江区彰显影视文化特色

2021 年,松江区开展各类群众文化活动(包括线上)约 1.9 万场次,参与群众约 216.9 万人次;全区公共图书馆流通约 26.03 万人次,全区博物馆、艺术馆、美术馆线下接待观众约 28.98 万人次,配送图书 4.2 万册(含电子图书 2 万册),公益演出 682 场,公益电影 9 275 场。松江区大力加强新闻舆论氛围营造,全年电视节目《松江新闻》《云间播报》共采编并播出新闻 3 220 条,被市级媒体录用 196 条;顺利举办全国帆板大师赛、CTCC 房车锦标赛、全国高校百英里总决赛等国内重大赛事,以及佘山元旦登高、业余足球联赛等一系列品牌赛事。①

人文松江特质的文旅特色开始彰显。"十三五"期间,松江全区上下紧紧围绕建设"科创、人文、生态的现代化新松江"的目标定位,高度重视人文松江建设和全域旅游发展,旅游经济发展迅速,旅游产业规模不断壮大,文旅融合成效显著,文旅产品的品质不断提升,文旅融合的步伐不断加快。紧紧抓住"国家全域旅游示范区"创建的机遇,松江区积极探索,成功创建首批国家全域旅游示范区,为推进全区经济社会全面协调持续发展做出了积极贡献,为开创松江区"十四五"期间文旅"更好、更快、更深"融合发展新局面打下了坚实基础。2021年,松江区实现旅游收入126.46亿元,比上年增长19.2%,接待游客1 651.76万人次,比上年增长47.3%。至2021年末,全区共有星级饭店7家,其中五星级饭店3家,四星级饭店2家,三星级饭店2家;旅游饭店全年住宿接待162.06万人次,平均客房出租率53.08%;全区共有旅行社66家,全年组团人数12.34万人次。②

文旅项目和产品体系更加丰富。松江区从资源禀赋出发,打造出了多样化的旅游产品体系,既有佘山国家森林公园、辰山植物园、广富林郊野公园等自然生态景观,也有广富林文化遗址、府城、仓城、泗泾下塘历史文化风貌区等历史文化遗产,同时还有云间粮仓、九里工坊等文创旅游产品,叶榭"八十八亩田"、石湖荡"浦江之首"等乡村休闲旅游产品,旅游产品体系更加完整且丰富。"十三五"期间,以生态度假游、文化遗址游、乡村休闲游等产品为主的复合旅游体系逐步形成,旅游产品体系建设成就突出,产品体系日趋成熟。

松江区发布全景全域地图、工业旅游线路,推进泗泾下塘、仓城、府城历史文化风貌区保护修缮建设,实现45处文物老宅"建筑可阅读"。松江区完成上海科技影都概念性总体规划,影视产业链体系显现雏形,高科技影视基地、影视培训教育和影视公共服务平台加速集聚,昊浦影视基地启用,华策长三角国际影视中心、星空综艺影视制作研发基地等一批重大影视项目加快推进。

---

①② 资料来源:上海市松江区政府,《2021年上海市松江区国民经济和社会发展统计公报》。

案例：云间粮仓文创园

（1）背景介绍。

云间粮仓文创园（以下简称"云间粮仓"）位于松汇东路327号，靠近地铁9号线醉白池站，占地面积136亩，共60余栋建筑。该园区原为20世纪50年代至90年代陆续建造的粮食仓库及工厂，见证了新中国成立以来松江粮食行业的发展演变。改造后的云间粮仓，远处为筒仓，通过打造"云府游园会"品牌，汇聚长三角的优秀文创、非遗、手造资源，搭建孵化和培育更多优秀原创工作室、匠人、设计师、高校学生的市场化平台。

云间粮仓项目遵循"修旧如旧"原则，借助声光电等多媒体技术、二维码语音导览、创意涂鸦，让老建筑变得时尚、富有科技感。云间粮仓定位"科创＋文创＋体创"，布局艺术展示互动区、科技创意办公区、体育运动休闲区、时尚网红打卡区、万国啤酒文化区等功能板块。围绕人文松江建设和"书画之城"的发展主题，云间粮仓设立了云间艺术馆、两院院士艺术馆、将进场·戏剧车间、剧说·很好玩、余天成中医药文化展示馆、渔书文化生活馆等文化艺术场馆；引入王汝刚艺术工作室、何曦工作室，打造艺术家驻留目的地；策划展览展示、演艺演出、讲座沙龙、文创市集等活动，成为市民游客最爱的文化圣地之一。

（2）发展特色。

云间粮仓两面沿河，拥有千年历史的通波塘与人民河在此交汇，独具特色的亲水平台周边坐落着网红餐饮、品牌中心、特色民宿等商业形态。在啤酒博物馆品尝来自世界各地的上万种精酿啤酒，"打卡"古仓创意餐厅上海首店，入住宽居云涧花园酒店、漫心酒店，都是别致的文化体验。云间粮仓内布局了大型运动中心和亲子乐园，融入了体育、教育、户外活动等元素，集合了足球、篮球、羽毛球、桌球、乒乓球、游泳、攀岩、铁人三项等多种运动形态。

自启动以来,云间粮仓文创园接连获评上海市民"家门口的好去处""夜游上海好去处""上海市粮食安全宣传教育基地""都市运动中心""2021 长三角城市更新贡献奖""百佳公共文化空间奖"等荣誉,入选"上海人游上海"特色旅游线路、松江科技影视之旅线路。未来,云间粮仓将打造成为中国粮仓转型升级示范地、上海科创文创体创新地标、松江城市微更新网红打卡地。

9.14 青浦区推进会展产业发展

青浦区文创产业跨界融合,展示青浦形象。青浦区深挖景区文化品牌价值,与多家企业合作,协同完成联名产品的设计、生产以及营销策略,已自主和联名开发 19 项产品,部分文创产品已入驻朱家角大清邮局、新华"光的空间"等线下实体店,其中"狮狮如意"系列产品先后获得"上海礼物"和 2023 中国旅游商品大赛银奖。同时,青浦区主办了首届示范区旅游文创设计大赛,发出"征集帖",挖掘青浦、吴江、嘉善三地的著名景点、特色品牌、旅游资源等文旅元素,汇聚创意设计资源,搭建开放融合平台,进一步彰显青浦文旅特色形象。

案例:国家会展中心(上海)

(1)背景介绍。

国家会展中心(上海)是集展览、会议、办公及商业服务等功能于一体的会展综合体,也是上海市的标志性建筑之一。它是由国家商务部和上海市人民政府于 2011 年共同决定、合作共建的大型会展综合体项目,总投资约 160

亿元。2020 年 1 月 6 日,国家会展中心(上海)入选 2019 上海新十大地标
建筑。

(2)发展特色。

国家会展中心(上海)以优美而具有吉祥寓意的"四叶草"为原型,以
中央广场为花心,向四个方向伸展出四片脉络分明的叶片状主体,形成
具有标志性和视觉冲击力的集中式构图,创造出高效率运营的新型会
展模式,充分体现出功能性、标志性、经济性和科技性的设计原则和造
型理念。

国家会展中心(上海)以突破性的设计和完善的功能,立足长三角,服务
全中国,面向全世界,已经成为服务对外开放基本国策和"一带一路"合作
倡议、服务国家商务事业发展、服务上海市国际会展之都建设的重要平台。
值得一提的是,由商务部和上海市人民政府主办的中国国际进口博览会,
每年国家会展中心(上海)举办,它是世界上第一个以进口为主题的国家级
展会。

案例:长三角国际文化产业博览会

(1)背景介绍。

为贯彻长三角一体化高质量发展战略,上海市、江苏省、浙江省和安徽省
四省市的党委宣传部于 2018 年共同发起举办"长三角国际文化产业博览
会",获得了党中央的肯定与支持。自 2018 年起,长三角文博会已举办四届,
搭建了"立足长三角、辐射全中国、面向全世界"的文化产业合作交流交易平
台,取得良好社会影响和经济效益。

(2)发展特色。

长三角国际文化产业博览会在贯穿"长三角区域一体化发展""打造世界
级城市群"的国家战略基础上,通过"区域联动、市场运作、展陈创新"的办展
特色,集中展示推介长三角文化产业整体形象,从而促进文化产业群互鉴合
作、整体提高,进一步推动长三角一体化高质量发展。

9.15　奉贤区建设未来艺术中心

奉贤的文创产业已初具规模,规模收入均不断增长。特别是影视文化传媒、印刷和版权服务、文化装备生产、文化消费终端生产、创意设计服务等领域呈现出健康发展态势,逐步成长了一批重要的文创企业、文创载体,文创产业的规模和能级逐步升级迭代。截至2020年底,奉贤全区规模以上文化企业实现营业收入107.7亿元,较2018年增长25.96%,文创产业规模以上企业71家,较2018年增加31.48%。①

奉贤区已建成了一批业态集聚、功能融合的文创载体。全区各级各类文化地标加快建设,国家A类标准的人文生态综合剧院——九棵树(上海)未来艺术中心盛装迎客,成为南上海文化新地标,并成立了上海九棵树艺术基金会、九棵树艺术家委员会,多领域支持、资助各类文化项目;奉贤博物馆和规划展示馆相继落成并开馆运营,青年艺术公园、雕塑艺术公园、泡泡公园等主题公园建成开放,成为市民休闲的网红"打卡"地;传悦坊、山金中澳城等大型文化综合体项目正在有序推进。奉贤打造了一批文化品牌,持续推进"文化基因"工程,集聚了一批创意丰富的文化创意人才,有效提升了区域文化软实力。目前,奉贤的城市规划日益完善,基础设施日新月异,公建配套日渐成熟,生态优势日益凸显。在未来,高质量发展的奉贤文创产业将成为奉贤新城新型产业体系的新增长点、城市竞争力的重要增长极。

众多业态集聚、功能融合的文创载体、文化空间如雨后春笋般在奉贤成长。奉贤将立足产业发展基础,做大做强既有的优势产业,同时积极主动适应未来发展趋势,特别是数字化转型趋势,以"数字江海文耀新城"为牵引,加快发展新型文化企业、文化业态、文化消费模式,推进文创产业线上线下相互融合。

①　资料来源:中国经济网,《加速"破圈"的文创产业正为城市发展赋能》,http://www.ce.cn/culture/gd/202103/22/t20210322_36398647.shtml。

案例：九棵树（上海）未来艺术中心

（1）背景介绍。

九棵树（上海）未来艺术中心坐落于奉贤新城，位于 4.8 平方公里的中央生态公园内，东南面与上海之鱼（金海湖）相邻。艺术中心分为 1 200 座主剧场、500 座多功能剧场、300 座主题剧场三个室内剧场，以及水剧场、森林剧场两个户外剧场。在这里，自然、建筑与艺术人文三者共同构成了一片灵动的场域、一个生命的综合体、一处诗意的栖息地。

（2）发展特色。

九棵树（上海）未来艺术中心不断推出面向艺术创作者、爱好者等不同群体的优质内容，逐步提升艺术辐射力和社会影响力，为市民观众带来兼具艺术水准、创意启发和休闲娱乐的文化体验。作为全国首座"森林剧院"，九棵树（上海）未来艺术中心以得天独厚的空间资源为基础，走出了不同于传统剧院的"24 小时艺术社区"模式，即打破舞台边界，联动文化、文创、餐饮、休闲等业态，打造覆盖各年龄层、多业态融合的全景式艺术生活空间。

经过数年的成长和探索，九棵树（上海）未来艺术中心不仅建设成了上海唯一的全生态剧院艺术中心，还以其在行业里卓越的影响力和引导力，成为南上海的一张文化名片。郎朗、汤沐海、马克西姆、戴玉强、方锦龙、王佩瑜等名家纷至沓来，举办了数场演出，吸引众多观众。

无论是设立上海九棵树艺术基金，还是聘请九棵树"文化使者"，都是为了提升奉贤城市软实力，增强城市竞争力。上海九棵树艺术基金计划在 2021—2023 年间募集 10 亿元，为奉贤青少年搭起文化阶梯，为优秀青年艺术家搭建梦想舞台，为优质原创作品提供资金支持，让一批原创精品力作、著名艺术家从奉贤"启航"走向世界，让九棵树成为艺术作品的首秀地、首发地、首展地，打造南上海文化演艺新殿堂，建成新江南城乡空间策源地、新江南生活生产弄潮地、新江南生态肌理重塑地、新江南精品力作打卡地、新江南文化创新魅力区。

9.16 崇明区打造文旅新业态

崇明区海岛特色文创资源璞玉待琢。由于崇明具有独特的气候特征和碱性沙壤土,崇明农产品特色鲜明,清水蟹、白山羊、黄金瓜等特色优质农产品广受青睐。崇明的花卉也独树一帜,有 500 多年栽培史的崇明水仙与漳州水仙齐名,是中国两大水仙品系之一,也是上海唯一具有地理标志性的花卉品种。而被誉为"植物黄金"的藏红花有 90% 的全国产量来自崇明。这些丰富的本土化 IP 资源都将是文创产业发展的核心竞争力。崇明城区有崇明学宫、瀛洲公园、唐一岑墓、金鳌山、寿安寺等重要历史人文资源,绵长的岸线又培育了航海文化。目前,崇明正在打造集"交通、观光、休闲、运动"等多功能为一体的环崇明岛滨江生态景观大道,积极投入上海市乡村振兴主战场、最大的海军工业基地长兴岛以及"5G 人居生态岛"的建设,同花博会一道,构成文创开发的极好素材。

民间文创产业发展雏形初现。多年来,一些有情怀的民营主体自发打造文创产品和服务,围绕崇明特色本土文化,逐步形成了多元化的文创产业雏形:一是副业模式,即以农业或旅游业为主业,将文创作为广告形式的副业;二是景点模式,将文创内容打造为景点;三是主业模式,即以文创内容本身作为主要盈利点。从区域分布来看,从横沙乡大地田园画的农业文创,到向化镇、竖新镇的土布文创,再到绿华镇的"桔、蟹、虫、水、根"多元农旅文创,以及新村乡稻米文化小镇的打造,文创产业基本实现了崇明东、中、西片区全覆盖。

案例：江南三民文化村项目

（1）背景介绍。

江南三民文化村园区位于上海崇明的中北部，占地面积 260 余亩，建筑面积超过一万平方米，是一个以"文创＋旅游"为特色的园区，拥有独立的企业招商资格。江南三民文化村以江南地区传统的民间、民俗、民族文化元素为主题，通过衣、食、住、行、艺、玩、商七个主题分类，包含崇明四大特色展示馆和 56 个民间民俗展览馆。

（2）发展特色。

江南三民文化村拥有展现崇明地标民俗文化的崇明土布馆和长寿博物馆，展现民族精神的中华龙宫展示馆，展现民间文化、海派非遗的"如诗根艺"馆，展现行知教育思想的行知园、江南民俗系列展馆以及展示中国经典传统文化和红色文化的学习经典研学基地，集史料性、知识性和趣味性于一体。江南三民文化村将充分利用本地人文、历史、民族资源，进一步保留、宣传崇明当地留存的历史文化。

自 2010 年 9 月开园以来，江南三民文化村先后获上海市文化产业园区、上海市科普基地、国家 AAAA 级旅游景区等铭牌称号，同时是华东师范大学、上海大学、上海外国语大学等多所高校学院的实践基地。

参考文献

安宇、田广增、沈山:《国外文化产业:概念界定与产业政策》,《世界经济与政治论坛》2004 年第 6 期。

北京市国有文化资产管理中心:《北京文化产业发展白皮书 2022》。

财政部财政科学研究所、新闻出版总署财务司联合课题组、艾立民、刘尚希、王泉、傅志华:《国外新闻出版业发展模式及其财税政策经验借鉴》,《经济研究参考》2013 年第 26 期。

蔡尚伟、温洪泉:《文化产业导论》,复旦大学出版社 2006 年版。

曹光章:《中共十六大以来的文化体制改革历程》,《毛泽东邓小平理论研究》2014 年第 9 期。

戴祁临、安秀梅:《产业链整合、技术进步与文化产业财税扶持政策优化——基于文化企业生产与研发的视角》,《财贸研究》2018 年第 3 期。

顾海峰、卞雨晨:《财政支出、金融及 FDI 发展与文化产业增长——城镇化与教育水平的调节作用》,《中国软科学》2021 年第 5 期。

顾江:《党的十八大以来我国文化产业发展的成就、经验与展望》,《管理世界》2022 年第 7 期。

顾江:《文化强国视域下数字文化产业发展战略创新》,《上海交通大学学报

（哲学社会科学版）》2022 年第 4 期。

郭金花、郭淑芬：《文化产业融合创新能力评价指标体系构建与测评》，《统计与决策》2019 年第 12 期。

韩国文化产业振兴院：《2020 년기준콘텐츠산업조사》。

韩国文化体育观光部：《2021 공연예술조사보고서》。

贺达、任文龙：《产业政策对中国文化产业高质量发展的影响研究》，《江苏社会科学》2019 年第 1 期。

胡慧源、李叶：《长三角文化产业集群一体化发展：现实瓶颈、动力机制与推进路径》，《现代经济探讨》2022 年第 9 期。

花建：《文化产业竞争力的内涵、结构和战略重点》，《北京大学学报（哲学社会科学版）》2005 年第 2 期。

黄蕊：《我国文化产业虚拟集聚与地理集聚的差异——基于 59 306 家文化企业数据的比较研究》，《山西大学学报（哲学社会科学版）》2023 年第 2 期。

黄韫慧、贺达：《中国文化产业政策演进与"十四五"优化策略》，《南京社会科学》2022 年第 1 期。

江凌倪、洪怡：《上海文化产业园区管理：现状、问题与对策》，《福建论坛（人文社会科学版）》2013 年第 4 期。

蒋萍、王勇：《全口径中国文化产业投入产出效率研究——基于三阶段 DEA 模型和超效率 DEA 模型的分析》，《数量经济技术经济研究》2011 年第 12 期。

姜瑛：《"酷日本"战略的推行模式、现实困境及原因分析》，《现代日本经济》2019 年第 6 期。

金雪涛、李玲飞、杨敏：《我国文化财政投入与产出关系——基于面板数据模型的实证研究》，《财政研究》2015 年第 6 期。

金雪涛、潘苗：《我国文化产业公共财政投入的绩效分析与对策选择》，《经济与管理》2013 年第 6 期。

李宁:《"自由市场"还是"文化例外"——美国与法—加文化产业政策比较及其对中国的启示》,《世界经济与政治论坛》2006 年第 5 期。

李姝、赵佳佳:《文化产业融合与公共财政支持》,《财政研究》2014 年第 1 期。

李炎、王佳:《文化需求与特色文化产业发展》,《学习与探索》2012 年第 1 期。

李育菁、赵政原:《文化产业的分类研究模型:梳理、反思与优化》,《福建论坛(人文社会科学版)》2021 年第 2 期。

刘金林:《完善我国文化产业投融资市场体系的财税政策选择》,《税务研究》2013 年第 12 期。

刘倩、王秀伟:《文化产业数字化的关键问题、响应策略与实施路径——基于文化产业创新生态系统的研究》,《西南民族大学学报(人文社会科学版)》2022 年第 8 期。

刘悦笛:《"英国文化创意十年"对文化产业的启示》,《现代传播(中国传媒大学学报)》2008 年第 4 期。

迈克尔·E.波特:《国家竞争优势》,李明轩、邱如美译,华夏出版社 2002 年版。

祁述裕:《中国文化产业国际竞争力报告》,社会科学文献出版社 2004 年版。

饶世权:《日本文化产业法律制度及其启示》,《出版科学》2016 年第 24 期。

日本财团法人数字内容协会:《デジタルコンテンツ白書 2022》,株式会社インプレス 2022。

荣跃明、花建:《上海文化产业发展报告(2016)》,上海社会科学院出版社 2016 年版。

荣跃明:《上海文化产业发展报告(2017)》,上海书店出版社 2017 年版。

荣跃明:《上海文化产业发展报告(2018)》,上海书店出版社 2018 年版。

荣跃明:《上海文化产业发展报告(2019)》,上海书店出版社2019年版。

荣跃明:《上海文化产业发展报告(2020)》,上海书店出版社2020年版。

沈露莹:《上海文化大都市战略与文化产业发展》,《上海经济研究》2008年第9期。

王长松、何雨、杨裔:《中国文化产业政策演进研究(2002—2016)》,《南京社会科学》2018年第7期。

王海冬:《法国的文化政策及对中国的历史启示》,《上海财经大学学报》2011年第13期。

王家庭、张容:《基于三阶段DEA模型的中国31省市文化产业效率研究》,《中国软科学》2009年第9期。

王兴全:《演进之路:2006—2025上海文化产业发展路线图》,《澎湃新闻》2023年1月17日。

翁钢民、李凌雁:《中国旅游与文化产业融合发展的耦合协调度及空间相关分析》,《经济地理》2016年第1期。

吴承忠、王粉粉:《中国区域文化产业结构的趋同与合意性探究》,《深圳大学学报(人文社会科学版)》2021年第9期。

肖建华:《发展我国文化产业的税收政策思考》,《税务研究》2010年第7期。

谢京辉:《文化品牌:文化产业的灵魂——基于上海文化产业发展的问题》,《探索与争鸣》2014年第7期。

邢丽菊:《韩国文化"走出去"的制度机制研究》,《人民论坛》2021年第23期。

徐锦江:《上海文化产业发展报告(2021)》,上海社会科学院出版社2021年版。

徐锦江:《上海文化产业发展报告(2022)》,上海远东出版社2022年版。

杨剑龙:《全球化背景中上海文化产业的现状与思考》,《上海经济研究》2008年第7期。

杨洁、王耀中、胡尊国:《财政金融政策对文化产业发展有空间异质性影响吗?——来自空间动态面板门槛的估计》,《财经论丛》2021 年第 10 期。

苑捷:《当代西方文化产业理论研究概述》,《马克思主义与现实》2004 年第 1 期。

曾繁文:《中国省市文化产业发展指数报告(2020)》,中国人民大学出版社 2021 年版。

张仁寿、黄小军、王朋:《基于 DEA 的文化产业绩效评价实证研究以广东等 13 个省市 2007 年投入产出数据为例》,《中国软科学》2011 年第 2 期。

张涛甫、贺艳燕:《文化体制改革的前沿探索——试论上海文化体制改革》,《东岳论丛》2011 年第 5 期。

张志宇、苏锋、常凤霞:《韩国政府对韩国电视剧产业国际化经营的支持》,《中国海洋大学学报(社会科学版)》2014 年第 5 期。

赵彦云、余毅、马文涛:《中国文化产业竞争力评价和分析》,《中国人民大学学报》2006 年第 4 期。

赵彦云、张明倩:《中国制造业产业竞争力评价分析》,《经济理论与经济管理》2005 年第 5 期。

赵彦云:《国际竞争力统计模型及应用研究》,中国标准出版社 2005 年版。

钟婷、施雯等:《文化创意产业 20 年》,上海科学技术文献出版社 2018 年版。

周建新、胡鹏林:《中国文化产业研究 2019 年度学术报告》,《深圳大学学报(人文社会科学版)》2020 年第 1 期。

周建新、胡鹏林:《中国文化产业研究 2020 年度学术报告》,《深圳大学学报(人文社会科学版)》2021 年第 1 期。

周锦:《长三角一体化战略、文旅融合与产业结构升级》,《现代经济探讨》2022 年第 9 期。

周锦:《数字经济推动文化产业价值共创:逻辑、动因与路径》,《南京社会科

226

学》2022 年第 9 期。

周凯、高玮:《公共支出、金融支持与文化产业发展》,《南京社会科学》2017
年第 12 期。

邹广文、徐庆文:《全球化与中国文化产业的发展》,中央编译出版社 2006
年版。

Adorno, T. W., and M. Horkheimer, 2019, "The Culture Industry:
Enlightenment as Mass Deception, in *Philosophers on Film from Bergson to
Badiou*", Columbia University Press.

Banks, M., and D. Hesmondhalgh, 2009, "Looking for Work in Creative
Industries Policy", *International Journal of Cultural Policy*, 15(4):415—430.

Crane, D., 2014, "Cultural Globalization and the Dominance of the A-
merican Film Industry: Cultural Policies, National Film Industries, and
Transnational Film", *International Journal of Cultural Policy*, 20(4):
365—382.

Hesmondhalgh, D., and A. C. Pratt, 2005, "Cultural industries and cul-
tural policy", *International Journal of Cultural Policy*, 11(1):1—13.

Jeffrey, B., 2015, "David's Sling: How to Give Copyright Owners a
Practical Way to Pursue Small Claims", *UCLA Law Review*, 62(2):
465—509.

Jinji, N., and A. Tanaka. 2020, "How does UNESCO's Convention on
Cultural Diversity Affect Trade in Cultural Goods?", *Journal of Cultural
Economics*, 44(4):625—660.

Lee, H. K., 2017, "The Political Economy of 'Creative Industries'",
Media, Culture and Society, 39(7):1078—1088.

McDonald, P., 2016, "Hollywood, the MPAA, and the Formation of
Anti-piracy Policy", *International Journal of Cultural Policy*, 22(5):686—705.

McKenzie, J., 2012, "The Economics of Movies: A Literature Survey", *Journal of Economic Surveys*, 26(1):42—70.

OECD, 2022, "Public and Private Funding for Cultural and Creative Sectors, in The Culture Fix: Creative People, Places and Industries", OECD Publishing, Paris.

Pratt, A.C., 2005, "Cultural Industries and Public Policy: An Oxymoron?", *International Journal of Cultural Policy*, 11(1):31—44.

Stephanie, M. B., J. M. Kelley and J. J. Jozefowicz, 2009, "A Blueprint for Success in the US Film Industry", *Applied Economics*, 41(5):589—606.

Strom, E., 2003, "Cultural Policy As Development Policy: Evidence from the United States", *International Journal of Cultural Policy*, 9(3): 247—263.

Yanich, D., 2015, "Local TV, Localism, and Service Agreements", *Journal of Media Economics*, 28(3):162—180.

图书在版编目(CIP)数据

上海文化产业高质量发展研究 / 臧文佼，章玉贵著
. — 上海 ：格致出版社 ：上海人民出版社，2023.12
ISBN 978 - 7 - 5432 - 3535 - 9

Ⅰ.①上⋯　Ⅱ.①臧⋯　②章⋯　Ⅲ.①文化产业-产
业发展-研究-上海　Ⅳ.①G127.51

中国国家版本馆 CIP 数据核字(2023)第 239559 号

责任编辑　郑竹青　程　倩
装帧设计　路　静

上海文化产业高质量发展研究

臧文佼　章玉贵　著

出　　版　格致出版社
　　　　　上海人民出版社
　　　　　(201101　上海市闵行区号景路 159 弄 C 座)
发　　行　上海人民出版社发行中心
印　　刷　上海颛辉印刷厂有限公司
开　　本　720×1000　1/16
印　　张　15
插　　页　2
字　　数　220,000
版　　次　2023 年 12 月第 1 版
印　　次　2023 年 12 月第 1 次印刷
ISBN 978 - 7 - 5432 - 3535 - 9/F · 1555
定　　价　68.00 元